和歌山の近世城郭と台場

図説 日本の城郭シリーズ 8

水島大二

戎光祥出版

はしがき

和歌山《わかやま》県を代表する近世城郭は、和歌山・田辺《たなべ》・新宮《しんぐう》の三城である。しかし、天守の建つ和歌山城は別にして、建物のない新宮城や田辺城となると、城名は知っていても「何もない」で片づけられてしまうことが多い。

和歌山城の城内駐車場は、天守に近いようにと大正初期に敷設された新裏坂に近く、大半の人は、その坂を登って天守閣へ行く。そして、もと来た道を降りて帰っていく。天守閣は、昭和三十三年に外観復元された鉄筋コンクリート製で、昭和二十年まで国宝として現存していた天守に極めて近い外観であることは自慢できる。しかし、大手門から入って城門跡や石垣を見学しながら天守閣に向かう訪問客は、市内バスを利用した人に限定され、重要文化財の岡口《おかぐち》門や市指定文化財の追廻《おいまわし》門、さらに御橋廊下《おはしろうか》や大奥《おおおく》跡など、大半の遺構は見学コースにない。だが、時代の変遷を伝える石垣は加工度の違いも楽しめるので、そうした当時の本物を見てほしいと、駐車場に止まる車のナンバーを見て常に願っている。

地元では「錦水《きんすい》城」の別名で呼ばれる田辺城は、粘菌研究で世界的に知られる南方熊楠《みなかたくまぐす》や武蔵坊弁慶《むさしぼうべんけい》誕生の地として有名になり、城下町田辺とはあまり言わなくなった気がする。新宮城とともに付家老の城であるが、会津川《あいづがわ》の川縁にわずかに残る水門の跡以外に面影を探すのは難しいのが現状である。しかし、複数残っている絵図により、城郭の全容がわかる。最近、富原文庫蔵「陸軍省城絵図」に続き、和歌山市立博物館蔵「田辺錦水城地図」も見つかり、城内に台場を設けた時期があったことなど、これまで語られることのなかった田辺城の姿が見えてきた。

詩人佐藤春夫《さとうはるお》が愛した新宮城は、二〇一七年春、「続日本一〇〇名城」に選ばれた。地元で新宮城と言えば、「丹鶴《たんかく》城でしょう」と言い返されるほど、田辺城同様、別名が市民に根付いている。かつては城跡に旅館が建ち、曲輪や石垣をほとんど見ることができなかったが、旅館の撤退後は発掘調査が盛んに行われ、典型的な総石垣の平山城全域が姿を現し、訪れる人が増えている。現在、一部崩壊した天守台をはじめ、石垣の孕《はら》み部分や改変された部分などの調査などが行われつつある。熊野川《くまのがわ》を眼下に控えた新宮城は、山上の本丸、鐘ノ丸《かねのまる》、松ノ丸《まつのまる》に加え、熊野川に面した水ノ《みずの》手《て》曲輪と舟入《ふないり》遺構、その頭上に見える出丸《でまる》の石垣に、二ノ丸や大手高石垣など、見所満載である。

以上の三城は、役割と地域性に応じた築城であることは言うまでもないが、共通するのは、いずれも城下町を設けていたことで、戦国期の城郭に見られるような防御性が目立たないことでもある。

このほか関連するものとして、本書では御殿と台場を取り上げた。城下町の御殿は、時には政務を行う場として、領外の御殿は鷹狩りや清流遊戯と湯治を楽しむ宿泊や休息の場として利用された。これらの所在と現状を伝えることで、和歌山県の近世城郭を訪問する際のガイドブックになればと願っている。

平成三十年三月

水島大二

目次

凡　例

一、新宮城の項は、「熊野誌」（新宮市立図書館・熊野地方史研究会発行）に執筆した「新宮城を解く」Ⅰ〜Ⅴをベースに書き改めたものである。

一、人名や歴史用語には適宜ルビを振った。読み方については、各種辞典類を参照したが、歴史上の用語、とりわけ人名の読み方は定まっていない場合も多く、ルビで示した読み方が確定的なものというわけではない。

一、各項目の地形図は、「数値地図25000オンライン」（日本地図センター発行・平成二十九年十一月現在）を利用した。加筆した丸印は城郭の中心部分を示すが、城郭によっては丸印外側に城域が広がるもの、あるいは丸印内側におさまるものも存在する。

一、提供者の氏名が記載されている写真以外は、著者あるいは当社提供の写真である。

第一部

和歌山城

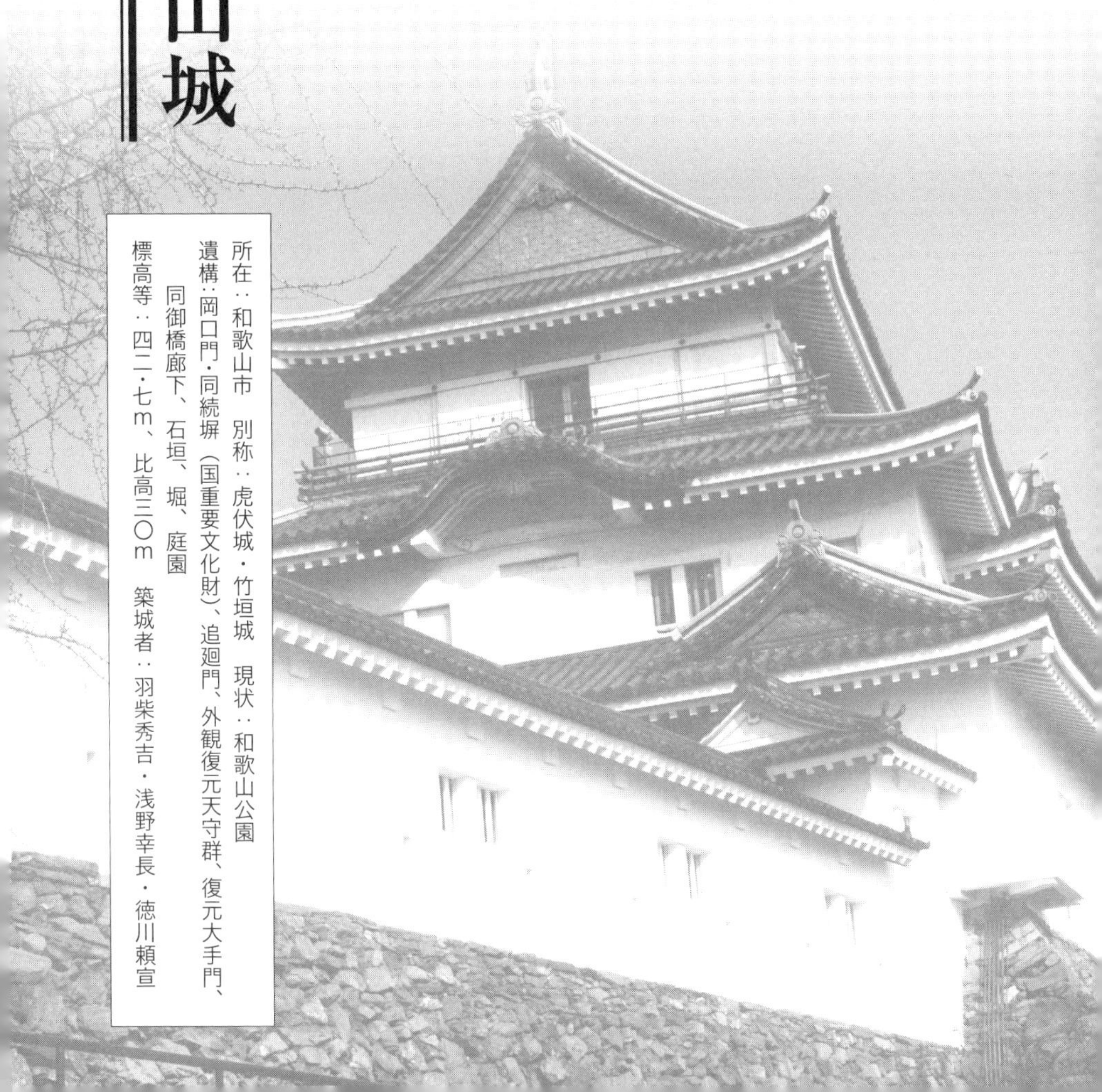

所在：和歌山市　別称：虎伏城・竹垣城　現状：和歌山公園
遺構：岡口門・同続塀（国重要文化財）、追廻門、外観復元天守群、復元大手門、
同御橋廊下、石垣、堀、庭園
標高等：四二・七m、比高三〇m　築城者：羽柴秀吉・浅野幸長・徳川頼宣

はじめに

ＪＲ阪和《はんわ》線が、紀ノ川《きのかわ》の鉄橋（六十谷《むそた》橋）を渡るころ、西側に和歌山城天守が見え隠れする。江戸時代の地誌書『紀伊国名所図会《きいのくにめいしょずえ》』には、和歌山城下の名所旧跡が六十枚収録され、そのうち和歌山城から東へ約一〇キロ離れた紀州徳川家の御殿からみた遠望図「山口驛より遙に御城を望む圖」に、和歌山城天守が遠くに描かれている。その近くの川辺《かわなべ》橋からは、現在も同じように見える。

近年は建物が多く建ち、見える場所が限定されてしまったが、江戸時代には、もっと広範な場所から天守が見えていたと想像できる。天守は東・西・南・北から違った形に見え、いわゆる独立式、連結式、複合式、そして連立式の天守四態が楽しめるのは、今も昔と変わらない。

和歌山城に近づくと、和歌山市街の中心とは思えないほど緑が多く、城跡に一歩入ると空気も景色も一変する。騒音が消え、多くの樹木に小鳥のさえずりが聞こえ、小動物まで見られる。南ノ丸跡には童話園《どうわえん》（動物園）と水禽園《すいきんえん》（野鳥園）があり、大人は散歩やジョギングを楽しみ、子どもは童話園などを楽しむ。まさに、地域に密着する憩いの場であり、天守はそのシンボルとして愛されている。

しかし、昭和二十年七月九日、太平洋戦争中の焼夷弾《しょういだん》爆撃で市街地の半分近くが灰燼《かいじん》と化し、城下町の面影や国宝だった天守も失った。

天守は、弘化三年（一八四六）に落雷で焼失したが、四年後の嘉永三年（一八五〇）に、焼失した天守と同じ型で再建された。太平洋戦争で失った天守は、昭和

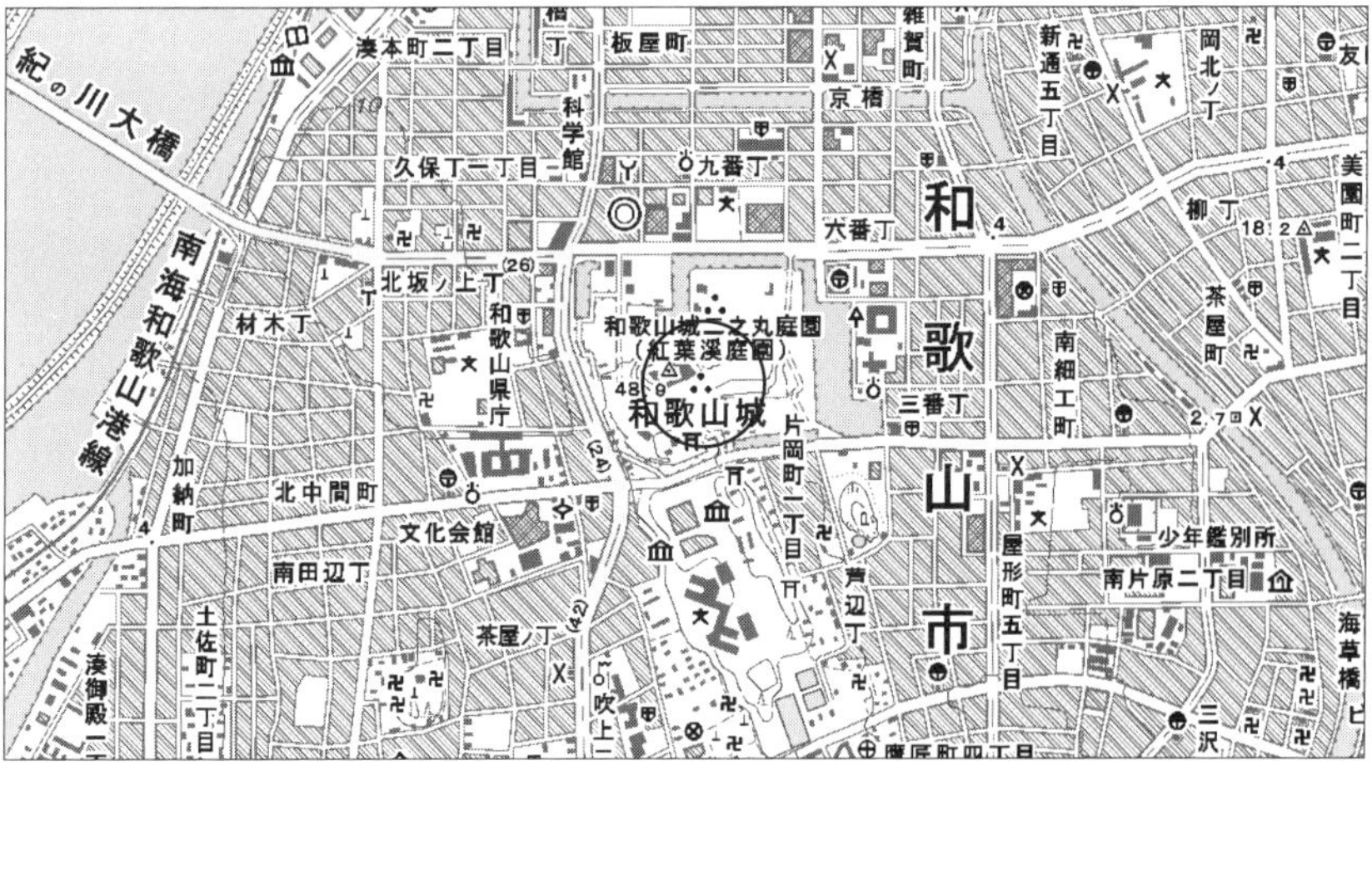

三十三年に市民の強い要望で再建されたが、虎伏山《とらふすやま》から天守が消えた十三年は、和歌山城天守の歴史の中で最も長い期間であった。

　天守の再建により再びシンボルが街の中心に戻ったが、それに至る苦労話を設計に携わった藤岡通夫氏が回想録[*1]で語っている。それによると、「和歌山城天守再建は私のこの種の仕事の第一作であったが、その最初の仕事が一番むずかしい仕事だった」と述べたあとに、「和歌山城の天守の一画は複雑な形をしていて、直角というものが全くない。（中略）直角がない建物の場合は、全部にわたって原寸図を作って検討しなければならないので、その努力は並大抵なものではなかった」。さらに、「手元に細部の写真がたくさんあったことで設計を難しくした（中略）写真が多くあると、でき上がった時に写真と同じ位置から見て、同じように納まっていなければならないので、その苦心はなかなか大変である」と回顧されている。

〈写真１〉和歌山城　市内からのぞむ

　おかげで、現在の天守は古写真と比べても相違を探るのがたいへんである。それから六十年。昭和に再建された天守は、現在も虎伏山に座っている。遠望する姿は、江戸時代に見えた外観と同じと思えば、いっそう感慨深いものがある。一方で、和歌山城の魅力は天守に限らない。和歌山公園として親しまれるその内部には、歴史と見所が満載である。ここでは、その一部を覗いてみよう。

＊1　城郭調査こぼれ話「天守再建回顧」（『日本城郭大系』第十三巻月報、新人物往来社、一九七九年）。

羽柴秀吉により築城される

　太田城《おおた》*2（和歌山市太田）を水攻めにして、雑賀《さいか》・太田連合軍を退去させた天正十三年（一五八五）、羽柴《はしば》（のち豊臣《とよとみ》）秀吉《ひでよし》は、大坂城の守りとして和歌山城の築城を始めた。このとき太田城水攻めの堤の構築*3に動員した紀伊・和泉の農民を再び集めて築城工事が始められた。

　太田城水攻めの実行日は、記録によって四月二十四日と二十五日のわずかな違いが見られるが、水攻めの堤を築くにあたり、紀伊・和泉の農民一万人を集めて、数日間で完成させたという。それが事実か否かは別として、一万人を集めることができる財力と権力を見せつけて、戦う気力を失わせる心理作戦は大いに効果があったのではないか。のちに秀吉は、小田原城攻めの際、石垣《いしがき》山《やま》（神奈川県小田原市）に城を築き、小田原《おだわら》城側の木を切り倒して一夜にして築いたかのように見せ、敵の戦意を失せさせたように、しばしば用いた心理作戦の一つと考えられる。

豊臣秀吉画像　当社蔵

　秀吉の和歌山築城は、太田城を攻めたあと、雑賀・太田派の残党をはじめとする反秀吉派を意識して、権力を誇示したものだ。威厳を示す意味でも、城の構築は急務であったはずである。『紀伊続風土記《きいぞくふどき》』（「きいしょくふどき」とも読む）には、「此地の体勢城地に宜きを観察して親く自縄張を命し三月二十一日鍬初あり　藤堂高虎ノ守　羽田長門守　一庵法印を普請奉行として本丸二ノ丸其年の内土竣《おわ》る」とある。『南《なん》紀徳川史《きとくがわし》』*4は、その時期を十一月二十一日と記している。

　瓢箪型の吹上ノ峰《ふきあげのみね》（虎伏山）の西側（現、天守閣）に本丸、

＊2　JR和歌山駅東口から東へ徒歩7分。来迎寺が本丸跡と伝わり、境内に碑がある。

＊3　来迎寺から北へ徒歩十分、出水地区に堤の一部が残る。

東側（現、本丸御殿跡）に二ノ丸を配置した構造だったが、石垣山城のように短期間で城の完成を見せることで、反秀吉派に精神的打撃を与える効果がある。そのため、取り急ぎ周辺から望める丘上に本丸と二ノ丸を築き、遠くからも見えるように櫓を数基建てたかもしれないが、この時期の構造を伝える記録はない。

築城選地

秀吉が選んだ築城地は、吹上ノ峰の北端にあたる（以降、虎伏山と記す）。南側には岡山（奥山）の丘陵が続き、ここにも秀吉の築城以前に城が築かれていたことが、『紀伊続風土記』や『紀伊繁盛誌』（明治二十六年）、『和歌山史要《しよう》』（昭和十七年増補版）などに記されている。岡山城*5は、現在の時鐘堂《じしょうどう》や県立美術館・県立博物館が建つ丘の一角にそれらしき跡が残されていたという。しかし、昔の面影がまったくない今日では、実証するすべがない。

現在、三年坂《さんねんざか》と呼ばれる谷筋が虎伏山と岡山を二分しているため、秀吉が築いた和歌山城は独立した丘で、自身の居城・大坂城の方角に開けた場所でもあった。さらに、山崩れなどの心配が少ない岩盤の丘だったため、築城地には最適な場所と思われる。

藤岡通夫氏は、「天守再建回顧」（前出）の中で「和歌山城の天守は地元で採れる結晶片岩*6を無造作に直線的に積み上げただけだが、この緑泥片岩は硬いが剥離をする性質があるから、厚いものが採れないので大きいものはない。したがって全体に小さな雑然とした石を積み上げた野面積みだが、石垣は狂っていない。それは此の石垣のすぐ下に同じ緑泥片岩の岩盤があるからで、ヨーロッパの岩山に建つ城の建築に同じような性格となっている」と述べており、そのようすは、天守に限らず、虎伏山の各所に見ることができる。

＊4　明治二十八年（一八八八）、紀州徳川家当主・茂承が編纂を始め、同三十四年に完成した紀州藩の歴史書。編纂者は堀内信。

＊5　奥山城・岡城ともいう。

＊6　地元産。通称青石と呼んでいる。緑泥片岩のこと。最近は緑色片岩といっている。

〈参考〉石垣山城　南曲輪石垣

表坂《おもてざか》から松《まつ》ノ丸《まる》に通じる松ノ丸門跡手前の石段は、岩盤を削って造ったことがわかる（写真2）。また、石段を登りきった石垣の下や、天守一ノ門跡にも岩盤が広く露出している。さらに、裏坂の途中は岩が歩道を邪魔するように露出し（写真3）、松ノ丸櫓台南側の岩盤上には石垣の根石《ねいし》を岩上に置いて積み上げているようすがみられる。鶴ノ渓の結晶片岩で積まれた石垣の中には、露出した岩を巻き込んで積んでいる。

岩盤の露見は、天守群北側にある埋門《うずみもん》内部も同様である。天守続きの台所から石垣を潜って水ノ手に通じる小門で、内部の壁面はもちろん、床もていねいに削って空間を確保している（写真4）。

また、西ノ丸庭園をはじめ、至るところに岩が露見する。秀吉は、岩盤により足下の固い地と眺望の良さにひかれ、寺院を移転させてまで築城地に選ぶこだわりを見せた。最も固めたいのは、自らの地位だったのだろう。当時、貴族が憧れていた和歌浦《わかのうら》に赴いて、歌を詠んでいる。

いにしへの眺めの和歌浦　ひろふ貝こそあらまほしけれ

上〈写真2〉松ノ丸門跡手前の石段
中〈写真3〉裏坂の露出岩盤
下〈写真4〉埋門内部　岩盤を削って空間を造成している

打ち出て玉津島《たまつしま》より眺むれば　緑立ちそう布引の松

いずれも秀吉が詠んだとされる歌である。中でも後者は、松を自身にたとえ、周りの緑を世ととらえれば、自らの権威を貴族や公家に「天下人は秀吉である」と呼びかけているようにも思える。

城代桑山氏による拡張

一応の完成を見た和歌山城であるが、しばらくして秀吉は大坂城へ戻ったため、和歌山城は主のいない城となった。当初は弟の秀長《ひでなが》に守らせるつもりでいたが、秀長が居城の郡山《こおりやま》城（奈良県大和郡山市）を動こうとしないので、天正十六年（一五八六）、但馬竹田《たじまたけだ》城（兵庫県朝来市）の桑山重晴《くわやましげはる》を秀長の城代として和歌山城に入れた。

竹田城の別名を虎臥《ふっこ》城といい、和歌山城の別名も虎伏《ふっこ》城という。『南紀徳川史』によると、虎伏山を海上より望むと猛虎の伏臥《ふくが》に似ているからだという。その真意はわからないが、重晴がいた竹田城の別名に由来するのだろうか。城内に伏せる虎の像があるのは、これらの由来によるものである。

重晴は入城すると、すぐに和歌山城の改築に取りかかった（図1）。本丸・二ノ丸の整備はもちろんだが、天守の改築を

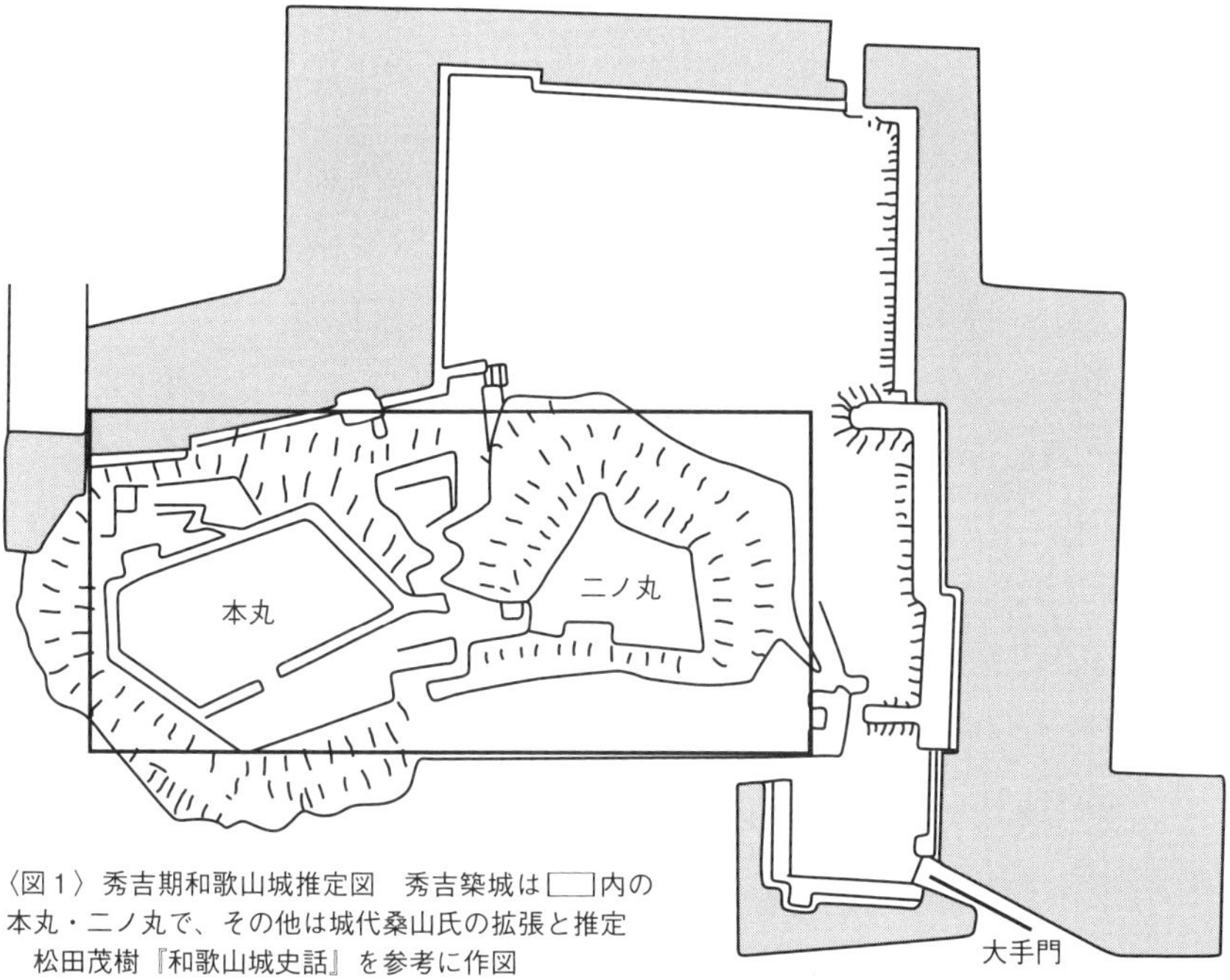

〈図1〉秀吉期和歌山城推定図　秀吉築城は□内の本丸・二ノ丸で、その他は城代桑山氏の拡張と推定
松田茂樹『和歌山城史話』を参考に作図

示す記録がある。『南紀徳川史』に「小なる方はかの重晴が築造の係わる呼びて古《こ》天守と称す」と記され、「和歌山城絵図（個人蔵＝後述）」にも小天守の文字が見られる（絵図1）。当時は表記より発音が優先されたため、「小天守」も「古天守」と同じであろう。つまり、「こ天守」は「古＝いにしえ」と考えられるから、桑山氏の時代の建造物と解釈できる。

場所は、天守北西角の乾櫓の下で北に張り出した方形の台地、のちの楯蔵《たてぐら》跡である（写真5）。ところが、規模は狭くて小さく、存在したとしてもせいぜい二層の櫓程度であったと推測する。

城の拡張については、東南麓の平地に枡形の曲輪を設けて大手門が開かれた。その構造は不明だが、現在の岡口門の位置にあったようだ。したがって、和歌山城は東向きの構えとなり、町もそちらから開かれていった。『紀伊続風土記』に、桑山氏のときは「ようやく広瀬町、細工町、幹町、堀詰ならん」と、城下町が形成されつつあったように記されている。

この時期の石垣の特徴のひとつに、転用石がある。天守曲輪を形成する石垣には、宝篋印塔《ほうきょういんとう》などの石塔

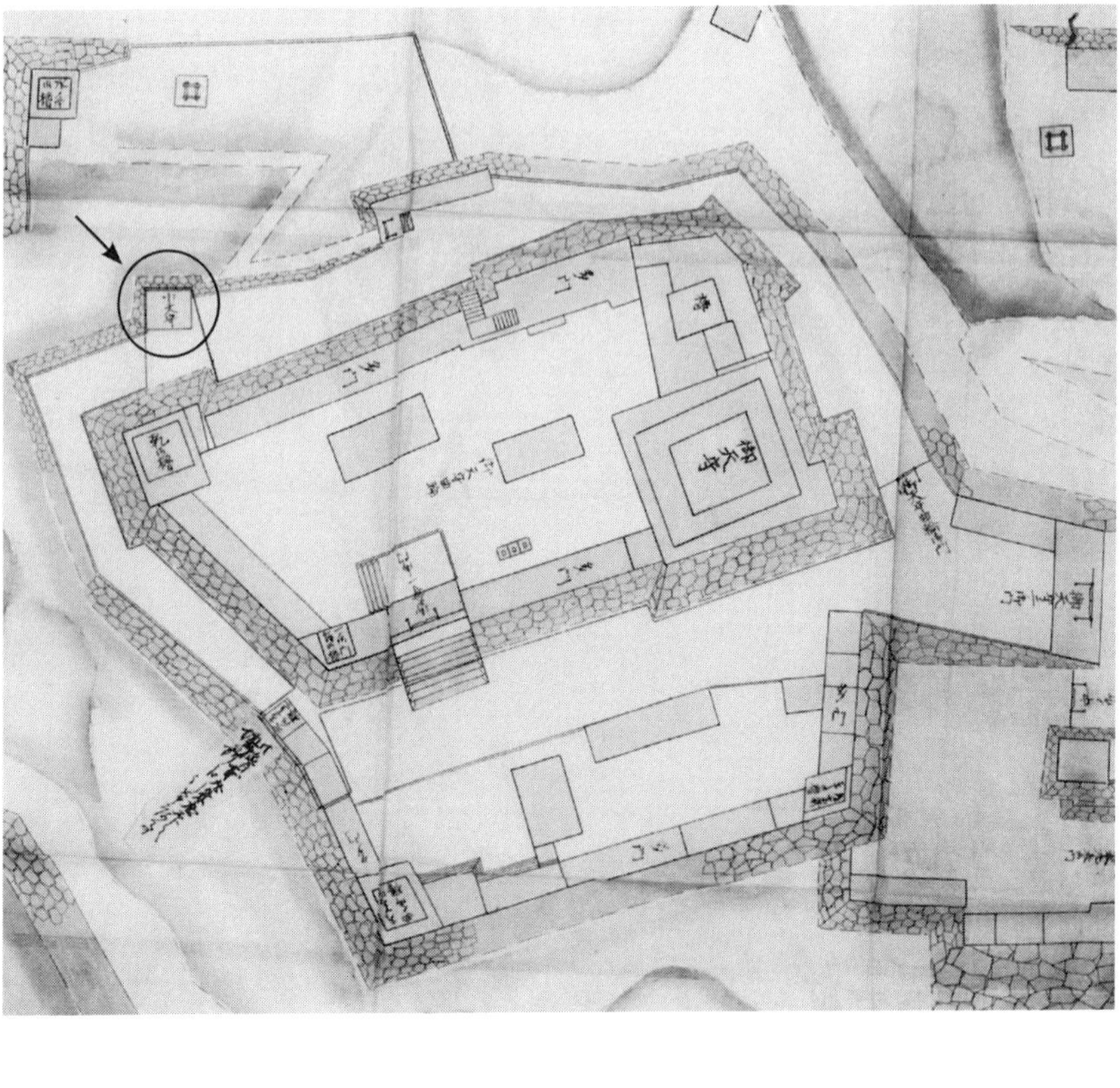

類が約五十個確認できる。これらは、ほかの場所で使用されていた石を築城のために運んできたものである。

宝篋印塔の石は、乾櫓台下方にある（写真6）。その近辺にも笠石《かさいし》などの石塔類が無造作に積まれており、それらは周辺の石と色が違うので見つけやすい。また、目に触れないところにも同様の石が使われていたことが、発掘調査で明らかにされている。たとえば、天守一ノ門石垣の裏込めから、多くの供養塔の石や寺院のものと思われる丸瓦が出土した。

さらに、天守台からも、年号入りの下《さ》げ振《ふ》り（寺院などの建物普請の際に、垂直を測る道具）が[*7]出土した報告がある。このことから、和歌山築城以前に、本丸周辺に寺院が存在した可能性が考えられるようになったという。そうであれば、本丸周辺に石塔類の転用石が見られることは、なんら不思議なことではない。このような供養塔の転用石は、おもに織豊《しょくほう》期の城で多く見られる。

織田信長《おだのぶなが》の二条城《にじょう》（二条古城＝京都市上

右〈絵図1〉和歌山城絵図（部分）に加筆 ○部分が小天守 個人蔵 写真提供：和歌山市立博物館

＊7 二〇〇七年和歌山市立博物館秋季特別展図録『和歌山城―その歴史と文化―』

上〈写真5〉楯蔵跡 乾櫓より

下〈写真6〉乾櫓台 供養塔の台座が下方に見られる（○部分）

京区）の発掘調査では、二五〇余の石塔類が石垣に転用されていたことがわかった。福知山《ふくちやま》城（京都府福知山市）では天守台に多くの石塔類が積まれているし、大和郡山城の天守台には、羅城門《らじょうもん》の礎石と伝わる石と地蔵が積まれている。その中には、大きな地蔵が頭から石垣に突っ込むように積まれていて、「逆さ地蔵」と呼んでいる。

　信長には比叡山延暦寺《ひえいざんえんりゃくじ》の焼き討ちなどの史実があり、後世にはそれと結び付け、神仏を恐れない証しにこのような行為を行ったといわれてきた。逆に、悪いことの裏返しが善いことであるように、石塔や宝篋印塔の笠などを逆さに用いることで、逆に縁起が良く、呪いの効力が増すという「けがれの逆転」説の考えもある。＊8 墓石を屋敷の下に敷くと縁起が良いとする習俗もあり、寺院の礎石を城門などに用いたという例もあるという。

　和歌山城でも、裏坂を登りきった本丸裏門跡に残る六個の礎石中に、円形で中央がまるく盛りあがった石がある（写真7）。これが、寺院の礎石といわれる転用石である。転用石は、秀吉の主君信長の意志を表現したのかもしれないなど、さまざまな説があるが、石不足だったからという説が一般的である。しかし、いくら転用石が多いからといっても、和歌山城の全体から見れば、石不足を補うには至らない数である。織豊期の城に転用石が多く見られるのも、築城を急がねばならない事情から神仏を敬う心のゆとりなどなく、近くにある石をてっとり早く運んで積んだというのが本音であろう。

　もう一つの特徴は、野面《のづら》積みの高石垣《たかいしがき》である。花崗斑岩《かこうはんがん》で高く積まれた表坂の松ノ丸櫓台、不明門《あかずのもん》の高櫓台、砂岩《さがん》で積まれた砂ノ丸を囲む石垣も、ともに高石垣と呼ぶ。結晶片岩で積まれた、松ノ丸を形成する石垣もそのひとつである。南ノ丸跡（童話園・水禽園）から眺めると北面の石垣で、結晶片岩の小さな石を加工することなく、自然のまま積まれた野面積みである。この小石を用い

〈参考〉福知山城天守台の転用石

＊8　小和田哲男『呪術と占星の戦国史』（新潮社、一九九八年）。

て高く積んだとしても、強度がなければ意味がない。

そこでまず、土台となる下段の石垣を築き、その上に、少し後方にずらして上段の石垣を積む。そこに、ずらしたために細長い「犬走《いぬばし》り」の空間が生じる。野面積みの石垣は登りやすいため、登ってきた敵を集中攻撃する空間として必要だったという説もあるが、実際は強度の問題が優先していたと思われる。

この二段積みの方法は、下から一直線に積んだ石垣より高く、そして強度も高い堅固な城壁になることは言うまでもない。天守周辺にも、中ほどに「犬走り」を設けた石垣が見受けられる。天守一ノ門南石垣や鶴ノ渓の南面の高石垣も同様の積み方である（写真８）。ただし、鶴ノ渓の上部数段の石垣は、砂岩系の石で積み足されているので、次の時期、浅野氏によって積まれたと考えられる。それより下部は結晶片岩なので、秀吉・桑山期の石垣であることは間違いない。

上〈写真 7〉本丸裏門跡の転用石　寺院の礎石（手前）
下〈写真 8〉鶴ノ渓の二段に積まれた高石垣

浅野期に行われた増改築

【拡張】桑山重晴のあと、二代目の一晴《かずはる》とあわせて、桑山氏の城代時代は十五年間続いた。

慶長五年（一六〇〇）の関ヶ原合戦後、功績を挙げた浅野幸長《よしなが》が三十七万六千石を賜り、紀伊国主となって和歌山城に入った。幸長二十四歳のときである。

入城後、居城の形態を整えるため増改築を手がけた（図２）。桑山期の縄張りをそのままにして工事を進めたが、虎伏山山頂の本丸に新たに天守を建て、二ノ丸には御殿を建てるなど、建物の様相は一変した。山麓の岡口枡形を三ノ丸として、さらに北のほうに拡張していく。三ノ丸の北に蔵ノ丸、その北続きには下ノ丸を配置して、大手門である「市之橋門《いちのはしもん》」が建てられた。市之橋門は、岡口門のような櫓門だったといわれているが、このときから、和歌山城は東向きから北向きの城に変わった。

【雁木《がんぎ》】拡張に伴い、蔵ノ丸と下ノ丸の堀沿いの石垣内側に雁木（石段）が設けられた。中世の城では、石垣ではなく土を盛って城域を囲み（土塁）、土塁へ登るための坂道が付けられた。この道を「坂《さか》」と呼ぶ。近世になって坂は石段に変

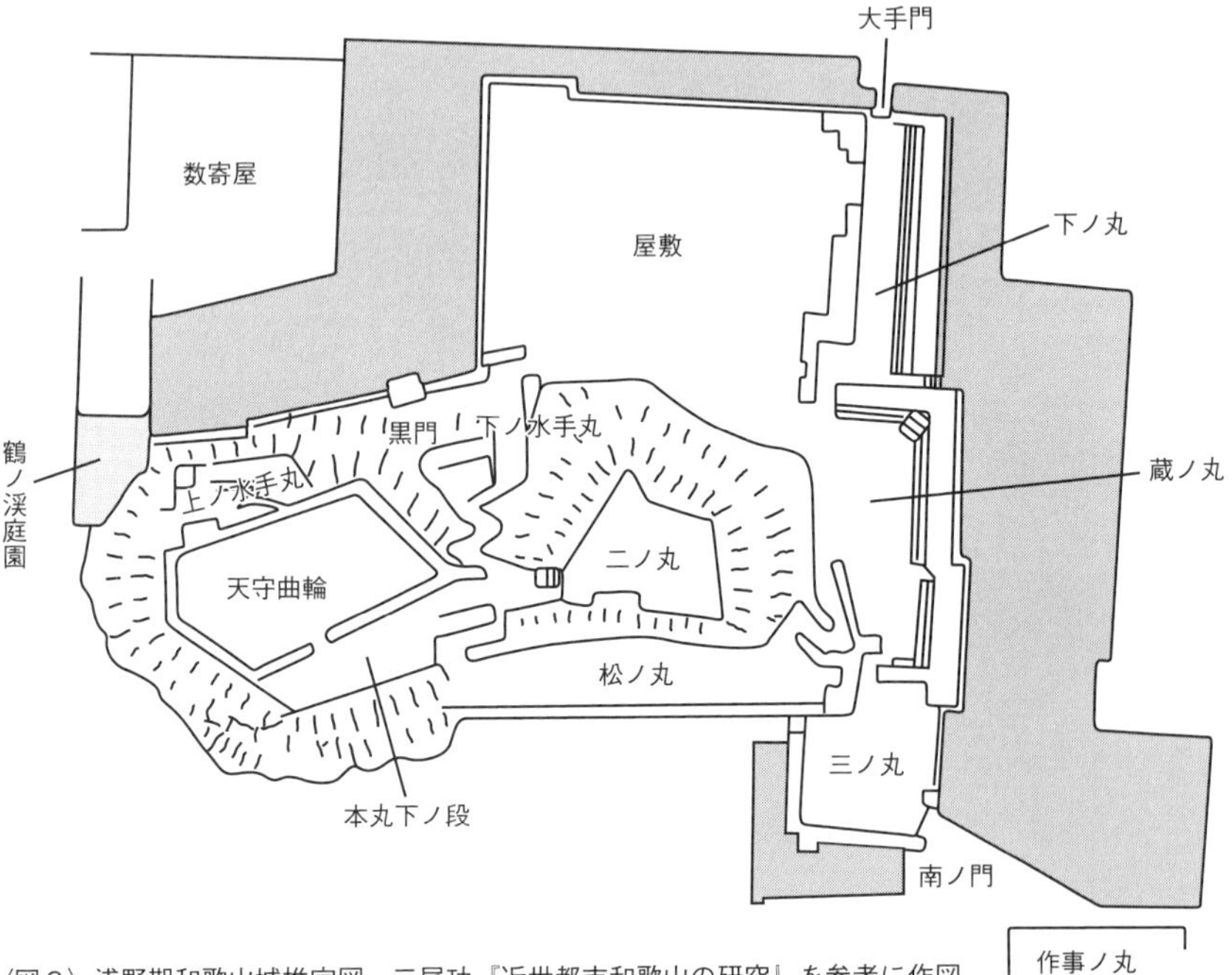

〈図２〉浅野期和歌山城推定図　三尾功『近世都市和歌山の研究』を参考に作図

わったが、呼び名はそのままに「坂」といった。

大手門から表坂に至る東側には、驚くほど横長の石段が南北に設けられている（写真9）。これを雁木坂といい、岡口門内の広場（岡口枡形）と砂ノ丸や南ノ丸に、互いに向き合う石段を多く見ることができる。これを「合坂《あいざか》」という。中でも砂ノ丸の合坂（写真10）は、急勾配なうえに一段が高く幅も狭いので、登り下りは容易ではない。当然、大軍が一度に往来することは不可能なので、兵の数が少なくて済む場所の構造といわれる。もちろん敵側も、大勢が一気に石垣を越えて侵

上〈写真 9〉蔵ノ丸雁木（雁木坂）
下〈写真 10〉砂ノ丸高石垣雁木（合坂）

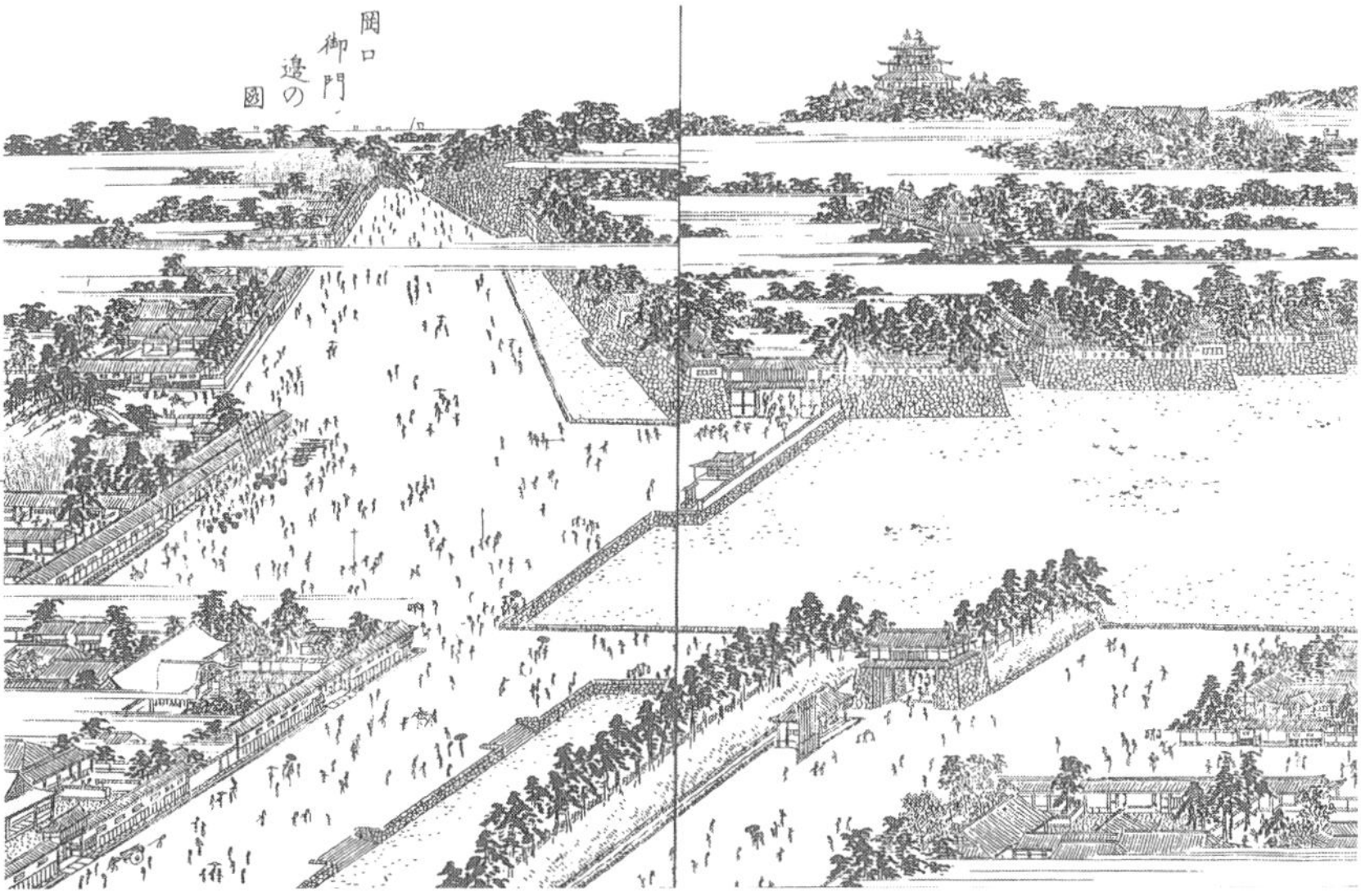

〈絵図 2〉和歌山城の岡口門図　『紀伊国名所図会』

入することはできない。

このような雁木は港や川べりなど生活の場にも見られるが、その石段は幅が広く、段差を低くした安全な造りである。しかし、城となるとそうはいかない。雁木坂の石段は、合坂と違ってどこからでもたやすく登り下りができ、一度に大勢の移動が可能である。万一、敵が侵入すると勢いよくなだれ込む可能性があるので、石段の幅は狭く高くして、往来が難しいようにしている。さらに、雁木坂前面の堀幅を広くして、敵の勢いを止める工夫も忘れてはいない。

【鶴ノ渓】拡張工事では、居住空間（現、二ノ丸広場）の屋敷にも手を加えたと考えられる。前代の桑山氏も屋敷を構えていたと思われるが、西側一帯（現在の大奥・西ノ丸庭園・山吹ノ渓）の大きな水堀は屋敷を囲み、その一角に「鶴ノ渓」という優雅な庭園が設けられた。

〈絵図3〉『紀伊国名所図会』に描かれた鶴ノ渓

鶴ノ渓庭園（写真11）は、武家茶人上田宗箇《うえだそうこ》作と伝えられている。宗箇は、徳島城の表御殿庭園を造園する際、枯山水《かれさんすい》の庭に池泉廻遊式《ちせんかいゆうしき》を組み合わせたことで知られている。「和歌（の）浦に　潮満ちくれば片男波《かたおなみ》　あしべをさして鶴《たづ》なき渡る」（山部赤人《やまべのあかひと》・『万葉集《まんようしゅう》』巻六・九一九）。今では想像もつかない、万葉時代の光景である。この鶴が、和歌山城の上空を舞っていたようである。岡山城（岡山市）に隣接する後楽園《こうらくえん》では鶴が飼育され、戦前まで庭園内を舞っていたそうで、当時の写真が残されているという。このような光景が、和歌山城内でも見られていた可能性がある。その証に、鶴ノ渓や鶴ノ門など、鶴の飛来を暗示する名称が付けられている。また、江戸時代に描かれた『紀伊国名所図会』には、「（鶴ノ渓は）浅野氏の頃、鶴を飼い養っていたところで、鶴の餌入《えいれ》という器が二つ残っているのは珍しい」とあり、そこには鶴ノ渓の石垣の麓に置かれた二個の器が描かれている。残念ながら鶴の姿は描かれていないが、和歌山城天守群の多門櫓の台所にあたる場所に、現物が展示されている。『紀伊国名所図会』に描かれた画と類似しているので、信憑性が高い。

　秀吉は、和歌浦の美しさを見て心動かされ、「若山」を「和歌山」に改めたという逸話が残されている。鶴ノ渓の庭園も、和歌浦に匹敵するような美しい光景が広がっていたのかもしれない。

〈写真 11〉 鶴ノ渓庭園跡

　浅野期の和歌山城は、戦う城から住む城へと変わっていくが、変化は町にも現れた。たとえば、大手門の東、現在の裁判所付近から市役所周辺に三ノ丸（丸ノ内）を移して重臣の屋敷を集めている。また、大手門北方の鷺《さぎ》ノ《の》森《もり》周辺に侍屋敷が造られ、城北や湊地区、さらに和歌川に沿って人々の住居も集まり始め、城下町が整えられていった。

【石垣の刻印】拡張工事の影響は、石垣にも見られる。たとえば、石質の大半が結晶片岩から砂岩に変わり、その石に多種多様な刻印が彫られているのも特徴である。刻印は、○・△・□などを基調とした印が約一四〇種類、二千個以上が確認されている[*9]

＊9　一九九二年から三年かけて、和歌山城郭調査研究会が市の委託を受けて調査した結果であるが、その後も数は増えている。

（図3）。しかし、それが何を意味するのか、さまざまな憶測はあるが真相はわかっていない。ただ、その中に桃印（写真12）と思われる珍しい刻印がある。大手門を直進すると一中門跡に至り、その東端の水門脇の石垣に彫られている。

また、目的がはっきりとした刻印もある。文字刻印と呼び、「地　表角七たん（だん）」（写真13）同「四たん」「八たん」「十四たん」などの文字が刻まれている。現在は、積まれた当時の状態で見ることはできないが、高櫓台の西に六個置かれている。いずれも長年、野ざらしであったため風化が進んで読みづらくなってきており、保存のため現在はブルーシートで覆われて見ることができない。

砂ノ丸高石垣の南西部で、三年坂に近い場所に「表角」の文字が彫られた石がある（写真14）。砂ノ丸の高石垣に積まれていたものを、修復時に現地に集めたものと思わ

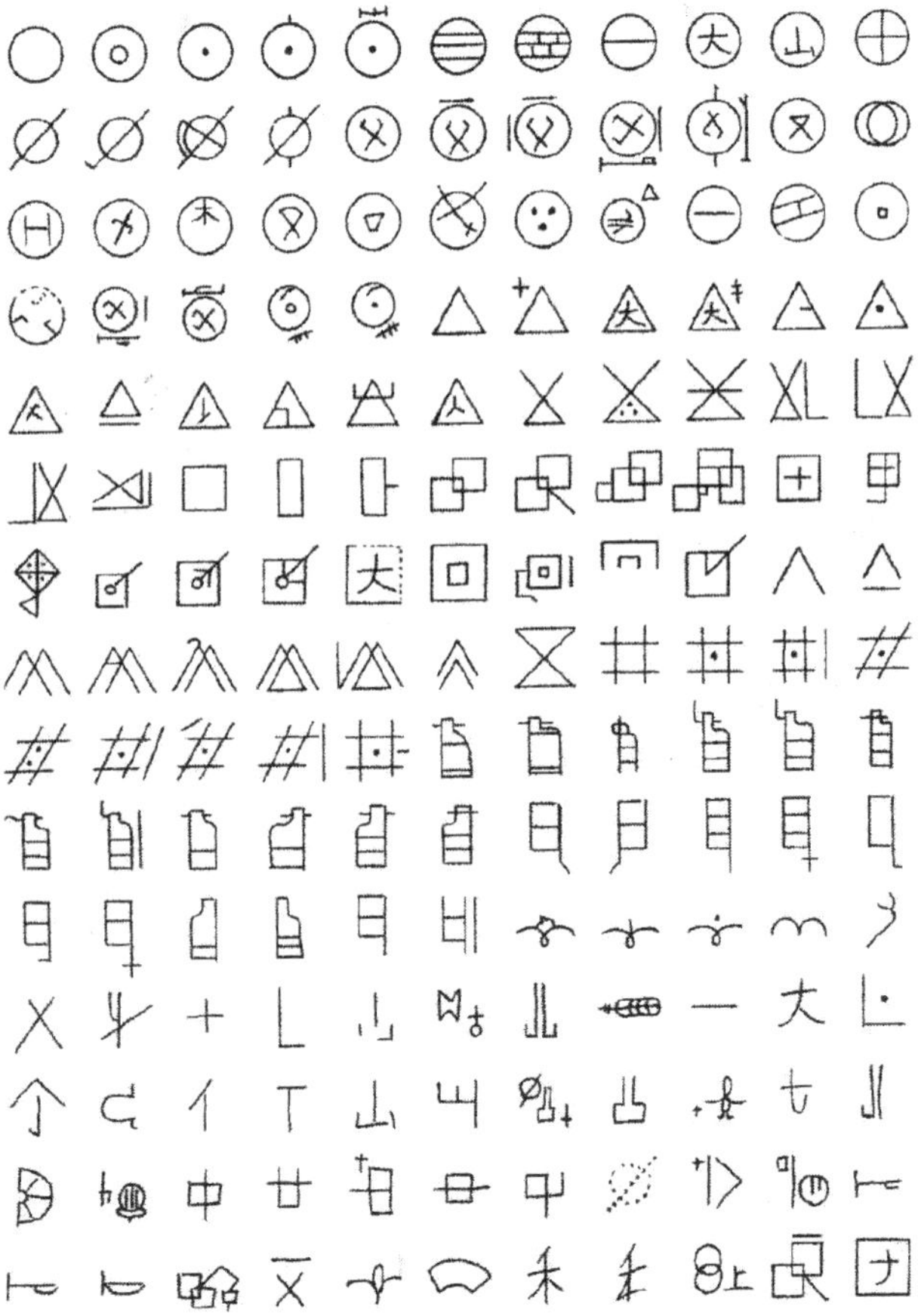

主な刻印場所	概数
大手門周辺	69
二ノ丸御殿	26
台所門周辺	59
新裏坂西側	790
鶴ノ渓周辺	16
勘定門周辺	11
砂ノ丸	14
南ノ丸	28
松ノ丸周辺	57
蔵ノ丸堀石垣	189
二ノ丸物見台	145
その他	590

〈図3〉城内石垣のおもな刻印文様
（1993年　和歌山調査研究会調べ）

れる。その先には円形状の刻印があったようだが、風化と剥離で読むことができない。ただ、現在は表記の「角」にないのは、石垣修理の際、元の場所に置かれなかったからかもしれない。

また、人名が彫られた石もある。たとえば、天守二ノ門（楠門）に近い石段上の石に「法印《ほういん》」と彫られた石がある。秀吉が築城の際、普請奉行を命じた一庵法印の「法印」なのか、築城前にあった寺院に係わるものかはわからない。城内には「下田楠之助」と彫られた石もあるが、この人名と和歌山城との関係もわかっていない。

天守群の多門櫓内には、「矢田」「四十〆太亀」と彫られた石が展示されている。旧天守（焼失前）の一階から二階へ上るはしご段の門柱に使用されていたもので、両者は対《つい》の礎石という。

多様な刻印石があるのは、浅野の家臣たちが自分宅の家紋や馬印《うまじるし》を入れたからだという説もある。真意のほどはわからない。

〈写真13〉文字刻印石

【鏡石】浅野期改修時と推測される石垣に、威厳を示す「鏡石」が置かれている。周囲の石よりひときわ大きな石を組み込んだ石垣で、大坂城の蛸《たこ》石、名古屋城の清正《きよまさ》石、今治《いまばり》城の勘兵衛《かんべえ》石などはとくに大きいことで知られている。

岡山城の本丸正面にあたる内下馬《うちげば》門跡の石垣にも、複数の大きな鏡石がある。最大の石は、高さ約四×幅約三・五メートルあり、奥行きのない板状の石を立てかけたもので、そのようすは隣石の隙間から確認することができる。この形状は、大坂城の蛸石も同様で、当時はいかに大きく見せるかが重要だった。

〈写真12〉桃印の刻印

〈写真14〉表角の文字が見える

上〈写真 15〉一中門石垣の鏡石
下〈写真 16〉天守二ノ門の鏡石

巨石によって領主の権威を誇示する時代であり、大石を組み込んだ鏡石は、巨石であればあるほどよく、城の大手（正面）など、目立つ場所に置いたようだ。

和歌山城一ノ橋の大手門をくぐって直進すると、やがて屈曲した一中門跡の石垣に突き当たる。その右折れの正面に鏡石が置かれている。白っぽい花崗斑岩が隙間なく積まれた徳川期の石垣に目を奪われがちだが、その右側、砂岩の黒っぽく見える石垣の中に、周囲よりひときわ大きな石が組み込まれている（写真15）。

もう一ヵ所は、天守二ノ門（楠門）をくぐった正面にあり、「和歌山城沿革碑」の裏側、結晶片岩で積まれた石垣の中に、周囲よりひときわ大きい同種の石を複数用いて積まれている（写真16）。剥離《はくり》しやすい緑泥片岩を大きく割って複数を組み込んでおり、それだけでも自慢すべきも

〈参考〉大坂城の蛸石

のであったのだろう。

徳川期に行われた増改築

【拡張】元和五年（一六一九）、二代将軍徳川秀忠《とくがわひでただ》は、紀伊国主の浅野長晟《ながあきら》に安芸・備後（ともに広島県）への国替えを命じた。そして、駿河・遠江（ともに静岡県）・東三河（愛知県）五十万石の領主であった家康の十男、徳川頼宣《よりのぶ》を紀伊国主に抜擢した。紀伊新宮《しんぐう》から南、伊勢国の亀山《かめやま》までの領地五万五千石を加増して、五十五万五千石の領主として入国させた。紀伊徳川家の誕生である。

これは、駿河に隠居した家康《いえやす》（大御所《おおごしょ》）と江戸の将軍秀忠という二元政治が、家康の死により一元化するため、家康の血を引く頼宣を江戸から遠く離れた紀伊国に移し、秀忠の三男忠長《ただなが》に頼宣の領地だった駿河・遠江・東三河を与え、秀忠自身の権力と権威を示そうとしたのではないか。

あるいは、大坂から江戸への海上交通は、紀伊半島沿岸のすべてを通っていく。時には休息のため、時には食料の積み込みのため、また、大風等による避難のため紀伊半島のどこかの湊に停泊する。そのたびに、江戸や尾張などの情報を入手する機会が多くなる。逆を言えば、江戸の出来事などが伝

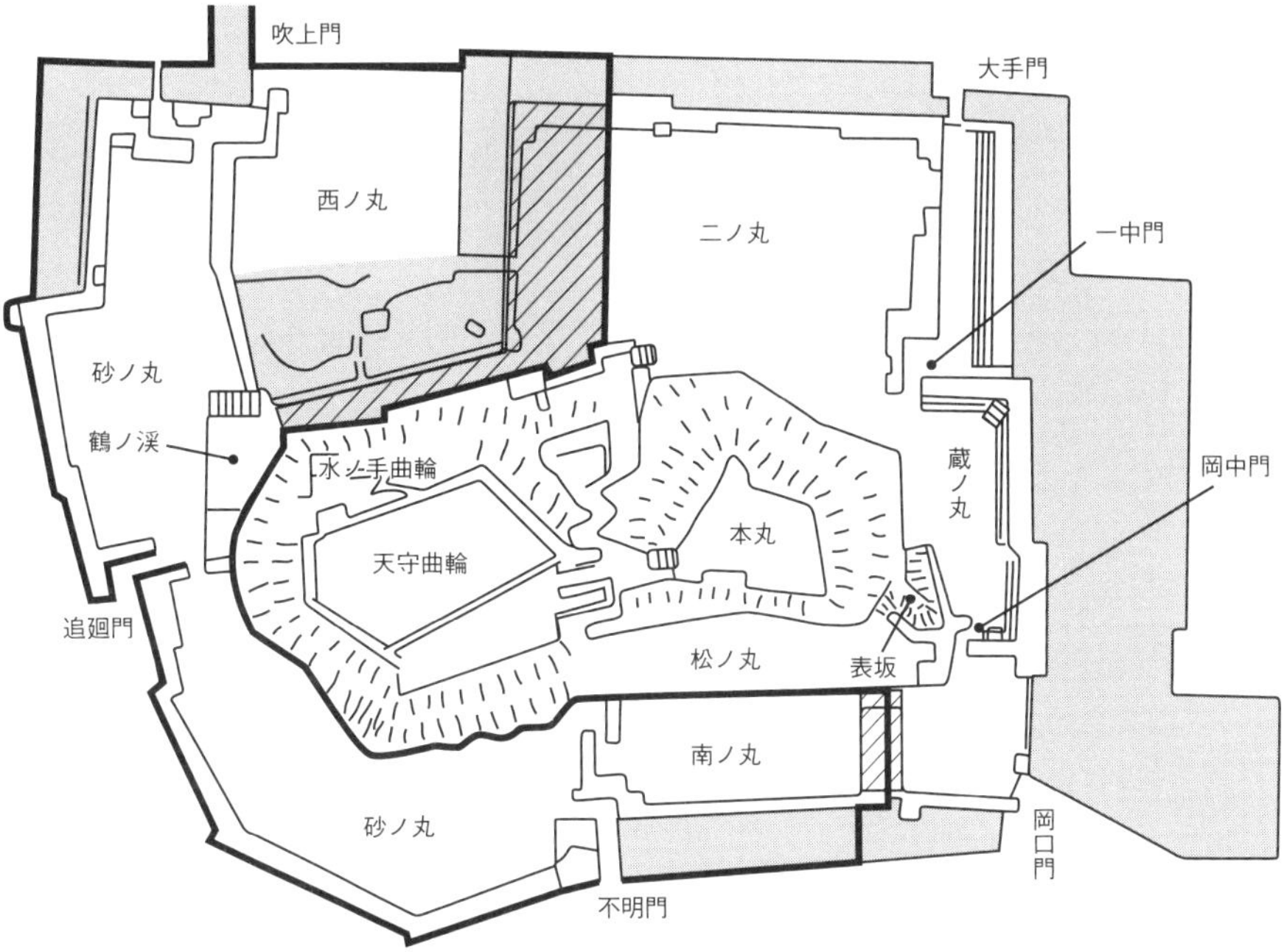

〈図４〉徳川期の和歌山城拡張図　斜線部・埋め立て部分、太線内・拡張修復部分

わってしまう可能性も考えられるため、徳川家とすれば、自らの身内を領主にしておくのが最適ではないかという考えを持ったのではないか[*10]、などが指摘されている。

城の拡張（図4）は、入国の二年後に幕府から銀二千貫目が与えられて始められた。現在の価値で換算すると、三十億円以上という。これにより南ノ丸・砂ノ丸が増築されて、虎伏山を周回する輪郭式と虎伏山の梯郭式が複合する城郭となった。さらに城下町も拡張され、北は紀ノ川に近い所に城下町の入り口となる「北大手門（本町門）」を設け、浅野期の寺町の一部を南側へ移して寺町を新しく形成した。当地の水路を延伸すれば、南外堀（新堀川）となるので、寺町とともに南外郭の守りとして計画された。

水運航路としての活用も期待されたであろうし、南ノ丸等の拡張工事における高石垣の構築もあったのだろう。しかし、工事が余りにも大規模だったため幕府から疑念をもたれ、延伸予定の堀工事は途中で止まってしまった。寛文七年（一六六七）のことで、その地は「堀留（のち堀止）」と称され、現在もその地名が残っている。

【石垣】元和七年（一六二一）、「将軍家より銀二千貫目与えられ、和歌山城の石垣など思し召すままに御普請なさるべく」、また「南ノ丸の縄張りは、後に藤堂《とうどう》和泉守（高虎《たかとら》）が見廻りに来たとき、（安藤《あんどう》）帯刀《たてわき》と相談した」と、『南紀徳川史』（巻之百六十八）は伝えている。

現在、南ノ丸は水禽園（野鳥園）と童話園（動物園）となり、その東に接続する砂ノ丸は、石垣で囲まれた広場で市民に開放されているが、堀は造られていない。これは、紀ノ川があるからだという話をよく聞くが、その面積を馬場（絵図4）に当てたと考えたほうが現実的ではないか。すでに戦を意識する世ではないうえに、堀を掘る土木工事は時間も労力もかかる。堀を造らない分、曲輪を囲む石垣はノコギリの歯のように、屈曲した防御性を高めた高石垣造りをしている。

＊10　二〇一六年、小山譽城氏講演より。

高石垣は、追廻門を挟んで北へ、また、南から西へ折れて不明門《あかずのもん》まで続いている。北端は道路の付設に伴い、張り出し部分を削除した旨が説明板に記されているが、この部分以外は、前方に張り出しながら長く続いている。その様子は現在も見てとれる。

石垣が折れながら積まれている構造は、「横《よこ》矢《や》掛《が》け」や、単に「折れ」という。この構造は中世の城から発達したもので、城壁となる土塁や石垣を登ってくる敵兵に対して、横から矢を掛ける仕組みである。その効果の高さと存在価値の重要性から、近世の城ではとくに「折れ」を多く取り入れて造られた。「折れ」の間隔は、弓矢から鉄砲など射程距離の長さに応じて広くなっていく。

和歌山城の場合は、最短部で約三〇メートル、最長部で約六五メートルある。ノコギリの歯に例えればかなり荒目だが、当時の鉄砲の射程距離が六〇メートルから七〇メートルであることを考えれば、石垣を登る敵兵を横から鉄砲で狙うことは可能である。しかし、「折れ」構造には、ほかにも理由があったように思われる。つまり、当時の土木技術で百間（約一八〇メートル）近くの高い直線石垣を築くことは難しかったので、ところどころを「折れ」構造にし、直線の区間を短くすることで前面に倒れない石垣を築いたというのが真相だったかもしれない。

拡張工事による石垣の修築は各所で行われたようで、

〈写真17〉松ノ丸櫓台

〈絵図4〉『紀伊国名所図会』に描かれた馬場

〈写真18〉一中門の石垣

浅野期の打込接《うちこみはぎ》の積み方に対し、全面加工石を隙間なく積んだ切込接《きりこみはぎ》が各所に見られる。表坂南側の松ノ丸櫓台（写真17）と高櫓台（不明門跡西側）は、切込接布積みに分類される。四角に加工された石を規則正しく積んだ技法によるもので、寛永六年（一七〇九）、岡口門周辺の石垣とともに五代徳川吉宗《よしむね》による普請個所という。さらに吉宗は、翌年の享保元年（一七一〇）に天守台石垣普請の見積もりも行ったが、やがて八代将軍として江戸に移ってしまった。

　この切込接布積みに対して一中門跡（大手門から直進した最初の城門跡）では、それとは違う切込接乱積みを見ることができる（写真18）。一部、角を斜めに削りあわせたものや、L字に加工して隣の石と組み合わせたもの。また、亀甲《きっこう》積みといわれる多角形に加工したものなど、技の高さを見ることができる。

　このような加工技術は、岡口門内の南側にある雁木にも見られ、L字に切った石を組み合わせて石段を造っている（写真19）。同じく続塀《つづきべい》の、狭間もコの字に加工した石を上下に併せて狭間を構成している。同様の技術は、大奥の発掘の際に排水口の内側でも確認されている。

【千切《ちき》り《（ぎ）》】　和歌山城の南側、不明門駐車場出入り口のゲートの位置が和歌山城不明門跡で、その西側の美しい反りを描く石垣が高櫓台である。隙間なく積まれたその石垣に目が奪われがちだが、櫓台の東・西・北の角の天端石《てんばいし》に目をやれば、二つの寄り合う石が対になり、その合端《あいば》（石材の合わせ部分）を真ん中にして、蝶ネクタイのような形の穴が彫られているのが見える（写真20）。

〈写真19〉岡口門雁木　加工技術の高さがうかがえる

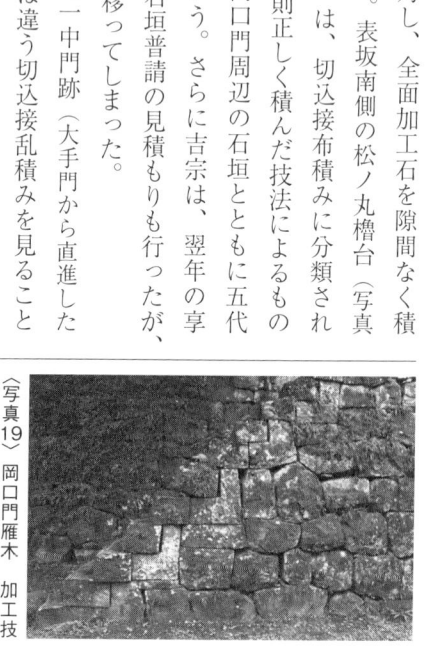

この工法を「千切り彫り」といい、合端に彫られた穴に、鉄や鉛で作られた立鼓形の千切り（真ん中がくびれた棒状）をはめ込んで、石のずれを防ぐものである。「独鈷《どっこ》」とも「つなぎ手」ともいい、「滕《ちきり》」とも書く。

千切りの鉄や鉛は、太平洋戦争時に鉄砲弾等に使用したため、ほとんどが穴だけしか見られないが、現物は江戸城天守台前（小天守台）の井戸枠や錦帯橋《きんたいきょう》（山口県岩国市）の橋脚部分で見られる。また、身近なところでは、海禅院《かいぜんいん》（和歌山市和歌浦）の多宝塔《たほうとう》を囲む石材の上部に見ることができ（写真21）、これを見ると、この工法を「つなぎ手」という理由がよくわかる。

昭和五十二年から翌年にかけて行われた砂ノ丸西南高石垣の修復工事でも確認され、現在も高櫓台の西に二組の千切り跡の石が保管されている（写真22）。ただし、現在は保存のためにブルーシートで覆われているため、見学はできない。

上〈写真 20〉高櫓台の千切り跡
下〈写真 21〉海禅院の千切り

〈参考〉仙巌園（鹿児島市）内の反射炉跡へのL字の石段

〈写真22〉高石垣上に保管された千切り跡

今なら、石垣の裏側にコンクリートを流してずれを防ぐのかもしれないが、千切りで結ばれると、まるで互いに手をつないでずり落ちないようにがんばっている姿に見えてくる。そんな思いで石垣を眺めれば、冷たいイメージの石も温かく見えてくる。

【矢穴《やあな》】近世城郭の石垣の代名詞のようにいわれる「反《そ》り」のある石垣は、切込接で隙間がなく弓なりの弧を描く。よじ登ろうとする敵兵はもちろん、忍者《しのびのもの》すら寄せ付けないので、忍返《しのびがえ》しとか武者返《ぶしゃがえし》と呼ぶこともあるが、その美しさに魅了される。中でも、高櫓台や松ノ丸櫓台の高く積まれた石垣の勾配（傾斜）は、上部になるにつれて垂直の線を描く（写真23）。あるいはまた、その形状が寺の屋根の形に似ていることから寺勾配《てらこうばい》とも呼ばれる。それに対して、緩やかな反りを持つ石垣を、宮勾配《みやこうばい》とか扇《おうぎ》の勾配と

上〈写真23〉高櫓台の反り
下〈参考〉伊賀上野城の高石垣

いうが、この反りこそ日本の城の特徴で、西洋の城では見ることのできない美しさである。

反りがなく、勾配だけの石垣もある。和歌山城の石垣にそれを求めれば、結晶片岩の石垣は緩やかな勾配を持ち、逆に西南部の砂ノ丸高石垣は、ほぼ垂直に積まれている。

築城の名手として名高い藤堂高虎は、伊賀上野《いがうえの》城（三重県伊賀市）に高さ三〇メートル余りの、反りを持たない勾配だけの高石垣を築いている。この高虎流石積みが、南ノ丸・砂ノ丸高石垣といえる。伊賀上野城の石垣の高さには及ばないが、「藤堂和泉守（高虎）が見廻りに来たとき、（安藤）帯刀と相談した」（前出）場所である。反りのある高石垣を得意とした加藤清正流とは対照的な石積みだが、いずれも美しさの前に崩れにくく、登ることができない石垣であることが原点にある。これらの石垣を眺めながら散策すると、歯形のような四角が並ぶ石（写真24）に出会う。中には、四角い穴が一列に並んだ石もある。このような石は、その気になって探してみると案外多い。

石垣の石は、石切丁場《いしきりちょうば》と呼ばれる岩場から切り出される。石切丁場では、大岩を鉄製の「矢（鉄《くさび》）」を使って割る。このとき、大岩の表面に長さ四寸（約一二センチ）、幅三寸（約九センチ）、深さ一寸（約三センチ）ほどの四角い穴を一列に開ける。この穴を「矢穴《やあな》」という。ここに矢と呼ばれる鉄くさびを打ち込んで、大岩を割る。むしろ、接《は》ぎとるといったほうがいいのかもしれないが、こうして生まれた巨石が「種石《たねいし》」である。

〈写真24〉矢穴跡　岡口門内側

右〈絵図5〉和歌山城の高石垣　図『紀伊国名所図会』

〈写真25〉岡公園の採石跡

〈写真27〉虎島に残る矢穴

種石を、先ほどと同様の手順で石垣として使用できる大きさに割る。巨岩の目やヒビを見分けて大穴を作らないと、接ぎとることがでない。中には予想以上に硬くて、途中で断念したものもある。その場合は、一列に並んだミシン目のような四角い穴となって残る。言い換えれば、割り損ねたものだ。一方で、うまく割れた石は四角い部分が半分になり、歯形のような矢穴の痕跡となって残る。

和歌山城の場合は、東南に接する岡公園に採石の跡が残る（写真25）。公園内にある岩場の弁《べん》財天《ざいてん》山（天妃山《てんぴざん》）最高所を中心に切り立つ岩山は、採石によりできたものである。南側にある池も採石によってできたもので、そのさらに南、道路を隔てた一帯も採石場だったという。和歌山城の石垣のうち、結晶片岩のほとんどは当地からの採石と思われるが、和歌山城天守群の北下方にも採石跡と思われる岩場がある。秀吉が急きょ築城をした天正十三年（一五八五）は、この場所から採石をしたと考えられるが、記録にはない。

その後、城代として入城した桑山氏による増改築の際、大量の石を必要としたので、近くの弁財天山を石切丁場に定めたと考えられる。次代の浅野氏になると、加《か》工しやすい砂岩を求めて加太《だ》の沖の沖ノ島《おきのしま》（通称友ケ島《ともがしま》）と、東に接続する小島「虎島」から採石した（写真26）。島には矢穴のついた岩盤（写真27）や、いわゆる残念石などの痕跡を現在も残している。

右・左〈写真26〉虎島の採石跡

徳川期の切込接の石は熊野《くまの》石と呼ばれる花崗斑岩だが、切り出し先は明らかでない。熊野石と呼ぶのは、熊野地方から運んできたからという話だが、陸を運ぶのも海上を運ぶのも遠路である。

曲輪（郭）

【本丸】城域内の区画名を丸《まる》という（図4参照）。曲輪《くるわ》と同じである。戦国期以前に築かれた山城では、一ノ城・二ノ城・三ノ城や上・中・下ノ城、中には、一・二・三ノ段、一・二・三ノ構えなどと名付けられた城もある。これらの区画は、いずれも中心部以外は段状に小さいものをいくつも造り、防御ラインとなる部分は半円状に造られた。半円状に造ることで角がなくなり、兵を等間隔に並べることが可能になるため、守備に有利であるからだという。その形状から「曲輪（廻輪）」の字が当てられるようになり、のちに、「曲輪」は丸く造るべし、との考えから単に「丸」と呼ぶようになり、江戸時代には「丸」が定着したと考えられている。やがて、「くるわ」は、「郭」の字も当てられるようになる。

文化五年から六年（一八〇八〜〇九）に描かれたという「自欠作町到御城之図・附遠望御城之図」（嘉家《かけ》造丁《づくりちょう》より望む和歌山城の図・県立図書館蔵）で、「御天守」とされた脇に「御天守郭《くるわ》」の文字があり（絵図6）、このころすでに、「曲輪」に「郭」の字が当てられていたことがわかる。

和歌山城の区画名を見ると、「くるわ」と呼ぶのは天守曲輪だけで、ほかは西ノ丸・砂ノ丸・南ノ丸・松ノ丸など、すべて「まる」と呼んでいる。このように、同じ意味なのに違う表記が同居するのは、戦国時代の羽柴秀吉、あるいは浅野幸長が築いた本丸部分の区画名を

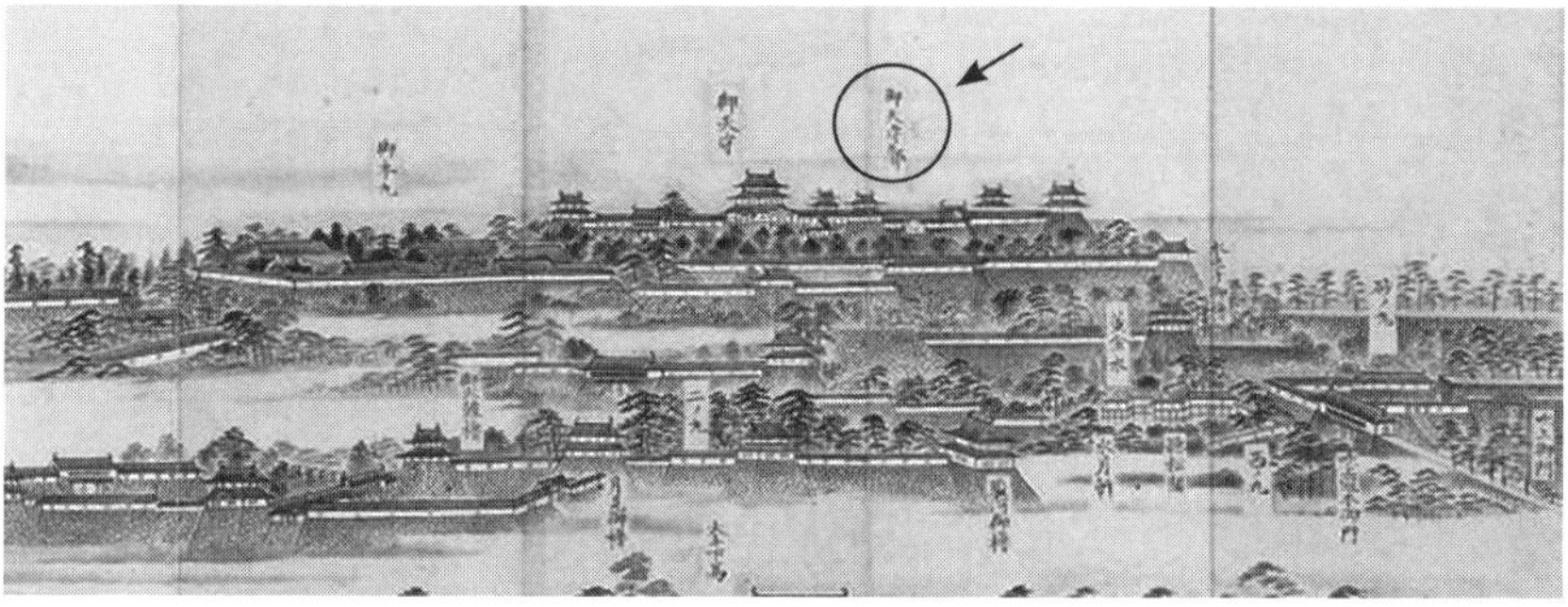

〈絵図6〉「自欠作町到御城之図・附遠望御城之図」（部分）に加筆　和歌山県立図書館蔵

そのまま踏襲したからであろう。もし、徳川頼宣が最初に本丸を築いていれば、天守曲輪の名称は「天守ノ丸（天守丸）」になっていたかもしれない。

和歌山城は当初、戦いのための施設として築かれたが、徐々に殿舎のほか接客や遊興の施設などが築かれ、政庁としてさまざまな建物が本丸御殿に軒を並べるようになった。浅野期に築かれていた二ノ丸御殿の建物をすべて撤去して新たに本丸御殿が建てられたが、狭いうえに山上の不便さから、やがて平地の二ノ丸へ政庁などを移したので、本丸御殿はほとんど使われなくなった。

【本丸御殿】徳川期の増改築は御殿にも及び、浅野期の二ノ丸御殿地の全域に殿舎を建て直し、本丸御殿と改称した。本来は、家臣との対面や藩主の生活場としての機能を持つのが本丸御殿であったが、和歌山城は五角形で周囲に土塀を巡らし、遠侍《とおさぶらい》（玄関）・大広間・書院、御料理の間などの六棟があるだけで、造築初期と幕末にしか使用されなかった。

幕末には、十四代藩主徳川茂承《もちつぐ》の妻・倫宮《みちのみや》則子（伏見宮《ふしみのみや》家）が一時滞在したので、のちに「宮《みや》御殿《ごてん》」と呼ばれるようになった。そのとき、本丸御殿を形成する石垣に手を加えたようで、大半が結晶片岩の野面積み（写真28）であるが、花崗片岩の切込接の石積みも一部に見られる（写真29）。

【二ノ丸御殿】二ノ丸御殿も拡張され、浅野期の御屋敷西側にある大堀の一部分を埋め立てて、大奥を配した。もちろん、二ノ丸御殿もあらためて建てられ、その配列は、江戸城の本丸御殿と類似する。東側に政治を行う「表《おもて》」（表向）があり、その奥に城主や正室《せいしつ》の生活場の「中《なか》（中奥）」が、さらにその奥に「奥《おく》（大奥）」があった。おそらく、御三家《ごさんけ》として将軍の城・江戸城を意識したものと考えられるが、「大奥は江戸城にしかなかった！」という小見出しを目にすることがある。大奥は、三代将軍家光《いえみつ》のときに確立された制度だが、紀伊徳川家にも造られていた。

大奥は、城主の正室（夫人）や側室《そくしつ》（正室以外の妻）が日常生活を過ごす空間で、本丸御殿に

〈写真28〉本丸御殿跡の野面積み石垣

〈写真29〉本丸御殿跡の切込接石垣

置かれているが、和歌山城では二ノ丸御殿の西奥にあった。当地は頼宣の入国後、浅野氏の御屋敷跡と内堀の一部を埋め立て、大奥を増築して二ノ丸御殿を完成させた。現在の位置でいえば、御橋廊下の東入口前の広場がその跡で、「大奥庭園」と名付けられている。

大奥へは、中奥と隔てた仕切塀にある二ヵ所の御錠口から城主のみが通うことができた。しかし、ここを取り締まる城主の正室（御簾中《ごれんちゅう》）は江戸屋敷住まいだったので、和歌山城の大奥には奥女中《おくじょちゅう》と呼ばれた人々と、当所に仕える女中が長局《ながつぼね》で生活をしていただけのようである。湯《ゆ》殿《どの》と化粧の間にあたる場所から、大正十二年（一九二三）に七つの井戸が見つかり、不浄物の捨て場だったのではないかと話題になった。*11

〈写真 30〉紀州御殿『大阪城物語』より転載（國勢協會、1931 年）

なお、二ノ丸御殿の一部が大阪城に移築されて残っていた。大阪城天守閣前広場の売店脇に、日本庭園がある。昭和二十二年に焼失するまで、この周辺に壮大な御殿造りの建物があり、庭園はその名残なのだそうだ。明治十八年（一八八五）七月に大阪城へ移築された御殿の建物は「紀州御殿」と呼ばれ、「白書院・黒書院・遠侍の三建物、三百五十坪の書院造りで、内部は豪華な障壁画で飾られていた」*12そうである。当時の政府が取り壊すのが惜しいということで移築した経緯を有する建物で、それ以降、陸軍第四師団の管理となり、明治・大正・昭和の三度、天皇の大阪行幸時の行《あん》在所《ざいしょ》となった。*13そのことだけでも、どれほど存在感の

*11　『史跡和歌山城保存管理計画書（資料編）』（和歌山城管理事務所、一九九三年）。

*12　松田茂樹『和歌山城史話』（帯伊書店、一九七五年）。

ある建物だったか想像できるが、現在では写真で知るほかはない（写真30）。

【西ノ丸と庭園】西ノ丸は、市役所の南向かいの広場（写真31）で、現在はわかやま歴史館や観光バスの駐車場となっている。東端には、水堀に架かる御橋廊下があり、それを渡ると二ノ丸である。もとは隠居所として西ノ丸に御殿が建てられ、寛文七年（一六六七）に頼宣が一時使用したが、以降の藩主は城下町に御殿を構え（御殿の項参照）、西ノ丸御殿は使用しなかった。

以後の西ノ丸は、能舞台や楽焼《らくやき》（清寧軒焼《せいねいけんやき》）などの焼き物を楽しむ場と、内堀を取り入れた庭園を設け、自然風雅を楽しむ場となった。西ノ丸は現在も催し場として使用され、庭園は市民の憩いの場となっている。

城の庭園は室町時代、将軍の居所（花の御所）をまねて、一乗谷朝倉館（福井市）・北畠氏館（三重県津市）・大内氏館（山口市）などのように、戦国武将が城館内に御殿と庭をもうけたのが広まっていったといわれている。豊臣期大坂城の山里《やまざと》曲輪が、城内に取り入れた最初の広大な庭園とされる。以降の近世の城には、必ずといっていいほど本丸御殿と庭園、二ノ丸御殿と庭園がセットで造られた。池を海に見立て、起伏のある地形や大石などを置いて山や里を表現し、園内には散策のための道が設けられていて、それらは回遊式《かいゆうしき》庭園と総称される。

将軍の御成《おなり》時や藩主の休養の場として、あるいは隠居の場として使用されたが、のちには城外にさらに大きな回遊式庭園が造られた[*14]。国指定「名勝」である和歌山城西ノ丸庭園も近世初期の城郭庭園で、藩主が四季折々の自然風雅を楽しみながら日頃の疲れを癒やし、時には客人をもてなした山里風景の空間だった。

大きな池を海に見立て、起伏部に大石などを置いて山と里の風景を表現した西ノ丸庭園（写真32）には、西奥の高台に、池へ張り出した水上庭園建築の御殿の離れ座敷「聴松閣《ちょうしょうかく》」と茶屋敷

〈写真31〉西ノ丸跡

＊13『大阪城物語』（國勢協會、一九三一年）。

＊14　岡山の後楽園、水戸の偕楽園、金沢の兼六園など。

「水月軒《すいげつけん》」があった。現在は基礎部分の石垣しか存在しないが、ここから池に浮かぶ柳島、鳶魚《えんぎょ》閣《かく》などの風景を眺めて楽しんだといわれている。

西ノ丸庭園は小堀遠州《こぼりえんしゅう》か、その輩下の技術者による造園とされる。＊15 その理由として、初代藩主頼宣と遠州が懇意であったこと、江戸城本丸と二ノ丸御殿の間にあった池庭を造ったのも遠州だったことが指摘されている。また、堀池と石垣との関係や、水上庭園建築の構成が江戸城にある池と一脈相通ずるものがあることも理由に挙げられている。

紅葉渓庭園の愛称で親しまれている西ノ丸庭園は、現在も四季折々の山里風景を伝えている。

【御廊下橋《おはしろうか》】二ノ丸大奥と西ノ丸とをつなぐ「御廊下橋」（写真33）は、傾斜角を持つ長さ約二七×幅三メートルの大きな橋で、入口には杉戸がある。二ノ丸と西ノ丸との高低差は三・四メートルあるので、内部は草履を履いて歩く藩主のために、低く細かい階段状の滑り止めまで施された。大奥に通う藩主専用の通路は、あくまでも橋ではなく「廊下」感覚で歩ける「橋の廊下」であった（写真34）。

上〈写真 32〉晩秋の西の丸庭園　山渓から里池へ繋がる
下〈写真 33〉御橋廊下　小天守より（右二ノ丸・左西ノ丸）

＊15 『紅葉渓庭園整備報告書』（『史跡和歌山城保存管理計画書』（資料編）、和歌山城管理事務所、一九九三年所収）

御橋廊下は、平成十一年に復元のための発掘調査が行われている。「和歌山御城内惣御絵図」には「御橋廊下」と明記され、また、江戸末期の図には、板壁に覆われた屋根付きの橋が描かれ、それが復元の基になった。発掘では、橋脚を支えていた礎石二十基が見つかったが、もとの形を残していたのはそのうち六基だったという。構造は、杉の板材を円形に囲って竹のタガで固定し、囲いの中に粘土と砂礫《されき》を入れて橋脚の沈下を防ぐという工夫が成されていたことが判明した。

【一ノ橋】一ノ橋は、擬宝珠《ぎぼし》付きで緩やかな勾配を描く表橋である。和歌山城で唯一現存する橋だが、『紀伊国名所図会』には吹上門や三ノ丸に通じる京橋門、湊橋にも擬宝珠付きの橋が描かれている。

現在の和歌山城岡口門前に橋はないが、築城当時は南堀が東堀に続き、岡口門前に橋が架けられていたと考えられ、慶長五年（一六〇〇）の浅野幸長入城後の改築により、木橋から土橋になったという。しかし、現在はその様子を見ることはできない。

このように、橋には木橋と土橋があった。堀を掘る際に通路の部分を掘り残したり、あるいは堀を埋め立てて通路を造ったりしたのが土橋である。木橋と違い、強度性に優れて渡りやすいが、敵方にとっても同じことなので、土橋につながる城門は木橋以上の堅固な防御を要した。

これに対して木橋は、橋そのものに工夫を凝らしている。筋違《すじちがい》橋や折長《おりなが》橋、移動可能な引橋や桔《はね》橋などで敵方の足止めを狙う工夫を施し、最後の手段としては橋の撤去まで考えられていた。太平の世に築かれた和歌山城には、そのような橋は存在しなかったようだ。むしろ大手の一ノ橋に太鼓状の勾配と擬宝珠を付けることで、寺社の正面などにある太鼓橋と同様、格式高い大切な場所であることを表して、徳川御三家の威厳を示そうとしたのである。

〈写真34〉御橋廊下内部

左〈図5〉櫓配置図　建物の名称は「和歌山御城内惣御絵図」を参考にした

和歌山城には、櫓と呼ばれる建物（多門《たもん》櫓や平《ひら》櫓は省く）が十七ヵ所にあった（図5）。

大手門脇に月見《つきみ》櫓、その西に続く石垣上に物見《ものみ》櫓・駿河櫓、月見櫓の南に続く石垣の端に太鼓櫓、蔵ノ丸の堀に沿って一中門続櫓・巽《たつみ》続櫓・巽櫓が並ぶ。本丸への道すがらで、松ノ丸への入り口の表坂と一中門を押さえる位置に建つ松ノ丸櫓、岡口門には岡口門続櫓、本丸の天守南下方の天守下の段は、番所東櫓と同西櫓が天守入り口を固めていた。天守曲輪を形成するのは天守と小天守、そして乾櫓・天守二ノ門櫓、さらに天守北下方に水ノ手櫓、吹上口の勘定門には勘定門上角櫓があった。同櫓台からは鯱《しゃち》片が発掘調査で出土し、土塀の基礎部分も確認されている。

【月見櫓】大手道と一ノ橋を監視していたのが、二層の月見櫓（写真35）である。月見は着見《つきみ》（到着を見る）であって、お月見を楽しんだ櫓ではない。

明治初年の写真に映る月見櫓の角には、石落《いしおとし》が備わっている。現在の大手門に接続する塀には狭間はないが、『紀伊国名所図会』の同塀には狭間が描かれている（絵図7）。存在場所を考えると、狭間塀のほうが自然である。その前方の

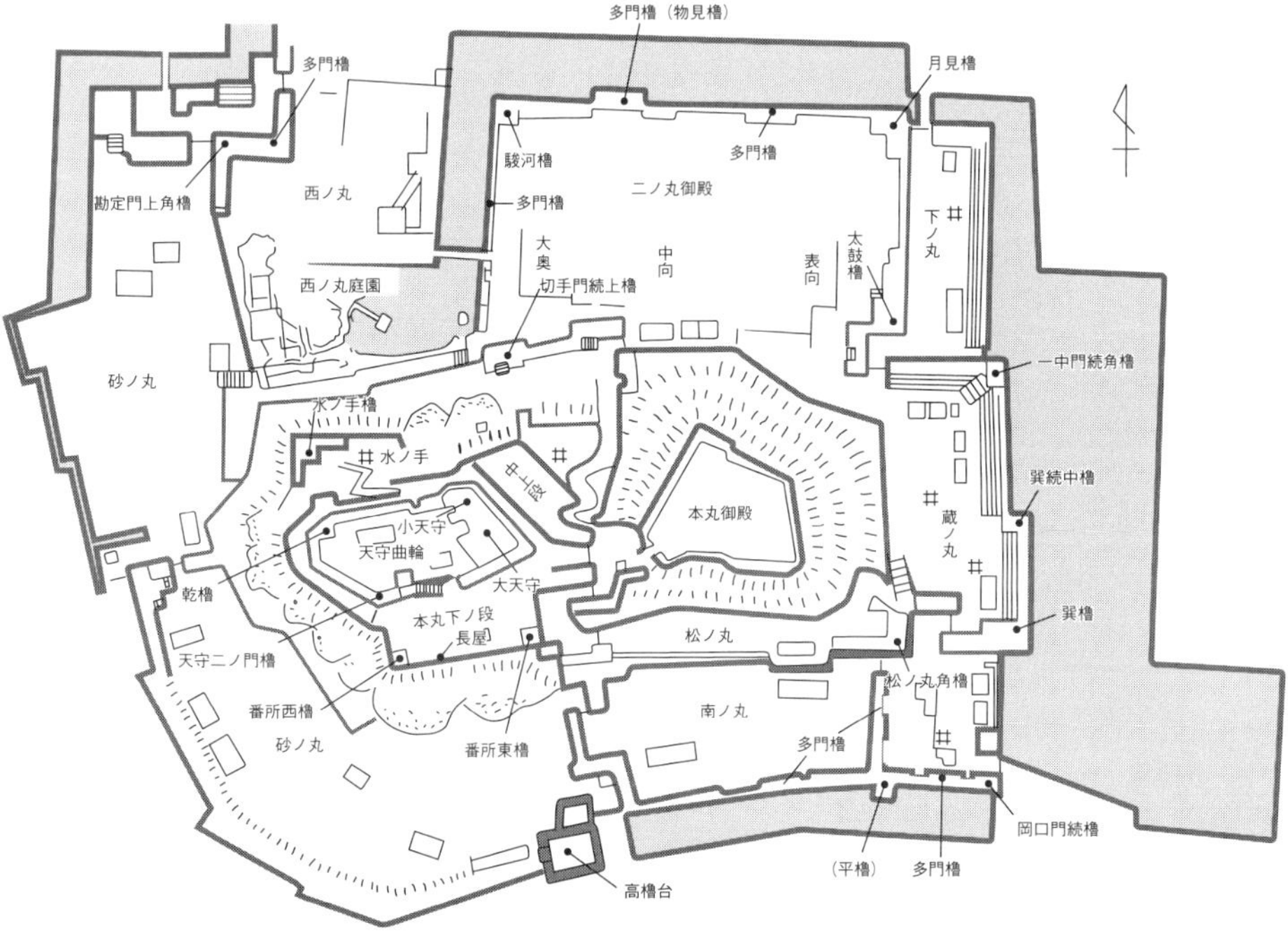

大手道は、城下町北端の北大手門から三ノ丸の玄関口である京橋門までの直線道で、さらに京橋門内から、改めて一ノ橋の大手門前までの直線道である。ただ、大手道は内部の見通しを避けるため、京橋門も大手門も少しずらした普請となっている。

【太鼓櫓】月見櫓から南に沿う石垣の南端に、太鼓櫓（写真36）があった。櫓内に太鼓を吊っていたことに由来する櫓名で、当初は大時計が置かれ「時計櫓」といったそうだが、寛政八年（一七九六）に時計から太鼓に替わり、「太鼓櫓」になった。*15 おそらく、二の丸勤務の時刻などの合図に、

上〈写真 35〉月見櫓跡
下〈写真 36〉太鼓櫓台

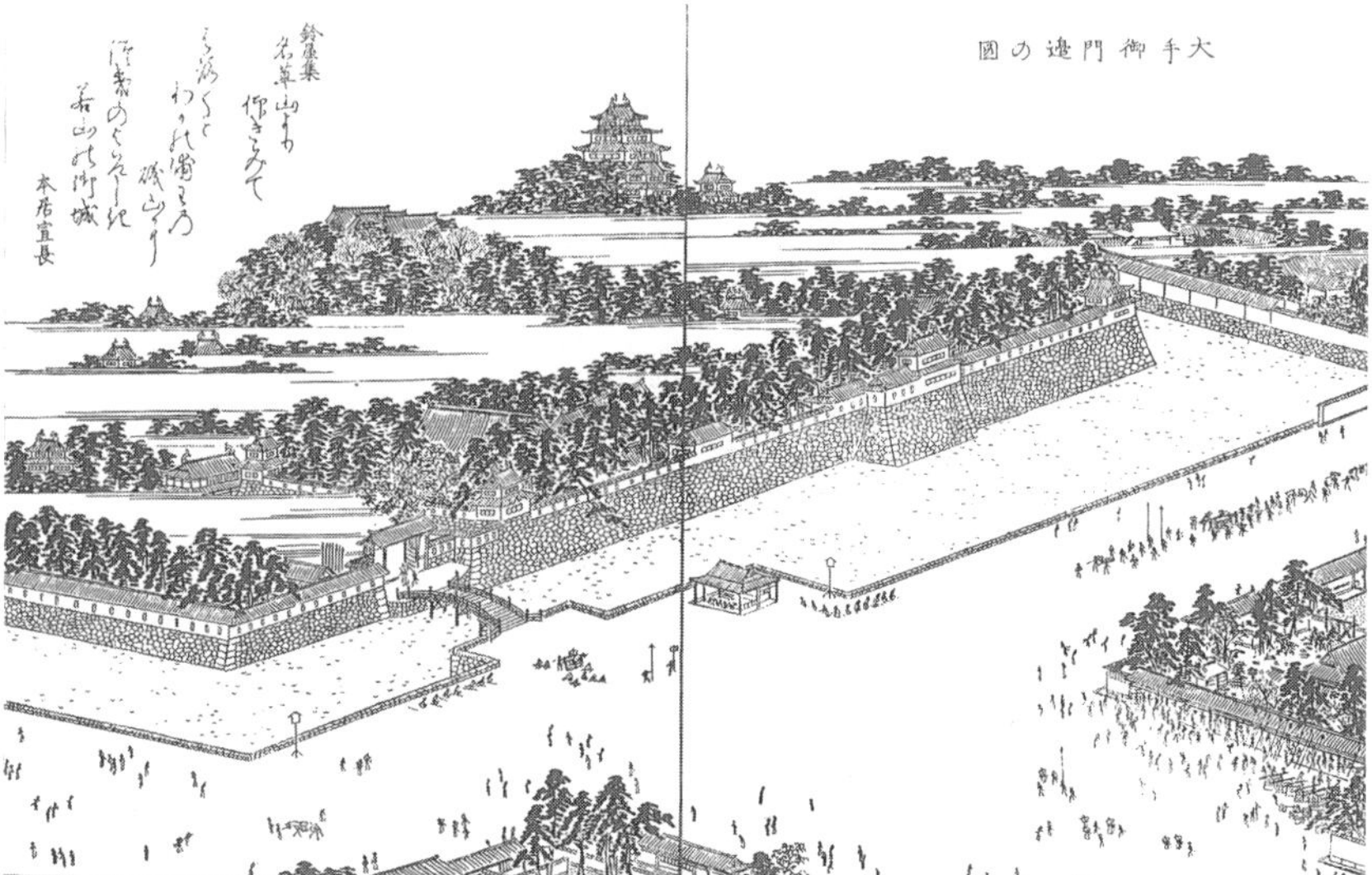

太鼓（いわゆる城内太鼓）を打っていたと思われる。月見櫓の監視役が、藩主の帰宅や来客の到着、あるいは、急があれば太鼓櫓に続く石垣沿い約一〇〇メートルを走って太鼓櫓に伝達し、そこで太鼓を打って、城内（主に二ノ丸）に知らせるような、月見櫓と太鼓櫓の連係プレーがあったかもしれない。

時を知らせる建物は、不明門前の三年坂を挟んだ岡の上にある。岡山の時鐘堂《じしょうどう》（時鐘櫓＝現存・写真37）と呼ばれていて、左右いずれからも突くことができる。内部は非公開だが、釣鐘を突く棒が外に突き出たようすがうかがえる。この丘からは、高櫓台を手前にして天守南面を見ることができる。

【駿河櫓と松ノ丸櫓ほか】 徳川頼宣の前領国・駿河国に由来する櫓がある。和歌山城に入った頼宣は、松ノ丸櫓（写真38）に立って駿河国の方角（東方）に見える、紀州富士と呼ばれる標高七二二メートルの龍門山《りゅうもんざん》を富士山に見立て、駿河の国を懐かしんだという逸話がある。本丸へ通じる表坂の脇に、ひときわ目立つ大きな櫓台である。逸話にちなんで「駿河台」と呼ばれる。大手門から続く石垣の最も西端にある駿河櫓は、大奥の北東隅に位置していた。頼宣の入城後に新規に構築されたので、駿河国にちなんで名付けられたのだろう。

月見櫓と駿河櫓のほぼ中間にある大きな櫓台（写真39）を、物見櫓と呼んでいる。大手門から物見櫓までが浅野期の石垣であるが、櫓台の左右の角と側面との積み方に違いが見られる。側面には多くの刻印が見られるのに対し、角石近辺にはそれがまったく見られない。おそらく、徳川期に修復された部分だろう。

巽櫓は、東堀に沿う石垣の南端にある。石垣が方形に積まれているのでそれとわかるが、堀側からは櫓台らしく見えない。これは城内いずれの櫓台にも共通するので、見学の際は事前に調べ

右〈絵図7〉『紀伊国名所図会』に描かれた大手門付近

＊15　三尾功『近世都市和歌山の研究』（思文閣出版、一九九四年）。

ておく必要がある。

【多門櫓】多門櫓は、永禄二年（一五九九）に大和国（奈良県）に侵入した松永久秀《まつながひさひで》が、多聞天《たもんてん》（毘沙門天《びしゃもんてん》）の霊場に築かれていた信貴山《しぎさん》城（奈良県平群町）に入って改修し、その際、城内に多聞天を祭ったことからその名が生じたという説と、久秀が翌年築いた多聞城（奈良市）に初めて登場した建物だったためその名が生まれたという説がある。

上〈写真 37〉岡山時鐘堂
中〈写真 38〉岡中門跡から松ノ丸櫓台
下〈写真 39〉物見櫓台

もともと土塁や石垣の上には板塀あるいは土塀が造られ、その狭間から攻撃をする仕組みになっていた。しかし、雨や風などの影響を受けやすく、より安全な防御壁として、長屋風の細長い部屋の中からであれば雨にぬれることも、敵の攻撃を直接受けることもなく、櫓内を速やかに移動することができる。これまでになく有効的で、かつ安全な建物として全国の城に広まったという。とくに、本丸や二ノ丸などの重要な場所に建てられた。派手さのない、裏方のような存在の多門櫓は、守りの知恵から生まれた画期的な建物だった。

現在の和歌山城では、天守群にのみ現存し、ほかの場所には土台となった石垣しか残っていない。大手門前の水堀に沿う石垣上（二ノ丸北側）の多門櫓は古写真で、東堀（堀端通り）と南堀（三年坂堀）に沿う多門櫓は、江戸時代の地誌『紀伊国名所図会』で見ることができる。

城門

【小口から虎口】虎口は「こぐち」と読み、曲輪（＝区画）に付随する出入口のことである。虎口を広くすると物資の輸送に便利だが、有事の際、敵が一気に侵入する危険性がある。そこで、わざと狭く小さい「小口《こぐち》」構造にした。それでも不安なので、小口を左右いずれかに屈曲させたり、枡形《ますがた》を設けたりという複雑な構造にした。その形が、虎が口を開けた形に似ていたので「虎口」の文字が当てられたという説もあるが、実は、中国の故事《こじ》から生じたものである。

古代中国の伝説的大盗賊が、世の中で最も怖いものとして「虎が口を開けて疾走してくれば、それから逃れることはできない」と語ったことから、きわめて危険なこと、また、その場所を虎の口にたとえて「虎口＝ここう」になったという（『字源』）。これを江戸時代の軍学者《ぐんがくしゃ》たちが、小口は守りの重要な箇所であり、敵に対して非常に危険な構造であるべき場所として、故事に倣っ

〈参考〉多聞城跡

て「虎口」の文字を当てるようになったと考えられる。

城門（図6）は冠木《かぶき》門や四脚《しきゃく》門などの種類があるが、江戸時代になると屋根が小さく、周辺の見通しが利く高麗《こうらい》門が主流となる。主要部分には、天守に準ずる格式を備えた建物とされる櫓門が曲輪の出入口を守った。

三ノ丸の大手である京橋門（写真40）と広瀬門（岡口門の北東）は、『紀伊国名所図会』に櫓門形式で描かれている。なお、京橋の南詰め西側に、当時の石垣の一部と思われる遺構が見つかった（写真41）。現在は店舗の基礎石垣になっているが、その端に算木《さんぎ》積みが見られる。『紀伊国名所図会』の京橋門を描いた図に、京橋門続櫓が石垣上に描かれているので、その櫓台石垣の可能性がある。もしそうだとすれば、京橋門の遺構が確認されるのは初めてのことではないだろうか。[*16]

櫓門は、大手門から直進した最初の城門である一中門、岡口門から潜った最初の岡中門、本丸入口にあたる天守一ノ門や水ノ手曲輪入口の水ノ手門など、主要な箇所に造られていたことが絵図などの資料でわかる。

各城門の門扉には共通性が見られる。鉄砲が主流となった江戸時代の城門は、一寸の隙間もない門扉があたりまえのように造られている。中には、扉に細長い筋鉄《すじがね》を縦に張った筋鉄門、

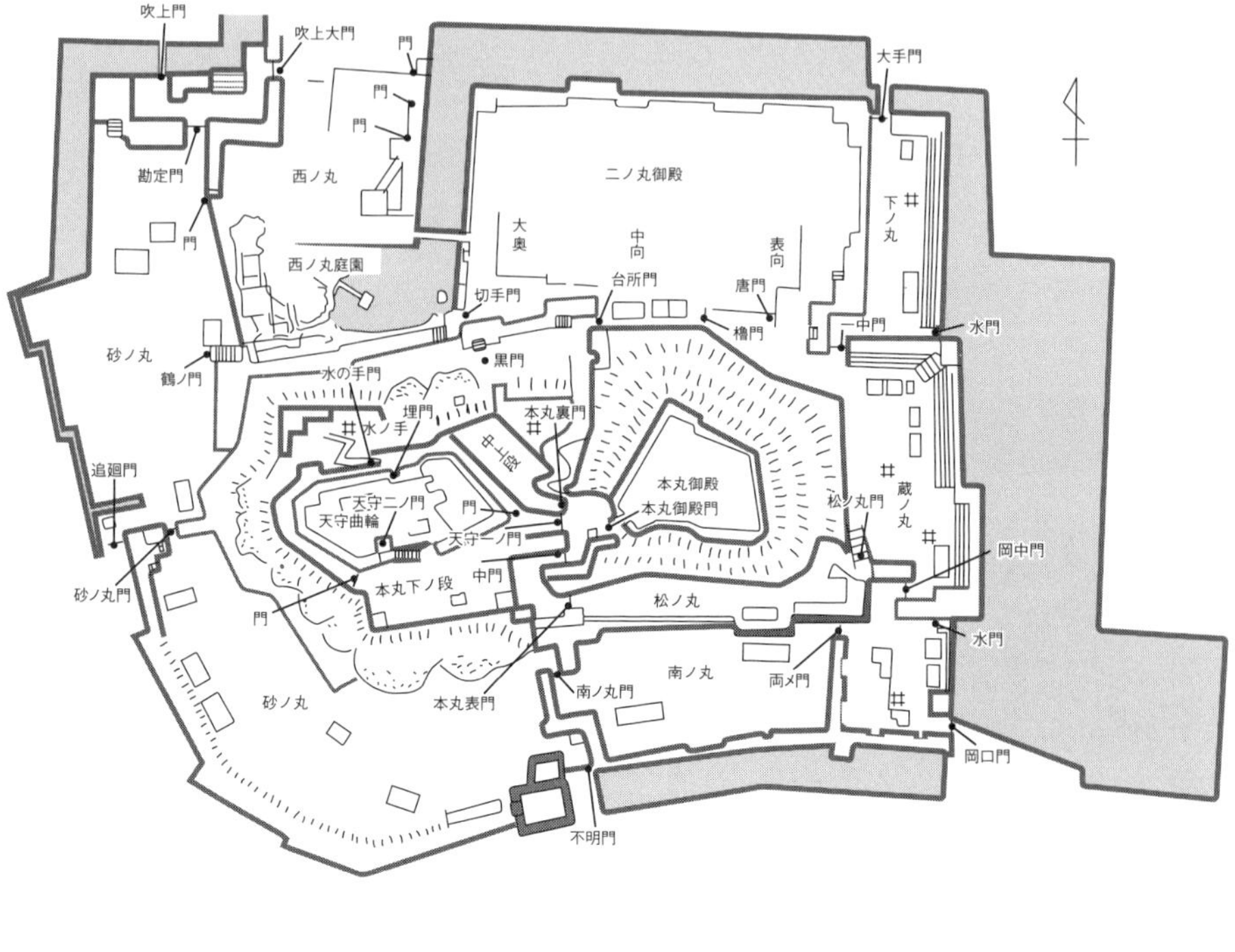

それを隙間なく張った鉄《くろがね》門、筋鉄に代えて、銅《あかがね》を張った銅門など重装備の門扉が見られ、それがそのまま城門名になっている城も少なくない。

ところが、和歌山城には江戸時代を代表するような門構えはなく、大手門（復元）・岡口門・追廻門・天守二ノ門（復元）の、いずれも上部透かし門扉である。さらに、現存しない吹上門・広瀬門・京橋門の門扉などは、『紀伊国名所図会』により、いずれも上部透かし扉（写真42・43）であったことがわかる。不明門も、古写真から同様であったことがうかがえる。その中で、岡口門の透かし部分は、ほかの門扉よりも広い（後述）。

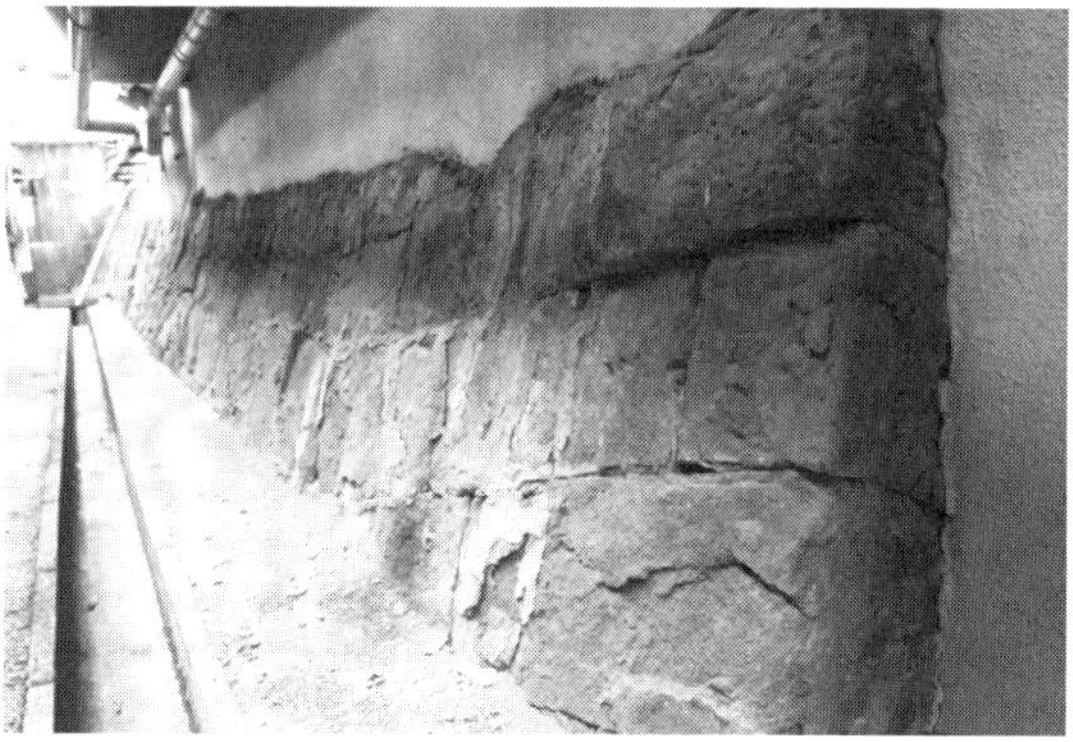
〈写真41〉京橋門名残の石垣か

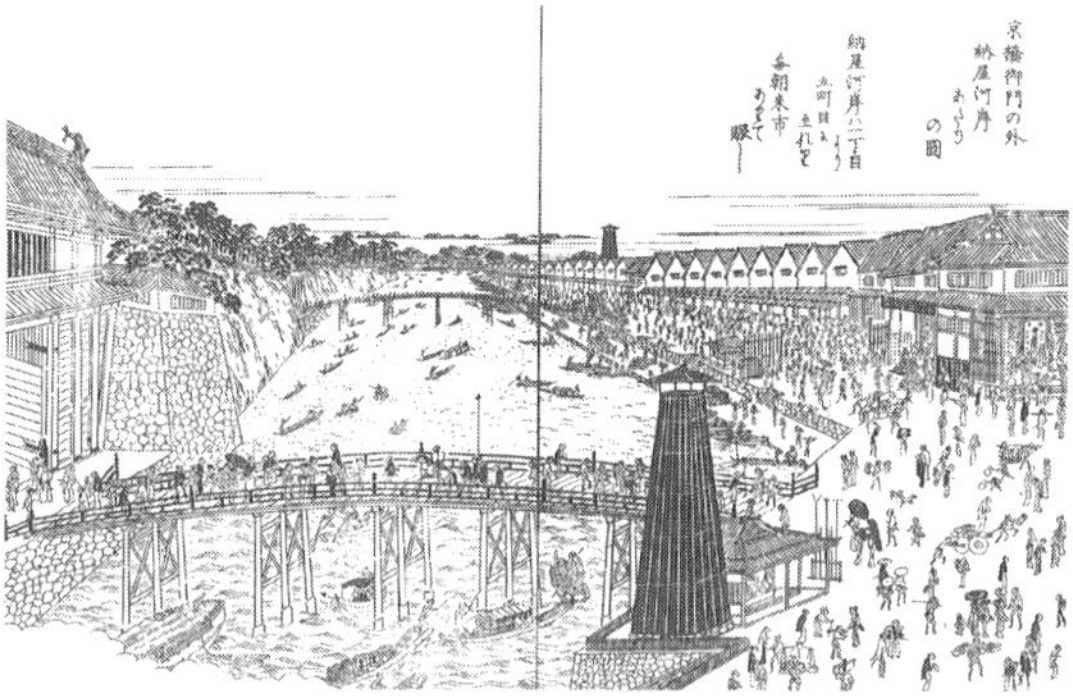
〈絵図８〉和歌山城京橋門の外　『紀伊国名所図会』

【大手門】公園前バス停は、一ノ橋という太鼓橋前にある。前面にこの橋を控えた城門が大手門で、昭和五十七年に復元された建物である。明治四十二年（一九〇九）に倒壊したが、古写真が残されていたので外観はほぼ当時の姿である（写真44）。これ

右〈図6〉城門配置図　建物の名称は「和歌山御城内惣御絵図」を参考にした

＊16　二〇一七年九月、和歌山城郭調査研究会会員の渡瀬敏文氏から報告を受けて、筆者が検分をした。

〈写真40〉京橋門跡　左側に碑が建つ

〈写真43〉岡口門・上部が透かし門扉になっている

に伴って行われた発掘調査で、二組の礎石が確認された。一つは復元された徳川時代のもの、もう一組の古い礎石は、浅野時代の大手門礎石と考えられている。

和歌山城の大手門は、高麗門形式である。門を潜ると、下ノ丸と呼ばれる長方形の曲輪がある。枡形ではあるが広く、防御性に欠けるように見える。開放的で物々しさを感じさせない玄関である。その前方（北側）は三ノ丸の武家屋敷で、櫓門形式の京橋門が外堀とともに三ノ丸の入口を防御し、周囲を水堀と大土塁で囲んでいた。この三ノ丸総構えが、大手門の前方を固める。大手門をくぐった最初の「一中門」は、二ノ丸・本丸へ通じる重要な門であるため、折れ構造の大きな櫓門であった。

開放的で無防備に見える大手門だが、その前後は三ノ丸と一中門が守備する万全な構えが施されていた。ちなみに、天守までは大手門から七ヵ所の門をくぐらねばならなかった。

【岡口門】唯一、現存する岡口門は元和七年（一六二一）の建立で、左右の石垣上に二層の続櫓と平屋の蔵があった。その構造には、浅野氏ならではの築城法が隠されているという。

門の南外側に出張った石垣上の櫓（岡口門続櫓）の配置は、雉《ち》と呼ばれる横矢構造で、門前に迫った敵に、この続櫓から矢を射る防御が成されている。東に続く狭間塀は、朝鮮半島で会得した陽《ひ》干煉瓦《ぼしれんが》を積んだ技法で造られ、門前の水堀に沿って矢橋壁の石塁が築かれた痕跡がある。大陸や

〈写真42〉天守二ノ門（楠門）

＊17　『名城を歩く15　和歌山城』（ＰＨＰ研究所、二〇〇四年）。

朝鮮半島の城壁の女墻《ひめがき》手法という。渡櫓内部は、床の一部が開くような石落としはなく、庇《ひさし》の垂木《たるき》を支える腕木《うでぎ》が施され、シンプルな小屋組みである。*17 以上のことから、秀吉の朝鮮出兵（文禄・慶長の役）に参加した浅野幸長による築城の特徴がうかがえる。

門扉にも特徴がある。和歌山城の城門はすべて同形だが、岡口門のみ上部の透かし部分が広いので、門を閉じても外の様子を見ることができる。これは内側に踏み台を置いて、格子《こうし》から矢や鉄砲で攻撃ができるという利点があり、ここにも戦国期の構造を知ることができる。

〈写真44〉一ノ橋と大手門

解体修理の結果、明治初年に岡口門の両櫓が取り払われ、現在のように渡櫓の左右が切妻《きりづま》となり、本来の姿は失われたことがわかったという。江戸時代に建てられたものと判明したが、浅野氏統治時代の構造を残して修復されたのではないだろうか。あるいは、旧形の城門を建てることのほうが、幕府の許可を得やすかったのだろうか。いずれにしても、城門の中で実戦的な構えであることはいうまでもない。

岡口門を額《がく》にして望む天守は小さく見え、渡櫓の屋根を通して見る天守は大きく見える。この光景に加えて、すでに埋め立てられている南堀（濠跡の石碑がある辺り）と、かつて接続していた二棟の櫓があれば、戦国期の城をほうふつとさせられることだろう。それとは対照的な光景が、『紀伊国名所図会』にある。岡口門前の堀端に出店が出て、鯉に餌をやる親子づれなど、和やかな生活風景が描かれている。

【不明門《あかずのもん》】城内駐車場の出入口付近は、かつての不明門跡（写

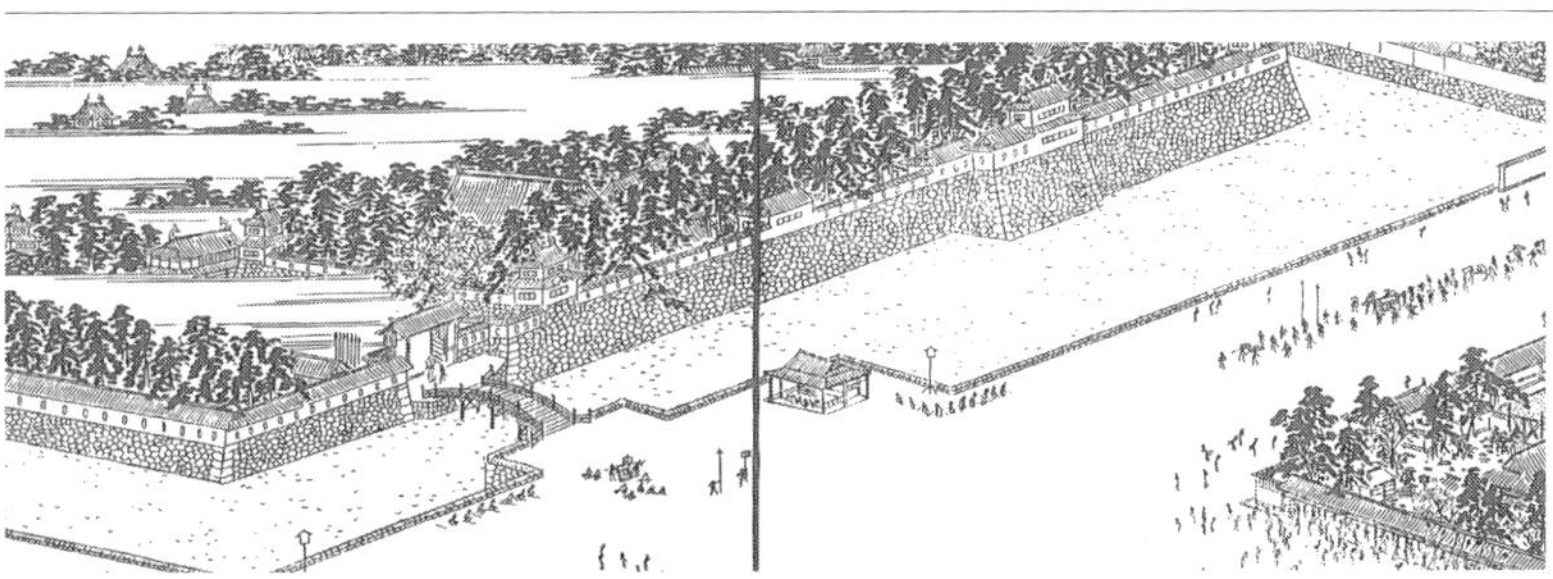

〈絵図9〉和歌山城の大手門図『紀伊国名所図会』（部分）

真45）である。一般的には「不開門《あかずのもん》」の表記が多いが、和歌山城は「不明門」の漢字が当てられている。当時の漢字表記は発音が優先され、現在ほど神経質ではなかったので、同じ意味で双方の表記が存在した。

不開門は、たとえば、寺院でも不吉とされ開かない門として存在するが、近世の城でも不浄時、あるいは非常時など、特別な場合以外は開かないのが一般的で、決して不明《ふめい》な門ではない。江戸城平河《ひらかわ》門の内側にある山里門は不浄門と呼ばれ、熊本城の不開門同様、不浄のものを運び出す以外は開けられなかったとされる。名古屋城の場合、通常は開けることなく、鍵に封印までしていたという。岡山城の不明門は、参勤交代などで城主不在の間は閉門していたが、やがて在城時も使用しなくなり、閉じたままの門になってしまったので、その名がついたという。

和歌山城不明門の場合は松の木などの樹木が生い茂り、昼間でも薄暗かったと想像でき、そのような雰囲気から落城時の脱出口で間道が寺町に通じていた、いや、抜け穴があったなどの話が残されている。しかし、不明門前は、三年坂と呼ばれた庶民の生活道路が東西に走っていた。『紀伊国名所図会』に、荷車を押す職人風の人など、多くの人々が通る風景が描かれている（絵図10）。

その道に接した当門は、元和七年（一六一九）に徳川頼宣が和歌山入城後、南ノ丸と砂ノ丸を拡張したときに造られたが、大正四年（一九一五）に自然崩壊してしまった。ありし日の姿は、絵はがきに不鮮明ながら三年坂門として、一ノ橋大手門のような脇戸付き高麗門が写されている。

【追廻門《おいまわしもん》】 和歌山城の西、折れを成しながら続く砂ノ丸高石垣の中ほどにある。その門前の扇ノ芝には馬場があり、そこで馬を追い回したことに由来する珍しい城門名である。

城門は、元和七年の頼宣入封後に拡張されたときの構築で、昭和六十年に解体修理が行われた。それによると、それまで白木と思われていた城門から朱塗りの痕跡が見つかった。現在は朱で塗

〈写真45〉不明門跡

左〈絵図10〉荷車を押す職人風の人など、多くの人々で賑わう風景が描かれている『紀伊国名所図会』（部分）

られ、赤門と呼ばれている。

城に造られた赤門は、飯田《いいだ》城（長野県飯田市）と鹿島《かしま》城（佐賀県鹿島市）の二ヵ所しか存在しない。徳川家から嫁入りがあると赤く塗られたというが、両城にはその事実もなく、真意は不明だという。ただし、和歌山城では三代目の綱教《つなのり》と将軍綱吉《つなよし》の娘・鶴姫《つるひめ》との婚儀が行われているので、可能性は否定できない。現在は、城の中枢部である二ノ丸の「御座の間」から方角的に裏鬼門《うらきもん》にあたるため、鬼門除けとして赤く塗ったという考えが定着しつつある（写真46）。

追廻門の奥は砂ノ丸だが、正面に蔀《しとみ》石垣が築かれて望むことはできない。しかも、右折れの枡形を成した堅固な構造である。なお、『紀伊国名所図会』には、追廻門脇を荷を担ぐ職人、また、子どもづれの主婦が自由に歩く平和な光景が描かれている。

【吹上門】かつて、大手門同様の光景の城門が吹上口（写真47）にあった。大手門との違いは、複雑な構造であったことである。堀に架かる吹上橋を渡って枡形を左に折れ、すぐ左（東側）に櫓台状の石垣がある。おそらく、

上〈写真 46〉追廻門　下〈写真 47〉吹上門跡

上〈写真48〉勘定門跡　下〈写真49〉埋門

城外から城内の見通しを避ける蔀《しとみ》石垣と思われる。右に折れると城内に入る勘定《かんじょう》門（写真48）があり、直進して突き当たりを左折すると、西ノ丸の出入口の吹上大門に至る。現在のわかやま歴史館辺りである。

　蔀石垣の東寄りには雁木がある。船の荷下ろしが行われ、勘定門で検視がなされたのだろう。この吹上口が、城内で唯一破壊された箇所である。かつて存在した消防庁舎が移転し、近年行われた発掘調査により、蔀石垣の根石や吹上橋の橋脚を支えた石垣などが確認された。現在、整備が計画されている。

【埋門】天守群北側に、石垣内に組み込まれた小さな出入口がある。これを「埋《うずみ》門」、または「石門」という。その雰囲気から、有事の際の逃げ口などと語られることが多いが、その場に適した大切な役割を持った重要な門で、逃げ口などではなかった。

　小天守に接続する多門櫓内の台所から外に通じているのが埋門（写真49）で、門内部は結晶片岩の細かな石で囲まれている。側壁と底の一部は岩盤をくり抜いて造られており、この構造を見

〈写真50〉埋門内部

〈写真 52〉天守二ノ門（楠門）

ると、あらためて天守群周辺が岩盤であることを知る（写真50）。埋門内部へは台所から降りる石段があるが、暗いうえに急で、段差が一定していないこともあり、現時点では立ち入り禁止になっている。許可を得て石段を下って埋門を出ると、水ノ手曲輪に至る小径に通ずる。水ノ手門跡を潜って小径を下ると、水ノ手櫓に守られる黄金水（金明水）と呼ばれた井戸跡がある*18（写真51）。つまり、当埋門はこの天守台所と結ぶ生活通路だったのである。

　天守二ノ門（楠門）も埋門構造である。天守曲輪に入る正面の門で、石段を登って右折れで天守曲輪に入る。そこから二ノ門を眺めると、門内は小さな穴蔵のような方形空間であることがわかる（写真52）。有事の際には、この空間（門の内側）を埋めて敵の侵入を防ぐことができる。いわゆる埋める門構造である。

　したがって、天守曲輪は籠城を余儀なくされたとき、北側の埋門と南側の二ノ門の扉を閉じて、内側から埋めてしまえば独立した要害に変わり、敵を天守曲輪に入らせることなく、多門櫓内を自由に移動して四方から敵を攻撃する、連立天守の特徴を活かせる構造であった。

【天守一ノ門と同二ノ門】楠門の愛称で知られる天守二ノ門は、築城当時、天守一ノ門だった可能性がある。落雷で天守が焼失した弘化三年（一八四六）以前の城内を描いた「和歌山城絵図（年代不詳）」（絵図11）には、現在の天守二ノ門を「御天守一ノ御門」と記し、それに続く隅櫓を「一

＊18　現在は伐採した枝と雑草で見学できない。

〈写真51〉黄金水（井戸）跡
二〇〇七年撮影

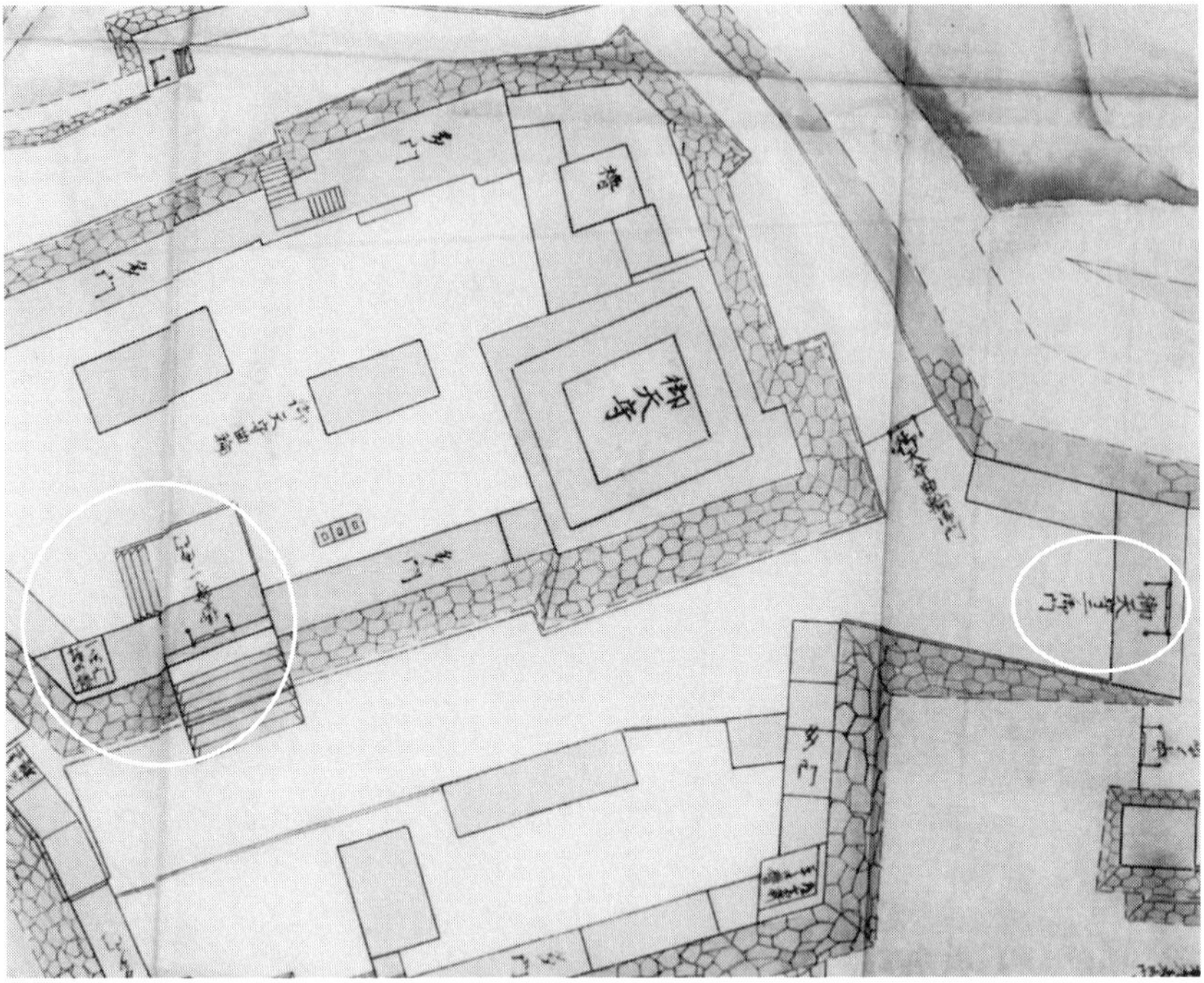

〈絵図 11〉和歌山城絵図（部分）に加筆　個人蔵　写真提供：和歌山市立博物館

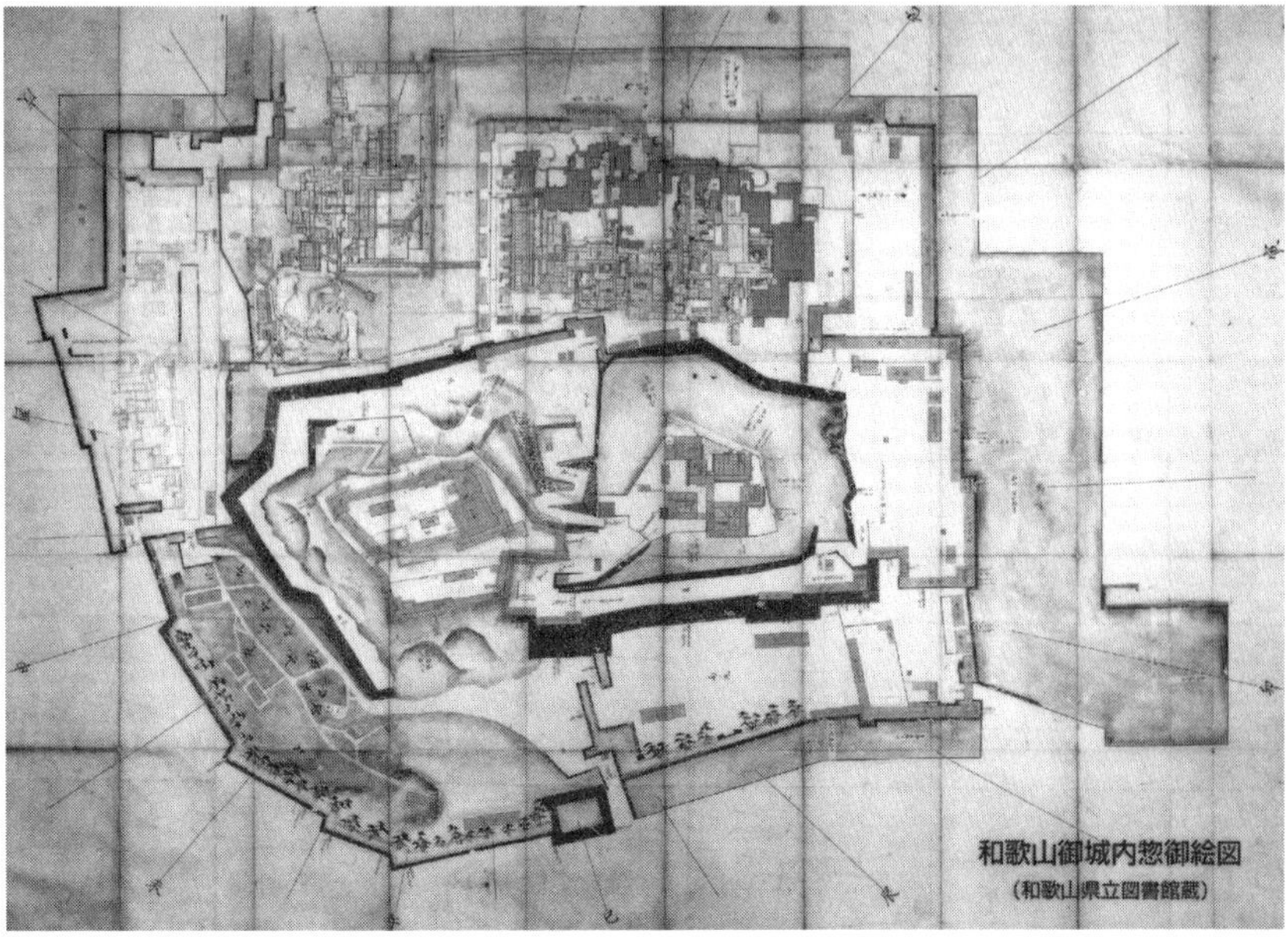

〈絵図 12〉和歌山御城内惣御絵図　和歌山県立図書館蔵

ノ門御櫓」（現二ノ門櫓）と記している。それに対して、幕末に描かれた「和歌山御城内惣御絵図」（絵図12・和歌山県立図書館蔵）には、現在の一ノ門（写真53）が二ノ門、二ノ門が一ノ門と、現在と同じ呼称で記されている。これにより、現在の天守二ノ門と同一ノ門の呼称が、ある時期に逆に呼ばれるようになったことがわかる。その時期とは、弘化三年（一八四六）の天守落雷焼失後の嘉永三年（一八五〇）に再建された（後出）ときではないだろうか。

本来なら、城の中枢部にあたる天守から一・二と数えるが、徳川期の和歌山城は戦いの城から政庁の城へと変わっていく。狭くて不便な山上から、城の中枢部である居所と政庁を平地の二ノ丸に移した。それにしたがい、一・二ノ門の呼び方も、二ノ丸のほうから数えるようになったのかもしれない。

〈写真 53〉天守一ノ門跡

狭間

【狭間塀】狭間《さま》と呼ばれる小窓が等間隔に並ぶ塀は、城を描写する際、象徴的な存在である。これを狭間塀といい、鉄砲狭間と矢狭間（弓狭間）の二種類がある。前者は、片膝をついて鉄砲が構えられる位置に、□や○の狭間が開けられている。姫路城には△狭間も見られる。弓矢を構えるために、縦長のものもある。

和歌山城には、岡口門の北側に続く白壁の塀（岡口門続塀）しか見られないが、『紀伊国名所図会』には、内堀を囲む塀にも描かれている。岡口門続塀には十二ヵ所の狭間が並んでいる（写真54）。ただし、現在の白壁は江戸時代の構築で、浅野時代あるいはそれ以前は板壁だったかもしれない。修理報告書（和歌山市）によれば、「各狭間の周囲は切石で囲まれ、その切石は外側に露出していたが、内側は塗り罷められていた」とある。これが国の重要文化財に指定された由縁であるが、この珍しい構造が明らかになるまでは、岩をくり抜いて造られていると伝えられていた。

狭間は塀だけに限らず、天守や櫓などの外壁にも当然、造られていた。敵は狭間の並ぶ所を避けて攻めてくる可能性がある。そこで、敵の目をあざむく隠《かくし》狭間《ざま》が造られた。狭間の内側に開き戸の扉をつけて、外部から見えにくくしたものもある。その大半は、扉を手前に開く造りだが、丸亀城《まるがめ》（香川県丸亀市）では、横に開閉するたいへん珍しい造りを見ることができる。また、外壁に狭間がないのに、内部には存在するような構造もあった。使用時には、鉄砲の先で前面の壁を破り、外部に突然、鉄砲狭間が現れ、敵を混乱させるというもので、彦根城天守に見ることができる。いずれも、心理作戦としての効果がある。和歌山城天守群にも小さな鉄砲狭間が並ぶが、これらも心理的効果をねらったものだろう。

【石落《いしおとし》】石が武器のひとつとして使用されていた中世において、石落は有効な施設だった。やがて、鉄砲が主たる武器となった近世の城では、石を用いる施設などは通用しなくなったが、石落の構造と呼び名は、中世の名残を踏襲する城郭建物のシンボル的存在となった。

和歌山城天守や乾櫓などの角に、床が外に張り出した「石落」と呼ぶ構造物がある。流線を描きながら、下にいくほど袋のように広がっているため袋《ふくろ》狭間《ざま》とも呼ばれ、他城にない特徴的なものである（写真55）。張り出した部分の床は開閉可能で、石垣を登ってくる敵に、石を投げつけたり、槍を落としたりもしたのだろうが、鉄砲狭間と見るのが一般的である。

〈写真54〉岡口門続塀

天守内部から石落部分（写真56）の空間を見ても、小さめの石を真下に転がすことは可能だが、斜めから登ってくる敵に、その機能は果たせないように思える。第一、必要な数の石を内部に蓄えておくこと自体、たいへんなことである。同じような施設は、天守や櫓の二階部分に設けられた城がある。それは、一階部分の屋根に隠れて敵から見つからないという利点はあるが、ほんとうに石を落とせば、自軍の城を壊してしまうことになりかねない。

天守や櫓の壁に造られた小さな鉄砲狭間は、視界が狭く限られた角度しか弾は届かない。しかし、石落なら鉄砲弾を放つ範囲が広くなり、石垣を登る敵の横を狙える効果が望める。和歌山城の場合は、その効果より流線型の袋狭間にして天守をよりどっしりとした安定感のある姿に見せる狙いもあったのではないだろうか。

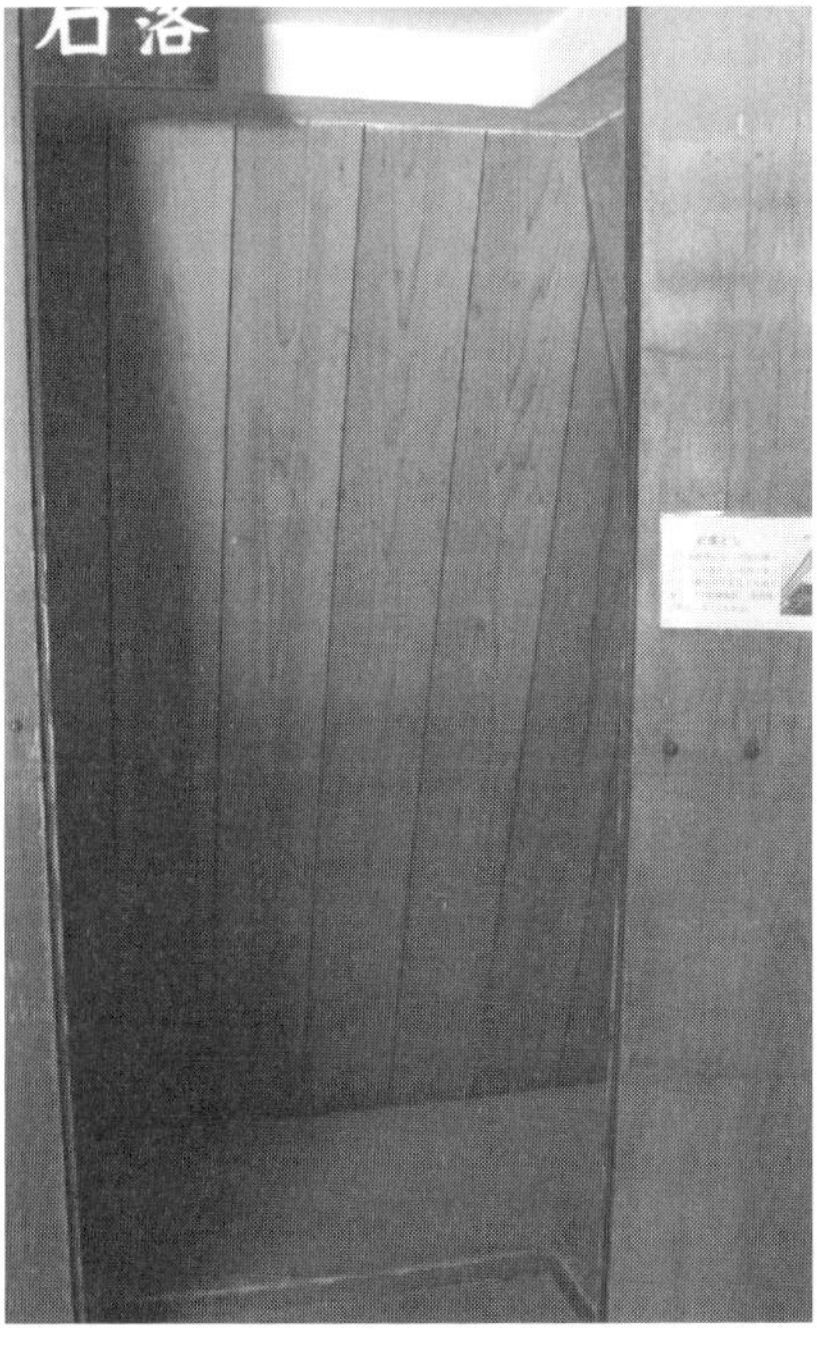

上〈写真55〉天守袋狭間
中〈写真56-1〉袋狭間内部
写真提供：和歌山城整備企画課
下〈写真56-2〉袋狭間内部
写真提供：和歌山城整備企画課

【コラム①】

和歌山城おもてなし忍者

和歌山城内に、「おもてなし忍者」と名乗る忍者が現れる。とくに土曜、日曜には、ゴム手裏剣投げなど、いろいろな術で来城者を楽しませている。車椅子での登城もサポートしてくれる。派手なパフォーマンスはないが、真のおもてなしを地道に続ける忍者姿の面々である。忍者を操る城プロジェクト代表の川島寛昭さんに趣旨を聞いてみた。

上・中・下　おもてなし忍者の術いろいろ　写真提供：城プロジェクト

城プロジェクトは平成二十三年三月、観光都市和歌山の名にふさわしい、おもてなしの心にあふれた和歌山城、ふるさと和歌山に誇りを持つ人材育成の場としての和歌山城、真のバリアフリーを目指す和歌山城、これらをともに考え実現していくことを目的として立ち上げた団体です。平成二十三年春に和歌山市から公募のあった「和歌山城おもてなし向上事業」の内容が当会の目的と一致することから応募し採択され現在に至っています。

和歌山城は国の史跡指定を受けており、ハード面でのバリアフリーが難しく、ソフト面からのバリアフリーへのアプローチをこの事業で求められていた。当団体は安全の確保は元より利用者の方にも楽しんでいただけるよう和歌山城の雰囲気を壊さず、かつ動きやすい制服として忍者衣装を提案し、企画名も「忍者と一緒に和歌山城」としました。サポートを行う天守閣前までの道中では歴史の簡単な説

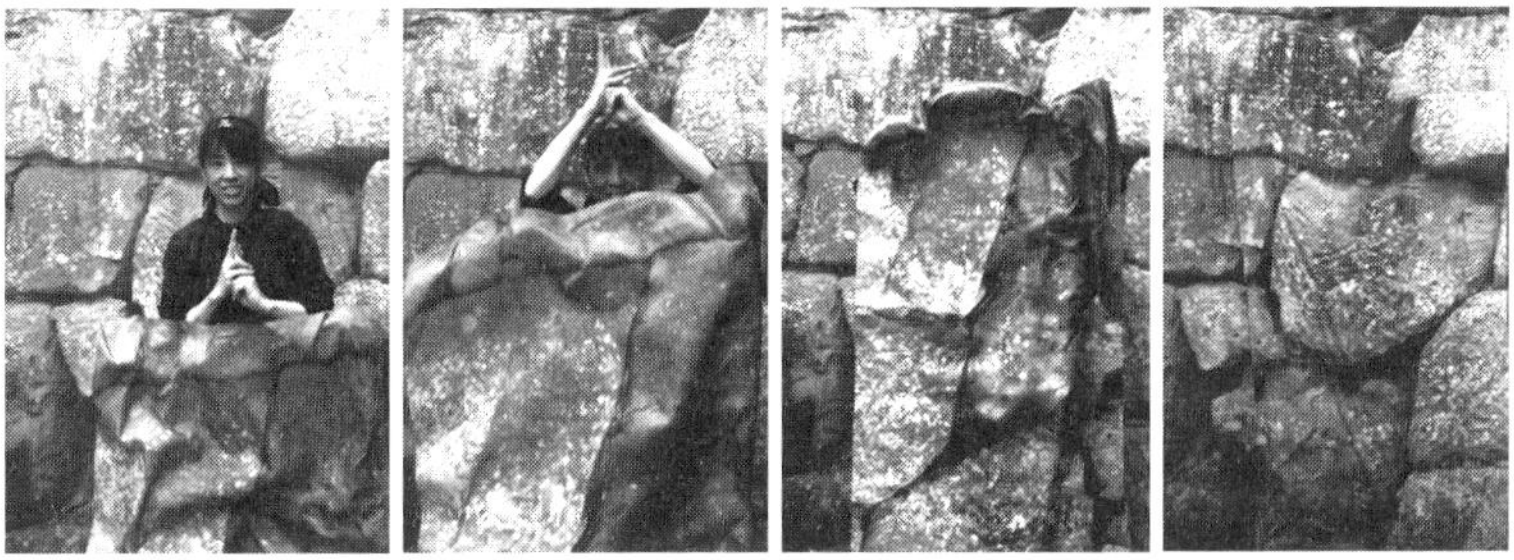

隠れ蓑の術　どろん！
右：石垣を印刷した布で隠れる　左３枚：石垣から現れる　協力：おもてなし忍者

明を交えた会話から、ハード面のみでは得られない交流が生まれ、数多くの嬉しいお手紙をいただいています。またこの取組は「史跡とバリアフリーの共存」という観点から平成二十八年度近畿運輸局より表彰を受け、さらに視覚障がいや聴力障がいの来城者へのおもてなしも、バリアフリーを目指す他団体と連携して行っています。

　この他、和歌山城の魅力を発信していこうと数々のおもてなしの術を駆使しており、ベビーカーサポートの術（右頁写真）、道案内・観光案内の術、記念撮影お手伝いの術、夏には涼をとっていただくためのミストの術、隠れ身や殺陣によるお出迎えの術、和歌山城の歴史を学ぶ講座や、お城の文化的向上を目指した音楽イベント、子どもから大人まで楽しる忍者イベント（忍者の日の企画・忍者衣装・忍者修業体験）なども開催し好評をえました。私たち「おもてなし忍者」は、これからもおもてなしの心と史跡保護の両立を目指し試行錯誤を繰り返しながら精進する所存です。

おもてなしのアイデアの一つに、忍法隠れ蓑の術がある。大きな布に、実際の石垣写真を特殊印刷した大きな布に身を隠し、石垣前に隠れる。人が近づくと布を手放して、「どろん！」と現れる（左頁写真）。テントにも工夫が凝らされ、武家屋敷風、城内石垣のさまざまな積み方を印刷したものと、他城にない手作りアイデア満載のおもてなしを行っている。地道だが、心あるこの活動が末永く続くことを望んでいる。

魔除け

【鯱《しゃち》】雨を降らすという言い伝えのある鯱は、火災除けのお守りとして天守や櫓の大棟《おおむね》に飾られた。軒が東西方向の場合は、東に口を開けた「阿《あ》」の雄を、西に口を閉じた「吽《うん》」の雌を置き、軒が南北方向の場合は南に雌を、北に雄を置き、阿吽の呼吸で建物を守っていた。

頭が虎または龍で、体が魚という想像上の動物である鯱の容姿は、細身型からどっしり型までさまざまだ。顔もいかめしいものからユニークなものまであり、それぞれの時代を表現しているように見える。素材も瓦製や銅製、中には木製や石製まであり、容姿とも他城と同じものはない。

もちろん、和歌山城の鯱にも特徴がある。焼失前の小天守の鯱は、現在の天守内に展示（写真57）され、現代版の鯱と並んでいるので違いがわかりやすい。なお、現天守の最上階からは小天守の鯱を身近に見ることができるが、東西いずれも同じ形で、二尾ともに口の開け方は控えめである。これについては、「口元を同じにして、ひれが二つあるのと三つあるのとをつくった。どっちが雄か雌かわからんけど、とにかく違ったものが両方にありますよ。説明せなわからんけどね。よく見たら違ってますよ」という制作者の談話[19]がある。

旧鯱と現代版鯱との違いは、頭上の帽子のような額《ひたい》が現代版のほうがやや小さめである。この大小にかかわらず、このような額は他城には見られず、和歌山城鯱の一番の特徴である。龍の置物に、額部分が平らに作られているものを見かけるが、和歌山城の鯱の額はその変形したものである。頼宣の「南龍公《なんりゅうこう》」という呼称に由来し、顔を含む頭部は「龍」を表しているとも考える。

高橋克伸氏によると、[20]根来寺大伝法院の中尊大日如来の体内から発見された重倫の生母、清信院奉納の厨子の銘（寛

＊19　サンケイ新聞・新紀の国事情16（一九七九年）。

＊20　「和歌山城の別称について」（『和歌山地方史研究』五八号、二〇一〇年）。

政十一年〈一七九九〉に「正当南紀龍城鬼門」の一文が刻まれている。この銘文は、大伝法院から和歌山城からみて「正当南紀龍城鬼門」なので、常に「天下泰平、風雨順時、国主武運悠久、貴族繁茂」を祈願していたことを示している（三尾功著『近世都市和歌山の研究』一九九四年・思文閣出版）と述べている。ここで注目するのは「龍城」である。龍は王者や天子のたとえであるが、初代を藩の権威に象徴と考えると「南龍公」の城という認識があって、このような名を刻んだのであろうか。—中略—「龍については、紀伊徳川家だけが和歌山城を称えた名称ではなかろうか明治四年九月に紀伊徳川家の地を離れてしまう。このことが「龍城」としての和歌山城が残らなかったと思われる。

と推論している。

〈写真 57〉和歌山城旧小天守の鯱（天守閣内展示）
写真提供：和歌山城整備企画課

『紀宝鑑《きのほうかん》』[21]に、「治宝《はるとみ》卿　同年（寛政十年）五月　紀城　御天守鯱出来」と、鯱が新しくできた記述がある。その鯱について、奥田倉之助「和歌山城御城由来記」[22]には「御城鯱注文　寛政九年（一七九七）巳九月八日　紀州藩作事所から左記の御城鯱注文入札の件被仰出」と、天守・月見櫓・京橋門の鯱の大きさと見積書が記されている。

また、注意として「木型紙型にて

＊21　三尾功「『紀宝鑑』と和歌山城」（『木の国』第二四号、木国文化財協会、一九九八年）。

＊22　『紀州文化研究』第二巻第一〇号（紀州文化研究所刊、一九三七年。国書刊行会、一九八三年復刻）所収。

雛形を御示しになり、頭及口中、歯の格好尾の剥き加減、鰭の大小眼の色出し等の仕様萬端詳細なる注意が添えられて居る」ので「粉河住鑄物師鉢谷安右衛門の方でも詳細研究の上、十二月六日」に見積書を入札したとある。

この特徴のある容姿は、制作者の独創ではなく、藩からの要望であったことがうかがえる。ただ、残念なことに容姿の詳細な記述はなく、「蜂谷家に伝わるものとして、紀州家より鯱注文の際下げられたものと言ひ伝へ」と写真が掲載されている。写真は鮮明ではないが、旧小天守の鯱と似た容姿に見える。

さらに、翌年に「寛政十年五月九日に御納め、同十二日殿様が御上覧になり、同十六日に四ツ時に天守に揚げた」とあり、そのときの様子を蜂谷家末孫の蜂谷民之助氏所蔵『御鯱御用筋諸事控』を引用して、「殿様は、鯱の格好がよろしく出来ていたので、大変ご機嫌がよかった」と記されている。残念ながら、ここでも鯱の容姿はわからないが、おそらく、家康の十男で藩祖頼宣の諡《おくりな》である「南龍公」の「龍」の姿に仕上がっていたのだろう。

【留蓋《とめぶた》（桃）】呪力で災厄や邪鬼を近づかせない、そんな魔よけのために、城郭の石垣や屋根にさまざまな工夫を凝らしていた。

富山《とやま》城（富山市）の石垣には、大きな一筆書きの星印が彫られている（写真58）。これを五芒星《ごぼうせい》といい、魔物を封じ込める魔よけとして、平安時代の陰陽師安倍晴明《あべのせいめい》が考案した呪符といわれている。同様の呪符として、大和郡山城（奈良県大和郡山市）の石垣には梵字《ぼんじ》が、江戸城の石には「南無阿弥陀仏《なむあみだぶつ》」と彫られている。この種の刻印は、和歌山城では確認されていないが、それに代わるものとして、大手門を直進し、一中門跡の堀側に延びる石垣を探すと、堀近くに桃の実を描いた刻印（写真59。前出）が見つかる。

〈写真58〉富山城跡☆刻印

〈写真59〉桃の刻印

『古事記《こじき》』に、先に亡くなったイザナミノ命《みこと》を追いかけて、黄泉《よみ》の国に行ったイザナギノ命が、約束を破ってその醜い姿を見てしまった。それにイザナミノ命が怒ったので、イザナギノ命は桃を投げつけて、難を逃れたとある。また、桃から生まれた桃太郎が鬼退治に出かけるおとぎ話でも、桃の呪力に対する信仰が語られている。このように、桃は昔から災いを払いのける不思議な力があると考えられてきた。

また、天守入口の左右と（写真60）天守二ノ門（楠門）内側の左右の軒先にも、桃を見ることができる。しかし、それらはいずれも昭和三十三年に天守群が外観復元されたときの再現物で、旧天守玄関の隅棟《すみむね》の留蓋として飾られていた実物は、天守内部に展示保管されている。

これに類似するものは、犬山城《いぬやま》（愛知県犬山市）天守に見ることができるが、寺院の山門軒先や商家の屋根でも見られる。しかし、桃を描いた刻印となると、城内ではたった一つしか見当たらない。もちろん、全国のお城のなかでも和歌山城以外で見つかったという報告はない。

天守

関ケ原の戦（慶長五年〈一六〇〇〉）後、天守の建造ラッシュが全国で始まった。ブームは、同二十年の大坂夏の陣まで続いたが、この間、家康は天下普請と称して豊臣恩顧派の大名を動員して築城させていた。これは、謀反を犯させないための策であり、財政を肥やさず減らす狙いが家康にあったという。

このとき建造された天守は、五対一で黒色が多かった。そこで家康は、各大名に漆喰《しっくい》技術を学ばせて、白亜《はくあ》漆喰塗の白い天守を推奨し、自らも江戸城、駿府《すんぷ》城（静岡市）など、次々と白亜の天守を建てた。それにならって各大名は、家康に忠誠を示し、白亜の天守を建てたといわれる。

〈写真60〉留蓋（桃）

〈参考〉犬山城の留蓋（桃）

しかし、豊臣恩顧派は黒塗の板壁であった大坂城天守にならって、黒い天守を建造した。加藤清正の熊本城（熊本市）は、その代表である。以後、白の天守は徳川恩顧の証として増えていったというが、背景として、漆喰のほうが火事に強いことが関係したようである。

【黒から白へ】すでに述べたように、紀州徳川家の初代頼宣は、元和五年（一六一九）に和歌山城に入った。それまでは駿府城で、江戸城同様の白亜総塗込めの白い五層の天守を眺めて暮らしていたと思われる。その頼宣が和歌山城で最初に目にしたのは、先代の浅野氏が建立した板張りの黒い三層天守だっただろう。

明暦元年（一六五五）十一月十九日の明け方四時頃、西ノ丸門前の都築瀬兵衛屋敷から失火した。火は城下町へ広がって侍屋敷や町家を焼き、さらに二ノ丸の櫓や多門に火が移り、十四時間燃え続けた。このとき、頼宣は若い将軍家綱《いえつな》の補佐役として江戸にいた。火事の報告を受けたのは、鷹狩りで浦和《うらわ》（さいたま市）に出かけていたときである。家中の者から、犠牲者のなかったことを伝えられて喜んだが、「天守は？」との問いかけに「安泰」と告げると、急に不機嫌になったという話がある。*23

前述のように、幕府から銀二千貫を受けて、城郭の拡張と城下町の整備等を進める過程で幕府から謀反の疑惑を受け、工事は中止（現・堀止）になってしまったが、頼宣はこの工事が完成した後、天守の建て替えを考えていたのかもしれない。

二代目光貞《みつさだ》は、藩主になった翌年の寛文八年（一六六八）、天和二年（一六八二）、元禄八年（一六九五）、そして同十六年と、四度にわたる江戸中屋敷《なかやしき》の焼失と嫡男綱教と将軍家との婚儀等々、相次ぐ出費の多い出来事が続き、天守の建て替えどころではなかった。

その意志は、五代藩主吉宗に引き継がれた。宝永二年（一七〇五）五月に三代綱教、

〈参考〉黒い天守の熊本城（震災前の姿）

*23　松田茂樹『和歌山城史話』に、「祖父外記」掲載話として紹介されている。祖父は頼宣。

九月に四代頼職《よりもと》が死去したため、相次ぐ葬儀に財政が圧迫され、吉宗が藩主となった二年後の同四年には、大地震と大津波（宝永の南海大地震）で藩内に甚大な被害が出て、多くの費用を必要とした。さらに、同六年には将軍綱吉の死去に伴い、幕府が紀州藩に貸した三分の一の返済を求められるなど、天守再建計画どころではなかった。それでも吉宗は、自ら質素倹約を実行し、家臣にもそれを奨励する一方で、紀ノ川流域を中心に水利を整え、大規模な灌漑《かんがい》による田畑の開発に力を入れた。その結果、財政が徐々に上向きだした。

藩の財政を立て直した吉宗は、天守台に必要な石の試算に着手した。[*24]ところが、見積もりができた同年五月に、八代将軍となって江戸城に入ったことで、吉宗の天守は幻となってしまった。石垣のところどころも積み直しなどを行った吉宗だが、このときの天守台は、三年坂沿いの高櫓台（写真61）がモデルだったのかもしれない。

和歌山城西ノ丸に建つ「わかやま歴史館」[*25]に、「天守起シ図」（写真62）が展示されている。これは享保八年

上〈写真61〉高櫓台
下〈写真62〉天守起シ図　写真提供：和歌山市立博物館

＊24　松田茂樹『和歌山城史話』に「（吉宗が）石工頭に命じて天守台石垣の改築費を見積もらせた。その内訳は左の通りである」と記して、「御天守台石垣御普請御入用大積」表が掲載されている。

＊25　市内バス市役所前下車すぐ。入場は午前8時〜午後5時。入場料一〇〇円。

（一七一七）、江戸住まいの六代宗直《むねなお》に天守の模様替えを説明するため、作事方《さくじがた》が作成したとされる絵図で、[*26]四方角からの側面図が描かれ、それを立てるとサイコロのような立体面になるものである。そこには、板張りと白壁の側面壁が描かれているので、元の板張りと白壁のいずれか見比べるためのものである。この板張りが、浅野氏が築いた天守の外観と考えられている。結局、このときは天守の建て替えはないまま七代宗将《むねのぶ》・八代重倫《しげのり》・九代治貞《はるさだ》・十代治宝《はるとみ》と藩主は続いたが、天守は依然として板張りの黒い天守のままだった。

徳川家のシンボル・白い天守への憧れは、さらに引き継がれていく。『南紀徳川史』編纂のための下書きといわれる「紀宝鑑」[*27]に、「十一代藩主治宝《はるとみ》卿　同年（寛政十年）五月　紀城　御天守鯱出来　直御櫓向其他而腰板取　白壁ニ成ル」とある。ここには、天守を白壁にしたという直接的な表記はないが、天守以外を白壁にしたというのも不自然なので、このときに天守も白壁にしたと考えるのが自然だろう。

ところが、『南紀徳川史』にはこの件は記されていない。これは、意図的に載せなかったのかもしれない。すでに、天守を建てることが御法度になっていたこともあり、幕府に顔の利く治宝はわざと天守の表記を書かず、櫓としたのではないだろうか。あくまでも推測だが、いずれにしても、ようやく和歌山城に徳川氏を象徴する白い天守が、虎伏山にそびえることになった。

【天守再建】それから四十八年後の弘化三年（一八四六）夏、落雷で天守が炎上した。このとき、治宝はすでに隠居して斉彊《なりかつ》の代になっていたが、治宝は早々に再建許可を幕府に提出させた。結局、焼失前とほぼ同じ外観の白い天守が再建された。幕府も認める重要な拠点地であるため、初期（旧式）型の天守であるという条件で許可を出したのだろう。つまり、二代目和歌山城天守は復古式の再建だった。

＊26　図録『和歌山城―その歴史と文化―』（和歌山市立博物館、二〇〇七年）

＊27　三尾功「『紀宝鑑』と和歌山城」（『木の国』二四号、木国文化財協会）と三尾功著『城下町和歌山夜ばなし』の「類御略記（藩御目付の記録）」より引用した。

前述のように、初代天守が建てられた頃は、家康の策略で全国の大名が競うように天守を建てるように仕向けられ、謀反を起こさせぬように財力を使わされた。やがて幕府は、元和元年（一六一五）に武家諸法度で一国一城令を発令し、天守はもちろん、櫓や塀の新築や修復、さらには石垣普請に至るまで許可制にした。以後、自然災害による破損であっても勝手に修復することはできなくなった。落雷により焼失した和歌山城天守は、嘉永三年（一八五〇）に再建されたが、御三家であるとはいえ、許可なく建てることはできなかったのだろう。

復古式で再建された和歌山城天守だが、小天守に御殿のような軒唐破風《のきからはふ》の大きな入口が新設され、大天守の破風には江戸邸内の大書院と同じ青海波紋《せいがいはもん》（写真63）を銅板で打ち出すなど、*28 徳川家を強調した新しい部分も見られた。それに至るまでには、ずいぶんと検討を重ねたようである。

「御天守御絵図」は、三枚とも天守西側の絵であるが、さまざまな変更が書き記されている。その一枚、「御天守黒板蔀伺之図」（写真64）は、外観は一層目以外を板張りの構想とし、また、「御天守西側之図」（写真65）では破風の部分に青海波文様が描かれている。さらにもう一枚の「御天守西側之図」（写真66）では各階すべて板張りだが、その上部は白壁で描かれている。

一方で、五層の天守木型が作られていた。結局、作事所から幕府へ許可を取らなかったようだが、この五層天守の木型を見れば、大きさに差はあっても、外観は江戸城天守に類似するものであった。まったく同じといっても過言ではなかった外観は、本気で建てようとしたのか、あるいは、すでに江戸城には天守がなかったので、それを和歌山に建ててやろうとするそぶりを見せて、再建許可を早く出させようとした治宝の策略だったのか。実現はしなかったが、ここにも江戸城を意識した一端がみられる。

【白い天守と二引両】白い天守を再建した外観には、徳川の城であることを随所に表現している。

*28『近世建築史論集』（中央公論美術出版、一九六九年）

〈写真63〉青海波紋

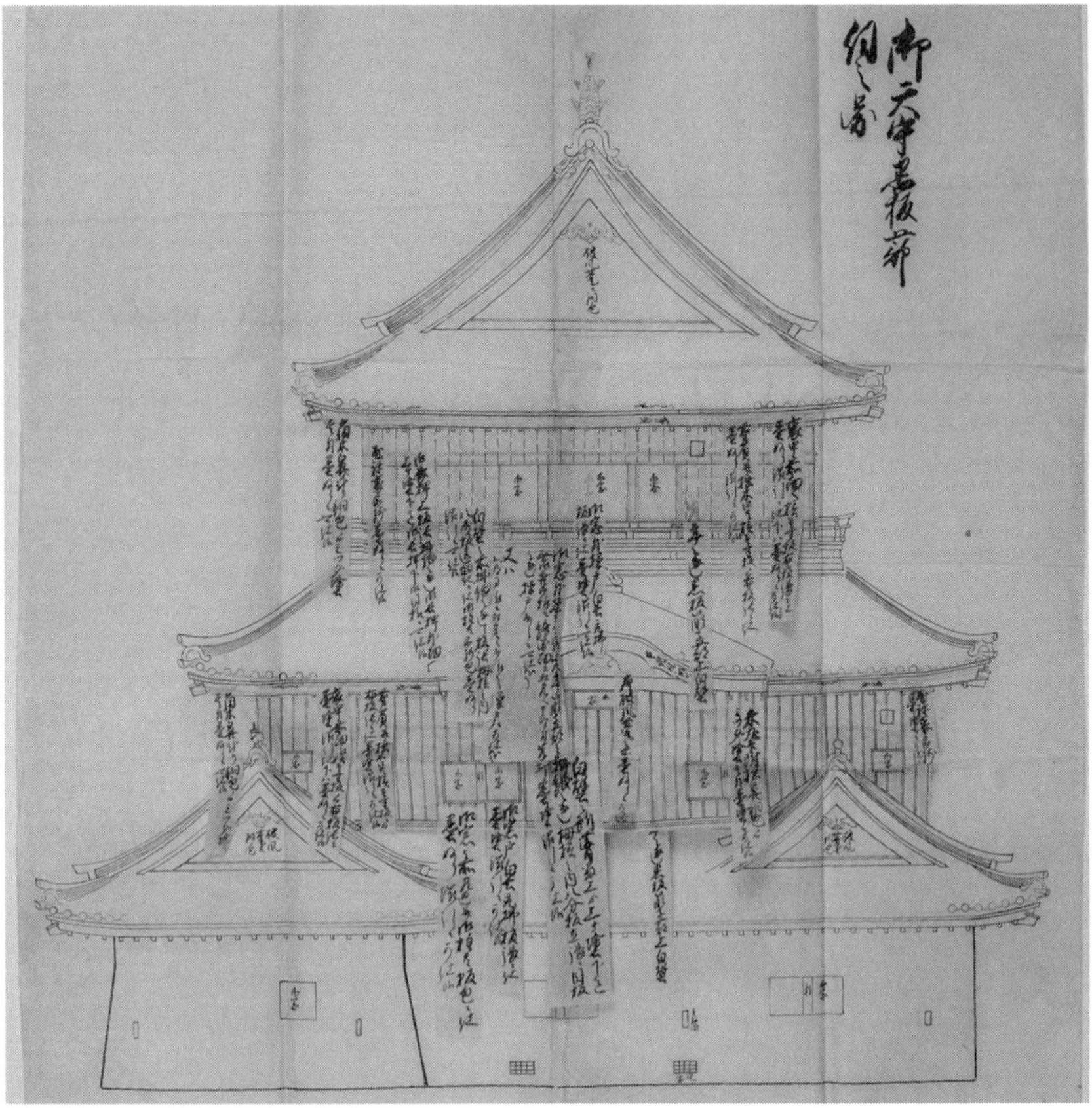

〈写真 64〉御天守御絵図　御天守黒板葺伺之　個人蔵　写真提供：和歌山市立博物館

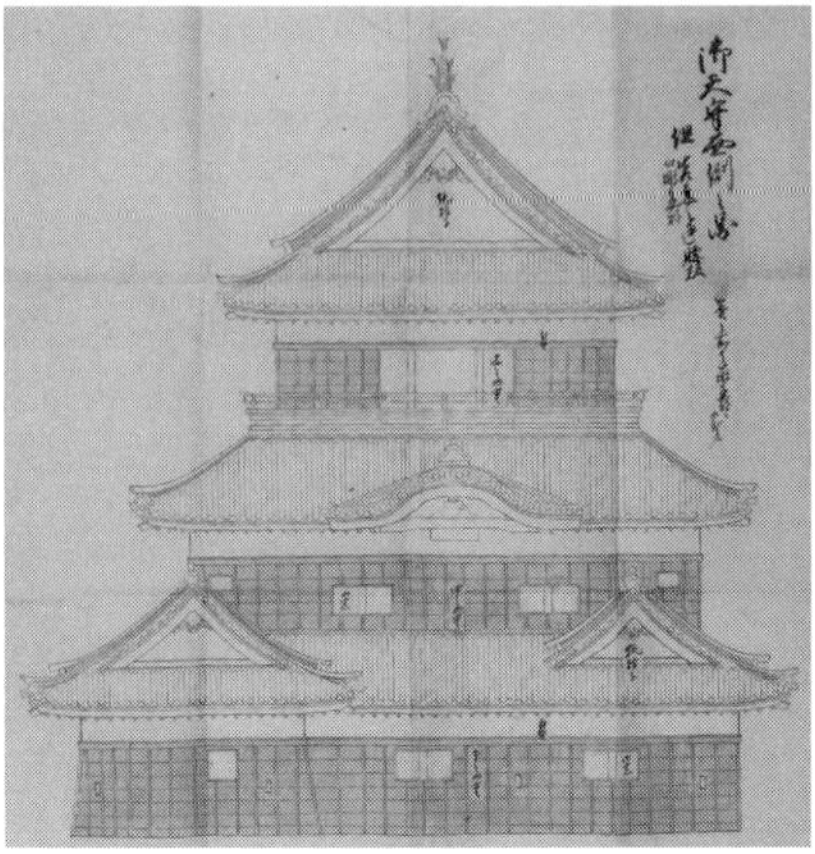

〈写真 66〉御天守御絵図 _ 御天守西側之図但し書きあり　個人蔵　写真提供：和歌山市立博物館

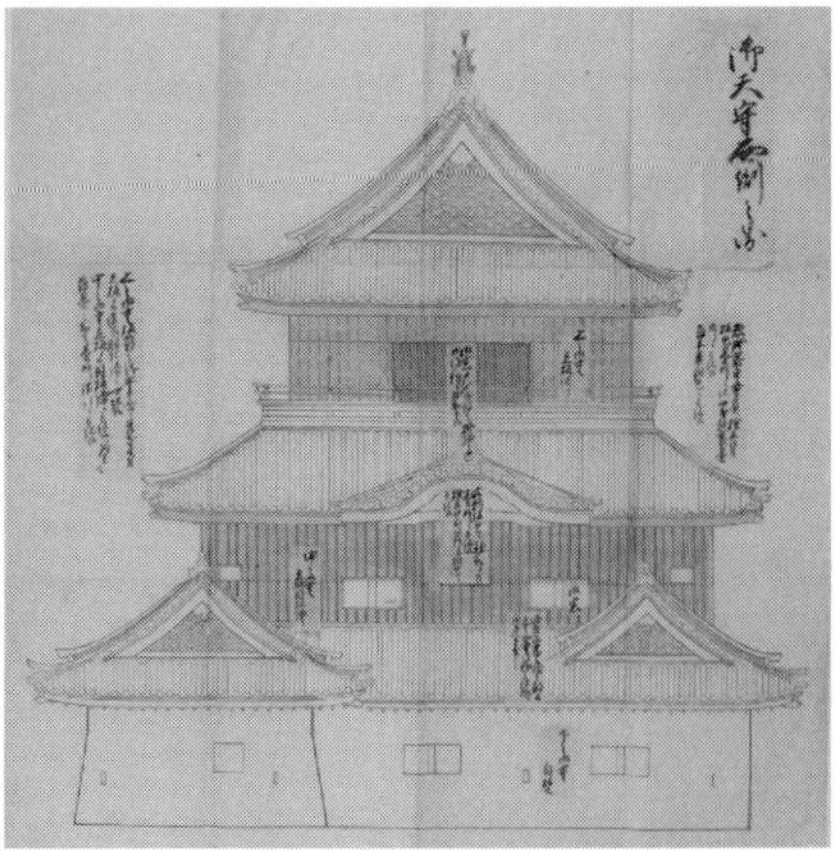

〈写真 65〉御天守御絵図　御天守西側之図　個人蔵　写真提供：和歌山市立博物館

たとえば、和歌山城大・小天守とそれに続く櫓の最上階の白い長押《なげし》が、窓を挟んで上と下に一本ずつ走っている（写真67）。これは、徳川家が出自とする源氏の幕文二本線「二引両（ふたつひきりょう・にひきりょう）」であり、江戸城の櫓や城門にも施された。*29 これを内法長押《うちのりなげし》といい、天守最上階と連立する櫓にもあるが、大・小天守の二引両と柱との交差部分に釘隠しの飾り金具が使用されている。徳川の城をアピールするひとつの表現だった。

また、古代中国では龍は天子の象徴で、わが国では雨の神として尊敬されていた。引き両は龍を象《かたど》ったものとされ、一龍が「一引両」、二龍が「二引両」である。江戸城の家康は天子の象徴として、和歌山城は徳川御三家の城として江戸城を摸したのだろうが、初代頼宣の諡《おくりな》は「南龍公」であり、引両が龍を表すことはまんざらでもなかったのではないか。

もう一つ、徳川御三家の城であることを示す特徴がある。各地の城を訪ねて天守や櫓を眺めていると、形式の違った窓の構造に気付くが、和歌山城でも岡口門と天守二ノ門、天守群（大・小天守とそれに続く多門や櫓）の窓に違いがある。

城の窓は、薄い板戸（雨戸）を上部から吊るし、その板を外へ跳ね上げて、棒で突っ張る突上《つきあげ》戸《ど》形式が原点である。もちろん、棒を外せば窓が閉まり防備は良くなるが、それでは陽光や外風を取り入れる役割を果たせない。板張りの天守や櫓には、この突上戸が多く使用されていたが、やがて窓を全開しても侵入されないように格子が入れられた。しかし、格子は敵の侵入を防いでも火を防ぐことはできないので、徳川期には、戸板にも格子にも漆喰を塗って防火対策を施したが、その分、分厚く重く、突上戸の開閉は容易でなくなった。そこで、戸板を引戸に変えて、開閉をしやすく、安全性かつ防御性を高めた。

あらためて、岡口門と天守二ノ門の窓と天守群の窓を見比べてみると、戸板が格子の内側に

*29　西ヶ谷恭弘『江戸城―その全容と歴史―』（東京堂出版、二〇〇九年）。

〈写真67〉二引両

〈写真68〉岡口門の窓は、格子の後ろに戸がある

あるか、外側にあるかの違いがある。つまり、窓を閉めたとき、外から格子が見えるか、見えないかである。岡口門と天守二ノ門が前者（写真68）で、天守群のほうが後者（写真69）ということになる。

　戸板が内側にある前者のほうが、開閉はたやすく、鉄砲を扱うときは楯にしやすい利点がある。後者は、手前の格子が邪魔をするが、窓を閉めれば格子は白亜の戸板に埋もれて、白一色になる。これは、江戸城・大坂城など、徳川家一族の城であることを示す窓の様式だったといわれている。

　同じ天守群にありながら、天守二ノ門の窓だけが格子の内側に戸板があるのは、やはり万一の際に、鉄砲で門からの侵入を防ぐためだったのだろう。

【廻縁《まわりえん》】和歌山城天守の最上階には、廻縁がある。現代風にいえばバルコニーである。全国の高欄付き天守や櫓を見ると、すべてが四方を見渡せる廻縁ではなく、半周のものや張りぼての見せかけ縁まであった。

　廻縁には、転落防止の高欄（欄干＝手すり）が付いている。元は寺社の楼門や本堂・本殿などに付設され、その四隅に擬宝珠《ぎぼし》という円柱を建てていたが、その擬宝珠を天守の廻縁に付けるこ

〈写真69〉窓を閉めた天守

＊30『名城ものがたり』（朝日新聞社、一九三七年）

左〈参考〉松本城天守（長野県）明治時代の古写真

とで、格式の高さを表現した。しかし、それも関ヶ原の戦以前の話で、以後は廻縁を付けない天守が多くなる。雪国では、廻縁に雪が積もり、その重みで崩壊の危険を招くことが考えられる。第一、無防備でそこに立つことはもっと危険だが、そうでなくても寒くて縁に出ることなどはできなかっただろう。そこで、実用的でない廻縁を廃して、四方の壁に窓を開いた天守構造になった。高欄の前に壁を設けた例は松本城（長野県松本市）などがある。最上階が下層より大きくなるようなこの形態を、南蛮造り（唐造《から》り）といっている。

現在の和歌山城天守は、高欄の四隅に擬宝珠はなく、四隅を跳ね上がらせて交差させる刎《はね》高欄（写真70）となっている。浅野幸長《よしなが》が築いた三層の天守図には、最上階の廻縁に刎高欄が描かれている。御三家紀州徳川家なので、再建時には高欄の四隅に擬宝珠を建てて天守の格式を表現することは可能だったと思われるが、その頃、天守のような大建築物は無用とする城が増えて格式などとは言わなくなっていた。

【小天守】戦災前の国宝和歌山城小天守を、特別に許可をもらって拝観した記者が、感想を『名城ものがたり』[*30]に記している。

「立入禁止の小天守へものものしくも第一歩を記す、無論電燈はない。危い足取りで二階へ上って重い窓を開ける。なんでもここは『とのゐの部屋』で……」という表記に、大天守との境と見られる漆喰の分厚い扉の写真が付記してある。この伝え通りであれば、小天守内で宿直《とのい》をして、夜通し天守の警護が行われていたことがうかがえる。

小天守は、大天守と渡櫓で結ばれた補佐役の二層以上の櫓をいうが、大天守に次ぐ大きな櫓を指すものではない。たとえば、熊本城小天守は二層だが、同城の宇土《うと》櫓や飯田《いいだ》櫓は三層である。また、名古屋城の清洲《きよす》櫓も二層の小天守に対して三層の櫓である。このように、小天守と櫓との

〈写真70〉刎高欄

違いは階層ではなく、その櫓の壁に開かれた窓の位置で決まる。

当時、領主の居所などを見下ろすことはご法度だから、二層目以上の窓を本丸方向に設けることは控えた。これに対して、小天守は気兼ねなく、どの方向にも窓を開くことができた。この様子は、明石《あかし》城（兵庫県明石市）を訪ねると顕著に見て取ることができる。

現在の和歌山城では、乾《いぬい》（北西）櫓（写真71）と天守二ノ門櫓（写真72）の二基しか見ることができないが、この二基は、大・小天守と共に多門櫓でつながり、内側に天守曲輪の広場を造っている。この曲輪を通り、天守に登る藩主の姿を見下ろす位置にある両櫓の二層目を見ると、二ノ門櫓は曲輪側に窓が開かれていない。ところが、乾櫓の二層目には、天守と相対して望む位置

上〈写真71〉乾櫓　下〈写真72-1〉天守二ノ門櫓

〈写真72-2〉天守の破風

に窓がある。このことから、同櫓を「小天守」と呼んでもおかしくないが、乾櫓には小天守にある二引両の釘隠しの飾りはなく、長押に黒い線を引いて天守と同格の建物でないことを表している。

【玄関】天守の入口も各城さまざまだが、和歌山城のように華やかな曲線型の唐破風を持つ入口（写真73）となれば、多くは見られない。類似するのは、わずかに幕末になって付設した玄関を持つ、宇和島《うわじま》城天守（愛媛県宇和島市）ぐらいである。

　本来、最後の籠城の場となる天守の入口は、敵の侵入を防ぐためにも小さく造られるのが普通である。それは穴蔵風で、玄関とはいい難いものであり、松山城（松山市）・若松城（福島県会津若松市）・岡山城（岡山市）等々はその典型で、建物に対して入口の小ささに驚かされる。

〈写真 72−3〉　天守二ノ門

　それに比べて和歌山城天守の場合は、短い渡櫓で小天守と接続し、二層目の窓を隠すほど大きくて広い間口は、優美で絢爛な様から玄関というほうがピッタリする。この種の玄関は、もともと書院造りの邸宅などの入口に設けられていたもので、城郭建築でも、本丸御殿や二ノ丸御殿のような生活空間の漂う玄関に見ることができるものである。

　玄関屋根の唐破風は、古来、日本では神社建築に代表され、破風のある建物は同じ建物でも呼び名を変えたほど重んじられたそうである。それが江戸期になって、天守のような大きな建物に入母屋《いりもや》破風・切妻破風・千鳥《ちどり》破風などさまざまな破風を建

〈写真73〉小天守玄関

〈参考〉宇和島城天守

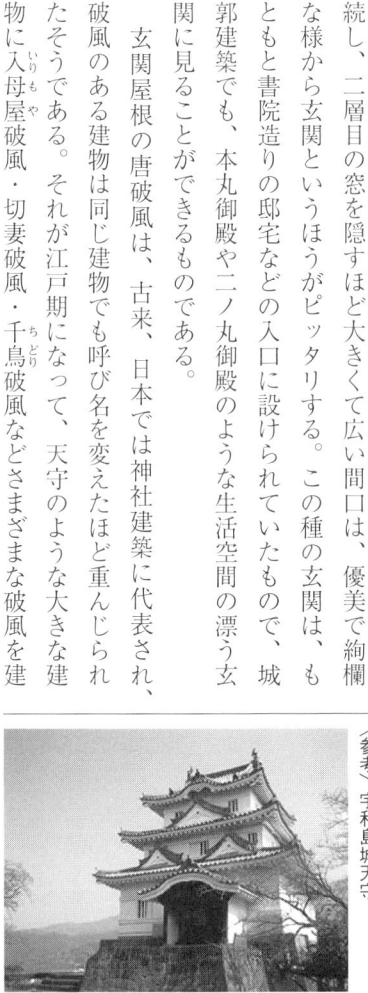

〈写真 74〉天守の出窓

物に飾って、独創的な形を造り出すようになった。「戦う城」から「住む城」へと変遷してきた、日本の城の歴史が凝縮されているように見えてくる天守の玄関である。

【破風《はふ》】天守の大屋根や各階の屋根には、破風と呼ばれる三角形の屋根がある。奈良時代には、破風のある建物は格式が高いと評され、江戸時代にはそれを大きく造ることのできる大工は有能であるとの評価を得たという。

　和歌山城の玄関を飾る唐破風は、天守の東・西二層目に見る屋根の中ほどを丸くした一般に想像する唐破風と違って、屋根の端部を丸く盛り上げ、その全体に丸みを帯びた軒唐破風といわれるものである。また、屋根には葵紋の鬼瓦、内側には火を近づかせないという「懸魚《けぎょ》」と呼ばれる飾りを付けて装飾性を高め、玄関に開放感を与えている。

　天守にも大屋根の入母屋破風、二層目に千鳥破風、さらに端部を丸く盛り上げた唐破風がある。その頂点の内側には、懸魚やカエルが足を開いたような形をしたところから名付けられた蟇股《かえるまた》などの装飾がバランスよく配置され、美しさと格式の高さを強調している（写真74）。

　飾りのある天守は構造も複雑だが、これも慶長の天守ブーム以降は落ち着き、装飾的なものは徐々になくなっていく。弘前《ひろさき》城（青森県弘前市）の天守は、外側からは出窓に切妻破風の屋根で飾られているが、内側にはなんの飾りもない。外は優美に、内は質素に造られている。やがて、それが津山《つやま》城（岡山県津山市）・小倉《こくら》城（福岡県北九州市）・松前《まつまえ》城（北海道松前町）などのように、

〈参考〉弘前城天守

最上部の入母屋破風以外は箱を積み上げたような天守（層塔型）になっていく。それはそれでシンプルさに美しさを感じさせるが、昭和の再建天守には、次のような例がある。

昭和三十四年に再建された小倉城天守は元来、破風飾りのない四層の建物だったが、再建のとき、二階屋根に大屋根同様の大きな入母屋破風が付けられた。史実と無関係なものを付けてしまったことになる。そのため、最上部が下層部より外に張り出した南蛮造りの特長が目立たなくなってしまった。破風は、それほど人目を引きつける美しさがあり、日本人好みであるようだ。

なお、和歌山城の破風には別の目的もあった。天守南面二層目の出窓（写真75）は、岡山の時《じ》鐘堂《しょうどう》側からよく見える。別段変わった様子に見えるわけではないが、ここから天守の特徴がよくわかる。小天守も、壁の角に破風がつけられるなど複雑な配置にあるが、これにも理由がある。

〈写真 75〉天守二層目の出窓

【マジック】天守台は方形である、という先入観で眺めている方が大半だと思う。ところが、そうではない。八角形（安土城）や不等辺五角形（岡山城）など、さまざまな形をした天守台が結構ある。その岡山城天守も、不自然さを見せない外観造りがなされているので、天守台の変形に気づかない。

和歌山城天守もそのひとつである。その証は、大天守南面二層目の出窓付近の屋根と北面方から見る小天守でわかる。大天守は、方形の箱を三つ積み重ねた層塔型だが、そ

〈参考〉小倉城　再建時に付けられた破風

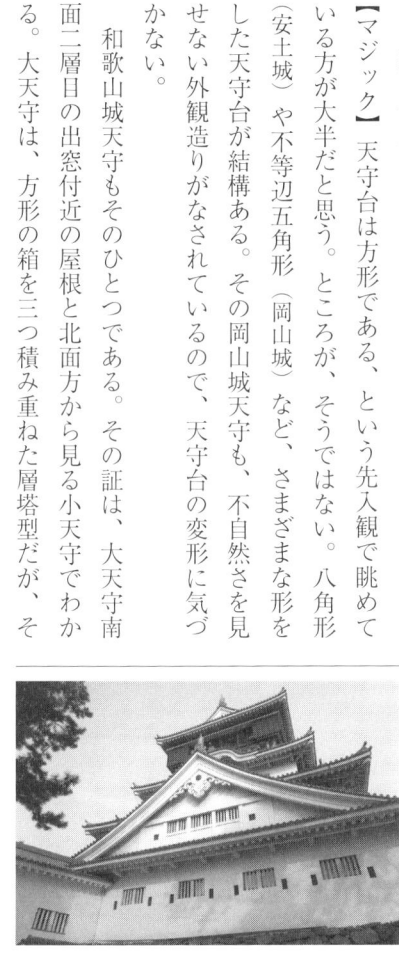

〈写真76〉小天守石落

の天守台は変形のひし形のため、一層目（一階）は当然、ひし形の部屋となる。その上に方形の部屋を乗せたのが二層目（二階）で、一層目とやや左右にずらして、南正面に向けて積まれている。その上に三層目が乗っている。

二層目南面の出窓を挟んで白壁を注視すると、左右の長さが違っている。視点を変えれば、一層目の屋根瓦の枚数（軒の長短）が、左右で違っているのがわかる。写真に定規をあてがって見れば一目でわかるが、それを外観に感じさせないのが出窓の存在である。もし、この場所に出窓がなかったら、左右に振る二層目のようすがはっきりしすぎて、遠望する天守は傾いて見えるに違いない。つまり、出窓はひし形の天守台上に建つ一層目と二層目の左右のゆがみを隠し、天守の外観になんの不自然さも感じさせない役割をしている。この現象は、小天守にもみられる。小天守の西角にある破風や石落は、壁の角に付けられている。これは、左右の壁の長さが違うことを隠す効果がある（写真76）。

しかし、西ノ丸から眺める小天守が、どうしても傾いて見える箇所がある。その場所は限定されるが、少し動くとなんでもない連立式天守の光景となる。破風が不自然な箇所にあるが、それを感じさせず、ゆがみも見せない。この技術が、どっしりとした安定感のある層塔型の天守となって、虎伏山にそびえているのである。美にこだわる当時の建築技術に感心させられる。

【象徴天守】時代劇では、城主が天守の最上階から城下を見つめ、そこを居所としているようなシー

〈参考〉岡山城天守台の歪み箇所

ンを見かけるが、天守で寝泊まりをしたのは安土城《あづち》（滋賀県近江八幡市）の織田信長だけだった。それ以降、天守の建設は引き継がれるが、日々を過ごす場所として用いられることはなく、相手に威圧感を与える建物として、また、最後のとりでとして立て籠もる場所となる。それも、平和な時代になるとシンボル的建物となっていった。

和歌山城天守も同様で、現天守の設計に携わった藤岡通夫氏は、国宝だった旧天守内を見聞した様子を、「一階は、中央に三室あって、板壁で仕切られた、用途不明の室が二室、もう一室は、戸襖で仕切られた重要な倉庫で、その他は武器庫で、槍掛け、鉄砲掛け、刀掛け、袋棚があり柱は槻と松とを混用しているが、その施工は丁寧で、天守構造の中でも屈指のものである。二階は周囲を武者走りとし、中央に飾棚があるが、その三方は板張りである。三階は周囲を内縁とし、中に三間四間の畳敷きの一室があり、柱には長押もなく、外部に比べて装飾的なものは何もなかった。この部屋は、万一の際を考慮したもので、日常生活を送るためのものではなかったかと思われる（抜粋）」と記し、[*31]日々の生活を送る施設ではなかったことを報告している。

江戸時代になると、天守の建造が幕府から認められなくなったため、天守代用櫓を建て三階櫓として幕府に届けるなど、象徴的建造物を建てる城が増えてくる。幕府には御三階櫓と報告し、城下では天守と呼ばせた藩もあったという。中には無用のものとして、建築に多額の費用を要する天守を建てない藩もあったようだが、和歌山城の場合は、御三家の城としてシンボルの白い天守を必要としたのだろうか。天守内部の質素な板張り造りに対して、白く輝く壁と屋根の破風《はふ》が美しい姿に外観を仕上げている。そして、落雷焼失後の再建後も、三層であるが御三階櫓ではなく、天守と呼んでいた。

【東蔵】幕末の和歌山城を詳細に描いた「和歌山御城内惣絵図」（和歌山県立図書館蔵）の天守曲

＊31　「和歌山城とその造営について」（『近世建築論集』所収）

輪内に、「御蔵」として東西二棟が描かれている。

一つは天守二ノ門と向かい合う西蔵で、現在は松の木立の中に「御蔵跡」の標識が据えられている。もう一つは、現在のトイレ棟の位置である。トイレ棟（写真77）の外観は、昭和初年の古写真と比べても大差が見られず、西蔵も同型の蔵と想像できるが、「和歌山御城内惣絵図」を見れば、東蔵より少し大きかったように見える。

城の中の生活は、戦いに備えて食糧や武器の保管が不可欠で

上〈写真 77〉東蔵跡　現トイレ　下〈写真 78〉穴蔵

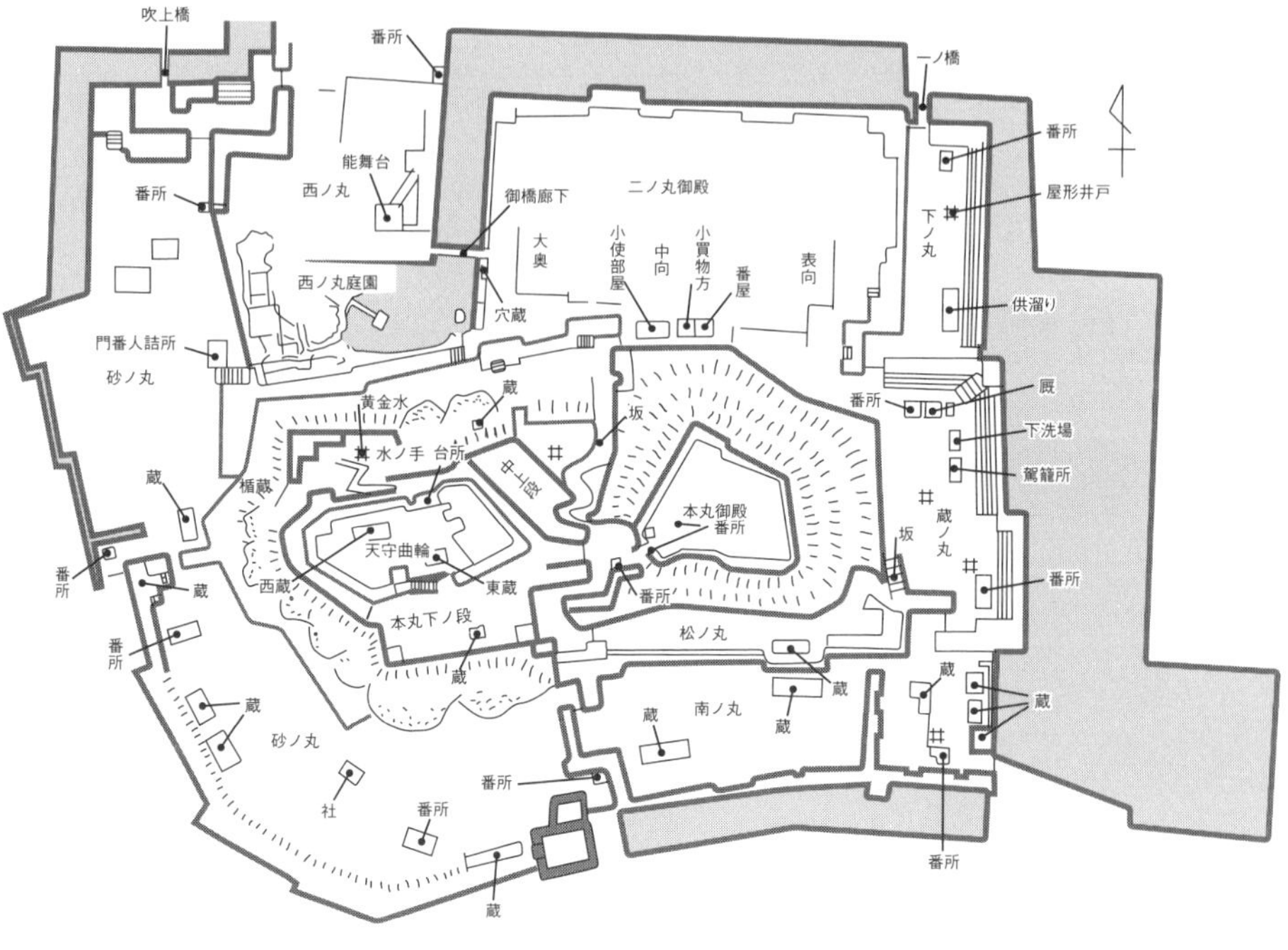

ある。弓矢・鉄砲・槍は天守や櫓に常備される例が多く、和歌山城でも天守内部の古写真に武器掛けが写っている。天守曲輪の狭い空間に、あえて瓦葺きで漆喰塗りの土蔵が二棟も設けられたのは、籠城を想定したためと考えられる。

中でも東蔵は、天守続多門櫓内の台所近くに位置している。有事の際は、長くて大きな調理台施設[*32]があった台所に、貯蓄米などの食糧が運ばれたのだろうか。ただ、『南紀徳川史』の天守曲輪図には、東・西蔵ともに「御蔵」と記載され、本文に「銃眼貯蔵庫」とあるので、武器庫だった可能性が高い。それ以外に米蔵・金蔵・硝煙蔵《しょうえん》・具足蔵《ぐそく》等々の蔵が城内に建てられていたはずである。城内には、番所なども各所に建てられていた（図7）。

【塼《せん》】二ノ丸跡の西端は大奥の跡で、西ノ丸を結ぶ御橋廊下《おはしろうか》が復元されている。現在は誰でも渡れるが、当時は藩主とお付きの者だけが通行可能な通路だった。その東入口脇に穴蔵（写真78）があり、内部の床に敷かれている四角い平瓦（復元）を「塼」という。

塼は、たった一枚でも滑らない工夫が施されていた。穂先のような小穴（写真79）が、裏面に規則正しく彫られており、これは滑り止めであったと考えられる。

粘土状の土に塼をひし形状（四半敷き）に並べ、表面を押さえて平らにすると、裏面の小穴に土が入って塼はより強く固定される。たとえ一枚が割れて、隙間が生じても、全体がずれてしまうことのない安全策が見えないところに施されていた。

写真の塼は、旧和歌山城小天守の玄関付近に敷かれていたものであると、所有者の証言がある。一辺が三〇×三〇センチで、厚さは四センチもある。現在の天守再建工事が始まったとき、現場に居合わせた小山周次郎氏が、地ならしのために砕かれていく塼を見かねて、一枚持ち帰り、保管していたそうである。そのため表面は少々痛んでいるが、その硬さは、少したたいたくらいで

右〈図7〉諸建物配置図　建物の名称は「和歌山御城内惣御絵図」を参考にした

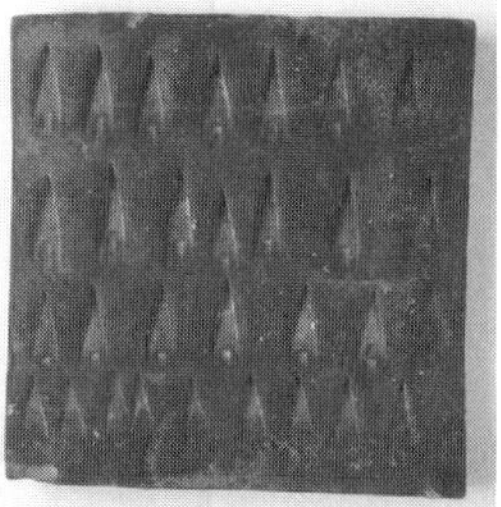
〈写真79−1〉せん（小天守）裏
写真提供：和歌山城整備企画課

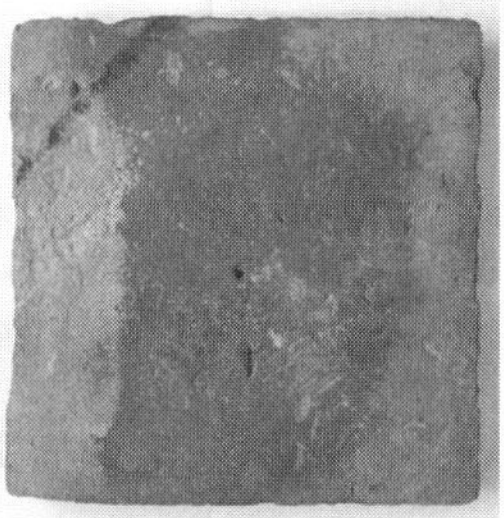
〈写真79−2〉せん（小天守）表
写真提供：和歌山城整備企画課

は割れない高級品であったことを伝えている。

【排水口】『紀伊国名所図会』に、岡口門前の東堀から広瀬堀（現・瀬藤病院付近から東方）へ水が流れ落ちる排水口が描かれている（絵図13）。東水堀に沿う堀端通りの南寄りに、現在もその跡を見ることができる。近年の整備により、石垣が新しく積み直されたが、元の場所に、元の形に近い状態で再現（写真80）されている。もちろん、暗渠《あんきょ》にはなっていないが、『紀伊国名所図会』の画と合わせれば、当時のようすを知るには十分である。

石垣の上部にある排水口は、天狗の鼻のように突き出した石筒（樋《とい》）（写真81）である。砂岩の加工石材をUの形にくり抜いて、上部に平らな石でふたをした排水口である。

多雨地帯にある高知城（高知市）の石筒は、ゾウの鼻のように石垣から大きく突き出ている。激しく流れ落ちる水が石垣にあたらないための工夫だという。和歌山城の工夫は、石筒の裏側にあった。城内に溜まった水を単に外へ流すという施設だが、そこには、快適な生活への配慮がなされていたことが、平成二十一年に行われた和歌山城跡第三二次二之丸西部の発掘調査で明らかにされた。「排水口内側の中央部の上下に、鉄製の楔《くさび》を打ち付けてありました。これは排水口を濾過《ろか》するための網を固定する留め具と考えられています。あちらこちらの溝から流れる水が、この排水口に集まってきます。石垣の中を通る石筒内に、木くずや

落葉で詰まってしまわないような工夫がなされていたのです」と、技術の高さを思わせる報告がなされている。

石の加工技術が進歩するにつれて、隙間のない石垣が築かれる。隙間がなくなると水のはけ口がなくなる。やがて、溜まった水が石垣を前へ押し出してしまう。そこで、排水口が必要となる。石垣から突き出た鼻は、快適な生活を支える重要な役割を担っていた。いわば、城を支える大切な施設だったといえる。

【内堀】和歌山城の水堀は、現在では美しい景観の引き立て役となっているが、外堀だった堀川（市堀川のこと〈写真82〉）を思い浮かべる人は少ないだろう。和歌山城は、内堀と北方の外堀の二重堀で守られていた。当時の鉄砲（火縄銃）は、射程距離約五五メートル、城内から射撃する砲身の長い弾筒は六〇メートル以上だといわれている。したがって、最終的な堀幅は約五五メートルあれば安全ということになる。

大手前の北堀は明治以降、道路の敷設や市電の線路敷設などで埋め立てられ、現在は二五メートル幅しかないが、元は四二メートルあった。その北方は武家屋敷が並ぶ三ノ丸で、外堀（堀川）が掘られていたため、少々狭くても問題はなかった。

上〈写真80〉東堀排水口跡　下〈写真81〉石筒排水口

右〈絵図13〉『紀伊国名所図会』東堀から広瀬堀への排水口・右下

＊32　昭和初期の古写真（『日本城郭全集・第六巻（近畿編）』日本城郭協会出版部刊、一九六〇年に掲載）を参照した。

〈写真82〉堀川（北外堀）

和歌山城の内堀で、当時のまま残っているのが東堀で、最大幅は七三メートルある。三年坂堀と呼ばれた南堀は、頼宣の入城後、西の不明門まで新たに掘られたものだが、岡口門に近い南側は後世になって埋められ、堀の面影をなくしている。「濠跡」碑の裏面には、大正十四年と刻まれている。ここは豊臣・浅野時代の堀の部分にあたるが、元に戻してもらえれば、岡口門の守りが鮮明に見えてくるのだが……。

【外堀】堀川は現在、市堀川(しほりがわ・いちぼりがわ)と呼んでいる。寄合橋《よりあいばし》西詰に「和歌山市堀川」と刻まれたプレートがはめられているが、いつの頃か地図に書き込むと長いので、和歌山を省略して記入したのが市堀川、つまり、「市・堀川」の意が、固定化してしまったようだ。

堀川以外の外堀の名残は少ないが、三ノ丸東側を流れる屋形川と称する東外堀がある。幅約一五×長さ約九七〇メートルで、南北に掘られた当堀は、「真田《さなだ》堀」の名のほうがよく知られている。ここに架かる橋のプレートには「真田堀川」と彫られている。橋名は刻まれていないが、橋の東端に「甫斉橋」、西端に「ほさいばし」と刻まれた、横書きされた当時の石橋の名残が置かれている。

真田堀川について、『史蹟名勝天然記念物調査會報告第二輯』（大正十三年刊）の新町川に「又真田堀川トモ云フ」と別称であることを記し、『紀伊続風土記』には「外郭の東にあり、旧は寺町橋という。元和の比、山本甫斉《ほさい》という者此辺に住す故に名つく」とあり、「甫斉橋から北に運河のように延び、和歌山城の総門であった北大手門（本町門）とともに総構え造りとして必要な外堀で、戦術上要害なる場所であるから徳川頼宣が特に堀を造られた」旨の内容が記されている。しかし、なぜ真田堀川と呼ぶのか、その由来は書かれていない。

これに関連して、頼宣が江戸滞在中に、立花宗茂《たちばなむねしげ》と真田信之《のぶゆき》（昌幸《まさゆき》の子）に城下町図を見せたところ、『ここは要害の所土塁を高くする必要がある』と述べられ、浅野時代に造られていた堀沿いの土塁を高くした」[*33]ことが、名称の由来かもしれない。あるいは寛永十三年（一六三六）、江戸城外堀普請に真田信之・信政・信重が参加して、江戸城総構えを完成させた。現在の上智大学のグランドがその跡だが、その近くで紀州藩も普請を担当している。その様子が、和歌山城総構えの完成と類似して真田堀の名が生まれたのかもしれないが、これは単なる推測である。

南外堀は、総構えの南で寺町の南にあり、新堀川と呼ばれた。もともとの水路を舟の交通に便利なように拡幅しようとしたのだろうといわれるが、この水路が完成していたら、和歌山城は完全な総構えとなっていた。堀の工事が中止され、「堀留（堀止）」の由来となった市内堀止西の神明神社北の小道脇の排水溝は、その名残りと推測されている。

【井戸】 城内に不可欠で、その水脈を探しての築城選地は欠かせないものだった。そこで、何個所にも井戸を掘ったが、結局、湧き水や雨水に頼らざるをえない城もあったという。

江戸末期の和歌山城内を詳細に描いた「和歌山御城内惣御絵図」では、四〇余ヵ所の井戸が記されている。そのうち「自欠作町到御城之図・附遠望御城之図」（絵図6）に、水ノ手に「黄金水」と書かれた井戸の表記がある。これが唯一、名が記された井戸である。

黄金水といえば、大坂城天守台にある井戸屋形（国重要文化財）の伝承に由来する（現在は金明《きんめい》水《すい》という）。大坂城といえば太閤秀吉、秀吉といえば大の黄金好きであり、大坂城の黄金水と秀吉とを結びつけ、「太閤がこの井戸を掘り、水毒を取るため、黄金を多く水底に沈めた」[*34]と、名の由来が伝えられてきた。

昭和三十四年に行われた大坂城総合調査のおりに、この井戸の調査をした結果、黄金を沈めたという事実は見つからず、城内で最も大事な井戸の名称であるという結論に至った。さらに井戸

＊33 三尾功『続城下町の片隅で』（私家版、二〇〇八年）

＊34 小野清『大坂城誌』（一八九〇年。名著出版、一九七三年復刻）

底からの出土品から、徳川期に造られた井戸であることがわかり、秀吉とは無関係であることも裏付けられたと報告されている。[*35] その結果、呼び名を黄金水から金明水と改めたのかもしれない。

和歌山城の黄金水は、天守北側の埋門前の小径を下った所にあった。現在は木立の陰に隠れ、コンクリート枠の小さな穴（写真51参照）にすぎず、それが井戸跡であると認識するのが難しいのが現状である。

なお、黄金（金明）に対して銀もあった。二ノ丸から本丸に通じる裏坂に、危険防止のため屋根蓋で覆われた、銀明水と呼ばれる井戸（写真84）がある。黄金水に次ぐ大きさから名付けられたのだろうが、「和歌山御城内物御絵図」には、井戸の印は描かれているものの、銀明水などの名称はなく、単に井戸と書いている。

【伝説】元和五年（一六一九）、頼宣が和歌山城の拡張に取りかかったとき、虎伏山に住む天狗《てんぐ》に退去命令を出した。しかし、すみかを失う天狗は、深夜三回の警護をする条件で藩に懇願して居住許可を得た。天狗は、さっそく城内の巡視を始め、その時折、石に腰を掛けて休息したという伝説がある。三年坂西南にある「天狗の腰掛け石」と名付けられた石だが、路上からは生垣《いけがき》があって見ることができない。高櫓台に続く石垣上からはよく見えるが、柵のない塁上だけにお勧めできない（写真85）。

天狗にまつわる話として、「天狗の足跡石」が砂ノ丸北端の石垣上にあったという。吉備慶舟氏調べの「修景施設（石垣の状況）和歌山城の石垣刻印布置図」[*36] に、「天狗の足跡又は弁慶足跡という。電車線敷設の際一部石垣と共に取り除かる（天狗の出入口との口碑あり）」とある。現在、それらしい石は伝えられていないが、文字刻印石を保管している砂ノ丸南石垣上に、千切り跡を残す石が保管されている（写真22参照）。しかも、二組が門跡の礎石のようにあり、この石のこと

〈写真84〉銀明水・外枠は後世のもの

＊35　渡辺武『図説再現大阪城』（財）大阪都市協会、一九八三年）

＊36　岩橋勉「和歌山公園を中心とした地形・脂質と和歌山城石垣史」（『和歌山大学教育学部紀要　自然科学』第25集、一九七六年所収）

かもしれない。この二つの石を並べれば、千切りの穴が二つ並ぶ。それを足跡と伝えた可能性はあるが、現時点ではわからない。

城にまつわる話といえば、やはり人柱《ひとばしら》伝説であろう。古来、地震や洪水などで建物が壊されるのは、神のたたりと考えられていた。そこで、建物の下に人を埋めて、たたりを除こうと考えたという。地方によって多少異なるが、その多くは盆踊りに参加している若い娘をさらって、人柱にするという筋書きである。和歌山城の人柱伝説も例外ではなく、天守を築く際、お虎という娘を人柱にしたという伝説がある。お虎が伏した城ということで、虎伏城の別名に結びつけた話である。

人柱伝説の中には、両親の反対を押し切って人柱を志願した娘を箱に入れて埋めようとするが、その直前、娘を箱から出して両親のもとに帰したという話もある（彦根城）。そして、その空箱に石仏や娘の代用品を入れたという話に展開していくが、多くの発掘事例から、人柱伝説を実証できるものは報告されていない。むしろ、代用品を入れた話のほうが現実的で、和歌山城天守再建工事前の調査で、地鎮具《じちんぐ》の輪宝《りんぽう》四点が出土し、「聞き取り等により天守の四本の大黒柱の内側から出土した」[*37]のも、その一種と考えられている。

車輪形をした金銀鋼鉄四種の輪宝が、古代インド王の遊行時に、回転して敵を破り砕き、四方を征した（『日本語大辞典』）という縁起物を建物の下に埋めて、安全を祈願したものと思われる。このような地鎮具を人に置き代えて、人柱伝説を作り上げていったのではないだろうか。

【抜け穴】 抜け穴伝承は、実に多くの城で語られている。長いものでは、上田《うえだ》城（長野県上田市）の約三〇キロというのがあり、前方の太郎山まで抜け穴で通じていたというのである。その場合、掘った土の量で山ができるから、秘密にすることなどは不可能で、そのうえ掘った穴は非常時に

＊37 図録『和歌山城―その歴史と文化―』（和歌山市立博物館、二〇〇七年）

〈写真85〉天狗の腰掛け石（左下方の石）

使用できるように管理をしておかなければならなかった、当時の掘削技術などを考えると、抜け穴の信ぴょう性はほとんどないと結論づけなければならない。

和歌山城にも抜け穴伝承がある。高石垣の下向かいにあった竹林を「御留め藪」と称し、言い伝えによると、万が一のとき、不明門より通じる間道だとして、「不明門内には隧道《すいどう》の備えがあるが、極めて秘密のことなので、口外してはいけない」と『南紀徳川史』にある。また、齋藤桜門の話として、「不明門内に隧道がある。少し入ってみたが、暗くてどこに通じているのか、何のための一本道かということも絶えて、知る人はいない」と補足を載せている。本文には一本道とあるが、のちに隧道をトンネルと解釈して、抜け穴があったという伝承となったのだろう。

隧道は、現在ではトンネルのイメージ（意味）だが、「隧」の音読は「みち」だから、ここでいう隧道は、人があまり近づかないような場所に設けられた、草木などで覆い隠した抜け道と考えるのが現実的である。このような道を間道《かんどう》という。現在では、姫路城西ノ丸西部の原生林に間道が確認されているにすぎないが、和歌山城の「御留め藪」も原生林のように暗い藪で、その中に伝承通り、一本道の間道が寺町に通じていたのかもしれない。これが寺町の三光寺《さんこうじ》と護念寺《ごねんじ》の境にある大溝（写真86）だと、『南紀徳川史』は図入りで記している。しかし、残念ながらこの大溝は、現段階では、間道の一部であったと断定する決め手はなく、それが見つかるまでは、「伝・間道」と表記せざるをえない。

旧構造に同化した新構造

不明門駐車場内からの新裏坂（写真87）は、天守に最も近いコースだが、本来の登城口ではない。大正元年（一九一二）に和歌山城跡が「市立和歌山公園」になるにあたり、観光客を呼ぶための

〈写真86〉伝・間道（左は三光寺、右は護念寺）

手段として、国宝だった天守への近道を考えて生まれたのが新裏坂である。以後、和歌山城の登城口は三ヵ所になった。

新裏坂の石段を登っていくと、やがて右折・左折を繰り返して、天守の真下まで導かれるが、その途中に直進する小径もある。夏は樹木が茂ってわかりにくくなるが、細い小径がさらに奥に続いている。その小径を直進すると、やがて石段付きの小さな門跡（写真88）のような所に行き着く。その階段を登ったところが、黄金水の井戸があった水ノ手曲輪である。さらに小径を進むと、小天守に接続する台所北側の埋門前に出る。

ところが、水ノ手曲輪に至るまでの小径は、後世に敷設された可能性がある。「和歌山御城内物御絵図」やそれ以前の絵図にもこの小径はなく、小門跡も石垣が積まれて行き止まりになっている。本来、井戸は外部から侵入されないよう、厳重な守りの中に造られる。そのため、井戸を監視する水ノ手櫓がすぐ脇に造られた。新裏坂の所は岩盤と石垣で壁を形成し、より堅固な造りであったことが絵図からわかる。

その壁を新裏坂に変えて一〇〇余年。すっかり周りの情景になじみ、現在は表坂・裏坂に次ぐ第三の登城口として観光客を迎えている。

各地に残る面影

和歌山城に由来する建物や瓦が、あちこちに点在している。確かなものから伝承のものまでさまざまだが、ここでは可能性が残る限り取り上げ、のちの検証を待ちたい。

【本丸御殿】明治十八年（一八八五）、和歌山市大垣内の光恩寺《こうおんじ》に本堂として本丸御殿が、庫裡として同台所が移された。しかし翌年、移築工事中の暴風雨で倒壊してしまい本丸台所（写真89・

〈写真87〉新裏坂

〈写真88〉水ノ手曲輪への新道

90・91）のみが残り、昭和四十六年に和歌山市の文化財に指定された。太い柱の間を白漆喰で固めた外観に、城郭建築の様相を伝えている。小さめの玄関にも面影があるが、とくに内側に当時の門扉が取り付けられた状態で残されているのは、一見の価値がある。また、室内には虎の絵の杉戸（非公開）も保管されており、かつての御殿建築をほうふつとさせる。*38

【伝・女中門】和歌山市和歌浦中の宗善寺《そうぜんじ》に、棟門形式の和歌山城女中門が移築されている。同寺本堂が火災にあった際にも延焼を免れ、本堂の再建時も取り壊されることなく大切に守られてきた。屋根の四隅の留蓋（桃）と葵紋入りの鬼瓦などが、往時の面影を伝えている（写真92）。

紀州徳川家湊御殿の一部として、感応寺《かんのうじ》（同市鷹匠町）に移築されている建物は、女中部屋と

上〈写真89〉光恩寺庫裡（本丸御殿台所）
中〈写真90〉光恩寺庫裡内の杉戸
下〈写真91〉光恩寺庫裡・旧門扉

*38　JR和歌山線布施屋駅下車、徒歩約二十五分。

伝わる（御殿の項参照）。「女中」は、大名などの奥向きに奉公していた御殿女中の意で、生活の場を表したものと思われる。したがって、女中門は御殿などの生活空間に存在していた門と推測するが、現段階では確証はない。[*39]

【多門長屋】和歌山市直川に、和歌山城多門櫓とされる建物が、個人宅の納屋として残されている（写真93）。明治五年頃、払い下げになった多門櫓の一部を買い取り、紀ノ川を舟に乗せて運んできたと、同家に伝えられてきたという。昭和九年の室戸《むろと》台風、同二十五年のジェーン台風等で一部倒壊し、その後、多少の改変を余儀なくされ、現在は移築当時よりやや短くなっている。昭和三十九年、和歌山市文化財保護委員会が調査した結果、トユは手製の銅を使い、同じ銅の釘で留めていることがわかった。このようなものは城もしくは寺院にしか使用されない。また、柱は全部栂《とが》材を使用し、屋根は本瓦葺きの長屋造りであることから、和歌山城内の多門長屋と確認された。[*40]

　平成五年には、史跡和歌山城整備計画策定委員会により再調査が行われた。このときは瓦が注目され、軒《のき》

上〈写真 92〉宗善寺山門（裏側）
下〈写真 93〉移築長屋（個人邸）

＊39　ＪＲ和歌山駅からバス。和歌浦中下車、徒歩約十分。

＊40　同年八月五日付の和歌山新聞の記事。

丸《まる》瓦の「五枚葉状の紋の瓦」は「丸に立ち梶の葉」だったため、三ノ丸の佐野伊左衛門の長屋であった根拠が見つかった。*41 ただし、佐野屋敷の図面が見つかっていないので、屋敷のどの部分かは明らかでない。*42

【武家屋敷長屋門】　和歌山城の北東に、武家屋敷が移築されている。和歌山市は先の大戦で激しい空襲にあい、ほとんど灰燼化したため、江戸時代の面影は町中に見られなくなった。その中で、紀州藩士大村弥兵衛家の長屋門が、個人宅に移築されて残っていた。近年、取り壊しの憂き目にあうところを保存の声が高まり、岡公園の北西隅に移築公開されている。約二三メートルの長屋門は、海鼠《なまこ》塀に武家屋敷らしい外観を伝えている。和歌山城の広い東堀とよく似合っている。*43

明治以降の和歌山城

明治時代を迎えると、建物はことごとく取り壊され、競売にかけられていった。この現象は和歌山城に限ったことではなく、全国の近世城郭に共通している。幸いにも、和歌山城は天守群をはじめ、岡口門と狭間塀・追廻門・不明門が取り壊しを免れた。二ノ丸御殿は、その豪華さから大阪城に移築して残された。

しかし、和歌山市の中央に位置する和歌山城だけに、都市開発面では弊害も多く、吹上口と堀の一部を失い、そうでない堀も市電の敷設等々で一部埋め立てられて、幅が縮小されたりしたが、なんとか内郭部は残された。とはいえ、いくどとなく危機を乗り越えてきた。そのつど、市民が阻止したといっても過言ではない。

和歌山城の景観を守った例を紹介しよう。明治三十二年（一八九九）、県が陸軍省に城地の貸し下げを請願して公園化を計画した。その際、和歌山城天守を物産陳列場にして公開することが

---

*41　三尾功「和歌山城からの移築建造物について—直川個人家長屋」（『木の国』第二十号、木国文化財協会、一九九四年）

*42　ＪＲ阪和線六十谷《むそた》駅下車、バス来田《ころだ》下車すぐ。

*43　ＪＲ和歌山駅、南海和歌山市駅下車、バス公園前下車南へ徒歩約七分。

左写真〈参考〉二枚とも昭和四十二年頃の埋め立てられた岡口門前の堀（東堀）。グラウンドにするために埋め立てられたが、市民の反対により昭和四十五年一月から半年がかりで元に戻された。「埋め立て地には、商工関係者から要望が多かった産業会館の建設をもくろんでいたようだ」とも「郷土史への証言—和歌山城⑤」（昭和四十八年六月二十日付讀賣新聞和歌山版）にある。

計画されたが、「天守閣を商売の道具に使うべからず」と、市民やマスコミから強く反対されて断念。物産陳列館は、のち二ノ丸に建てられることになった。

公園の改良計画では、設計図案までできていた計画を阻止した。大正元年（一九一二）八月、和歌山城跡は和歌山市立公園として開園したが、同三年に斬新な改良案が出された。城内に遊歩道を作って西洋風の公園に一新しようと、設計図案まで仕上がっていた。さらに驚くのは、当時の市長案である。城内の山吹ノ渓と砂ノ丸を分断するように、東側の裁判所前から西側の国道へ直線道路を造る計画を県に申請した。これらの案に市民は猛反対。結局、知事は「名所旧跡は国の宝」との見解をとり、許可を出さなかった。このとき、ロープウェイを設ける案もあったという。現在も、東側から西側への道路は、城跡の堀と石垣を見ながら大きく曲がる。天守が建つ場所までは、石段や坂道を歩かねばならないが、そこに昔日を知ることができるのである。ロープウェイなどで楽をして登ってもらおうというのは、天守のみにしか城の価値がないとする見方である。このとき阻止してもらえたからこそ、現在の姿が維持されているのである。

二ノ丸跡にしても、学校・市役所・図書館・博物館などの建物が建った時期があった。地元の放送局等々が移転すると、今度は市民野球場が造られた。昭和四十四年に野球場は撤去され、以降は徐々に建物の移転がなされ、二ノ丸庭園となって今日に至っている。現在、二ノ丸大奥跡の発掘がなされて、少しずつ整備が進んでいる。

坂道や石段の多い和歌山城は、身体の不自由な方々が登城するにはたしかに不便だが、景観をまもりつつの「おもてなし忍者」のサポート（コラム①参照）は、理解を得られるはずである。

和歌山城略年表

年号	西暦	事績
天正十三	一五八五	羽柴（豊臣）秀吉が紀州攻めを行い、和歌山が築城される。
天正十四	一五八六	桑山重晴が城代として入城。本丸周辺を普請。
慶長五	一六〇〇	浅野幸長入城。城を修改築し、天守も建立。
元和五	一六一九	徳川家康の十男・頼宣が入城。御三家紀州徳川家の城となる。
元和七	一六二一	南ノ丸、砂ノ丸を拡張するなど大改修を行う。
明暦元	一六五五	都築瀬兵衛屋敷から出火し、二ノ丸・侍屋敷などが焼失。
寛文七	一六六七	南外堀（新堀川）の掘削工事始まる。
宝永六	一七〇九	岡口門石垣、南ノ丸櫓台、吹上門周辺の石垣普請を行う。
正徳二	一七一二	岡山に時鐘堂建立。
享保元	一七一六	五代藩主吉宗が八代将軍になる。天守台石垣普請の見積りを行う。
享保二	一七一七	「御天守起シ御絵図」作成。
寛政三	一七九六	市之橋門を大手門、一之橋を一ノ橋、時計櫓を太鼓櫓と改称。
寛政十	一七九八	板張りから白壁の天守に改築。この頃、「御城内惣御絵図」作成。
文化十	一八一三	大奥から失火し、局が焼失。
弘化三	一八四六	落雷により天守曲輪の建物群焼失。
弘化四	一八四七	幕府より天守曲輪の建物群再建許可下りる。
嘉永五	一八五〇	天守曲輪の建物群再建工事竣工。
安政五	一八五八	十三代藩主慶福（家茂）が十四代将軍になる。
明治二	一八六九	版籍奉還。十四代藩主茂承知藩事に就任。
明治四	一八七一	廃藩置県。和歌山城は廃城。和歌山藩は和歌山県となる。

明治五	一八七二	全国の城郭が陸軍省管轄となり、和歌山城を調査。
明治六	一八七三	陸軍省の調査で、三ノ丸以外が保存城郭に指定される。三ノ丸払い下げられる。
明治十三	一八八〇	本丸御殿台所を光恩寺（和歌山市大垣内）に移築する。
明治十八	一八八五	二ノ丸御殿の一部が大阪城本丸に移築され、紀州御殿となる。
明治二十二	一八八九	西ノ丸に和歌山中学校移転。
明治三十一	一八九八	二ノ丸に和歌山聯隊区司令部が移転。
明治三十四	一九〇一	県が城地を借り受けて、和歌山公園として公開。
明治四十一	一九〇八	砂ノ丸北西隅櫓台石垣が、電車軌道敷設のため撤去。二ノ丸に県立図書館建つ。
明治四十二	一九〇九	一ノ橋大手門が自然倒壊する。
大正三	一九一四	南外堀（新堀川）と東外堀（屋形川）の埋め立て始まる。
大正四	一九一五	和歌山市が和歌山公園の整備開始。南ノ丸に動物園開園。
大正五	一九一六	砂ノ丸を運動場として市民に開放。
大正十	一九二五	西外堀（西の丸川）の埋め立て始まる。
大正十三	一九二四	南内堀（三年坂堀）の埋め立て始まる。
大正十四	一九二五	本丸跡に市上水道配水池を設置。
昭和六	一九三一	和歌山城内郭部が史跡に指定される。
昭和九	一九三二	勘定門付近の堀を埋め立て、消防署設置。
昭和十	一九三五	天守群（大・小天守、櫓、城門）が国宝に指定される。
昭和十二	一九三七	二ノ丸の県立図書館工事現場で、七つの井戸発見。
昭和十四	一九三九	道路拡幅のため北堀がさらに埋め立てられる。
昭和十五	一九四〇	和歌山城の写真撮影が禁止になる。
昭和十六	一九四一	城内に防空壕新設。天守に防諜の目隠しをする。

昭和二十	一九四五	和歌山大空襲により天守群焼失。二ノ丸が農園になる。陸軍が表坂下一ヵ所と鶴ノ渓三ヵ所に横穴防空壕工事（昭和四十四年閉鎖工事）。
昭和二十二	一九四七	旧二ノ丸御殿の大阪城紀州御殿、失火により焼失。
昭和三十二	一九五七	岡口門・同続塀が国重要文化財に指定される。
昭和三十三	一九五八	天守群の再建工事終える。
昭和三十五	一九三五	岡口門の解体修理工事終える。二ノ丸に野球場設置（昭和四十四年撤去）。
昭和三十八	一九六三	本丸御殿跡の「七福の庭」が松ノ丸に移転。
昭和四十三	一九六八	和歌山公園整備五ヶ年計画着工（昭和四十八年完工）。
昭和四十八	一九七三	西ノ丸庭園（紅葉渓庭園）を整備復元。
昭和五十七	一九八二	一ノ橋大手門が復元される。二ノ丸庭園整備。
昭和五十八	一九八三	一ノ橋掛け替え工事終える（平成十三年修築工事）。
昭和五十九	一九八四	下ノ丸の屋形井戸の解体修理終える。
昭和六十	一九八五	追廻門の解体修理終える。西ノ丸庭園が名勝に指定される。
平成元	一九八九	西ノ丸庭園整備工事終える。
平成五	一九九三	「史跡和歌山城保存管理計画書」が策定される。
平成八	一九九六	二ノ丸の発掘調査で浅野時代の石垣が出土。
平成九	一九九七	天守一ノ門続櫓台の構築・周辺坂道の造成状況等が発掘調査で明らかになる。表坂の石垣修復工事完成。
平成十	一九九八	二ノ丸北縁部櫓台の発掘調査で、礎石などが出土し、構造が明らかになる。
平成十一	一九九九	裏坂登り口周辺の石垣調査で構造が明らかになる。水堀浚渫工事開始。
平成十二	二〇〇〇	御橋廊下発掘調査現場で、橋脚基底部と礎石を囲む木枠など出土。
平成十四	二〇〇二	御橋廊下復元工事始まる（平成十八年完成）。二ノ丸北西部で大奥、漆喰池、石組溝など発掘調査で解明。
平成十五	二〇〇三	三ノ丸発掘調査で、江戸時代の武家屋敷の塀跡や井戸を確認。

平成二十	二〇〇八	旧和歌山市中消防署跡（吹上口）の発掘調査で、浅野期の石垣や橋脚など出土。翌年、西ノ丸西部の発掘調査現地説明会開催。
平成二十一	二〇〇九	天守群の一部を化粧直し。
平成二十二	二〇一〇	二ノ丸大奥部分の発掘調査で、礎石一七基確認される。同二十四年、接続場所の発掘で水琴窟が見つかる。同二十六年には大奥中庭を発掘する。
平成二十九	二〇一七	西ノ丸西南、勘定門続多門櫓跡の発掘調査現地説明会開催。旧藩士大村家長屋門の移築工事が終わり公開される。

＊年表作成にあたり、平成六年までは、各新聞記事と『史跡和歌山城保存管理中間報告書』（和歌山城管理事務所、一九九二年）、小冊子「史跡和歌山城」（和歌山市、一九九八年）掲載の年表を参考にした。

【コラム②】

卒業写真の背景に石垣

和歌山県立桐蔭高校に、明治二十九年と同三十二年から大正四年までの卒業写真十七枚が保管されている。そのうちの三枚の集合写真が、石垣を背景に撮られている。いずれも同じ場所と見られるが、明治三十二年の写真（左写真）に映る石垣は、現在の和歌山城内に見られない吹上門跡の石垣ではないだろうか。

①写真左の石垣　②写真右の石垣
明治 32 年和歌山県立桐蔭高校卒業写真　和歌山県立桐蔭高校蔵、御城内惣御絵図（部分）　和歌山県立図書館蔵、一部加筆

桐蔭高校の前身・第一尋常中学校は、第一中学校と改称された同三十二年に和歌山城西ノ丸跡に新校舎が建てられた。同三十四年には、和歌山県立和歌山中学と改称され、「和中」の呼称で知られた。グラウンドは砂ノ丸にあって、その北端（現在のテニスコート付近）で演技する運動会の様子も写されている。その隣が和歌山城吹上口で、吹上門や勘定門・吹上大門などの跡がある。

これらの痕跡は、昭和九年に勘定門付近の石垣が撤去されて、消防署が建てられるまで残存していたようであるから、明治三十二年には、吹上門付近の石垣は残っていたことになる。これを「和歌山御城内惣御絵図」の同門石垣構造と比較してみると、一致するように見える。

写真左の低い石垣は、門に接続する塀の台で、右が蔀石垣と思われる櫓台状の石垣である。両者の石積みは、結晶片岩の野面積みだが、それに続く勘定門の現存石垣とよく似ている。

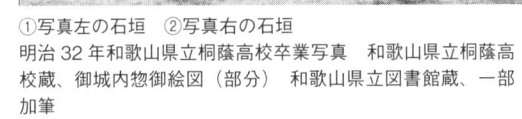

第二部

田辺城

所在：田辺市上屋敷町　別称：錦水《きんすい》城
現状：公園　遺構：水門石垣、石垣の一部
標高等：標高六m、比高0m
築城者：浅野左衛門佐、安藤直次

はじめに

和歌山県のほぼ中央部に位置する田辺市は、古くから熊野参詣《くまのさんけい》の宿所《しゅくしょ》にあたり、重要な港でもあった。また、平安時代末期には、熊野別当《べっとう》の勢力下にあり、『平治物語《へいじものがたり》』や『源平盛衰記《げんぺいじょうすいき》』などに熊野別当の活躍が描かれている。中でも湛増《たんぞう》は、武蔵坊弁慶《むさしぼうべんけい》のモデルとして語られることが多く、JR紀伊田辺駅前に、長刀を持つ、大きな弁慶像が睨んで立っている。これにちなみ、弁慶松や弁慶の腰掛け石、弁慶の釜などの伝承もある。

近年、城下町特有の袋小路や屈曲する道が直線化されるなど、城下町田辺の面影は見られなくなってきた。築城当初は、大手門から南北に大手筋が直線に延び、やがて西に屈曲させながら、熊野街道を城下に取り入れていた。それに沿って本町が作られ、それを示すように、現在の本町通りには熊野街道が通っていたことを示す碑が残されている。

城下の町割りのみならず、かつて街中の路地に見られた石垣も、大半がコンクリートに変わり、田辺城の名残りも見ることができなくなった。市街地の平城《ひらじろ》跡が、街の発展とともに消えていくのは運命であり、全国的にめずらしいことではなく、田辺城もその例に漏れない。

田辺城は、会津川《あいづがわ》河口に築かれた平城で、水門跡が唯一の名残りを伝えるのみである。しかし、同所も埋め立ての危機に陥った時期があり、水門前に橋を造ることで最低限度の保存がなされ、田辺市指定文化財に登録された。それに至るま

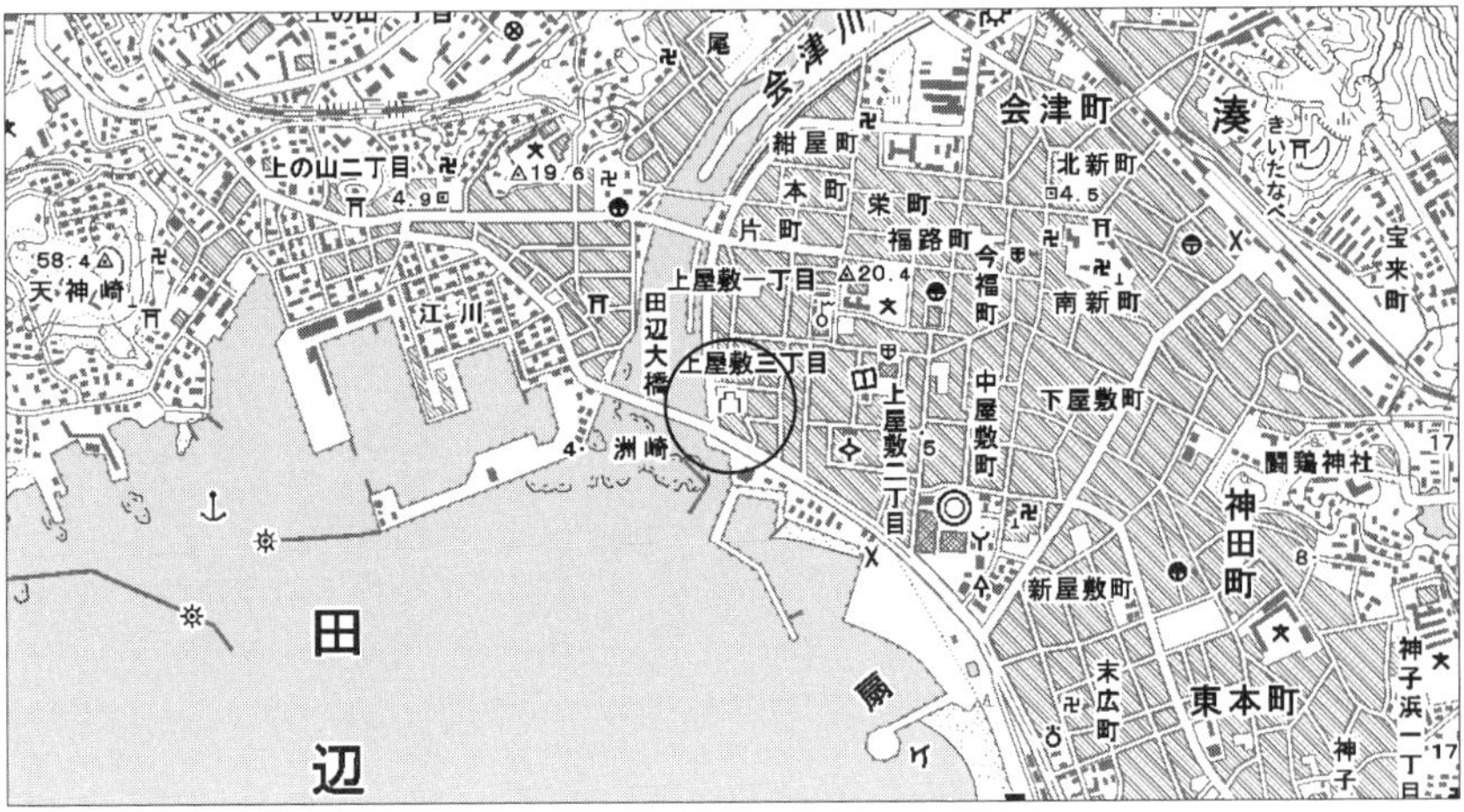

でも、かなりの改変がなされてきたようだが、辛うじて石垣が面影を残しているのは、貴重な記念碑となっている。

往時の田辺城を伝える、三部の絵図が残されている。いずれも表記が類似する絵図で、これまでの最重要史料であったが、最近、さらに詳細を明らかにする絵図が発見された。平成二十二年には、明治五年調べの『陸軍省城絵図』の「田辺城」（富原文庫蔵・戎光祥出版刊）が発見された。また、同二十七年の春には和歌山市立博物館蔵の「田辺錦水城地図」という絵図が公開され、同年夏には、わかやま歴史館でも展示された。その表記は、これまで伝えられてきた絵図とはまったく異なるもので、今まで知られていなかった建物が、立体図とともに明らかになってきた。面影を失った田辺城の歴史の穴埋めができそうな絵図が相次いで見つかったことは、これからの田辺城研究に欠かせない貴重なものとなるだろう。

田辺築城まで

雑賀《さいか》衆を中心とする反羽柴（のち豊臣）秀吉派が立て籠もる太田城（和歌山市）を水攻めにするための準備を進める秀吉は、平行して軍勢をさらに南へ送った。これが、天正十三年（一五八五）の紀州攻めである。総大将をつとめた杉若越後守は、紀南の雄といわれた湯河《ゆかわ》氏の残党が籠もる泊《とまり》城（田辺市）を攻めて、自ら入城した。[*1]

同十八年には、会津川河口西岸の、八王寺《はちおうじ》砦と称して湯河氏あるいは山本氏の砦であった上野《うえの》山《やま》（田辺市上の山）に入った。そして、日高の九品寺《くほんじ》（御坊市）を移して大広間とし、田辺の新熊《いまくま》野《の》社（現、闘鶏神社）の門を城門にするなど、大改修を行った。『万代記《まんだいき》』[*2]にも「権現山門ヲ城ノ門ニ取」と、上野山城の改修が記録されている。また、上野山城の南麓から会津川に至る平野部

＊1　『万代記』に、「杉若越後守殿泊之城ニ入ル」とある。

＊2　全百五巻。文明三年（一四七一）から天保十年（一八四〇）までの田辺に関する出来事などをまとめた大庄屋・田所家の記録。

に城下町が開かれるなど、本格的な居城として築城されたことがうかがえる。

慶長五年（一六〇〇）の関ヶ原合戦後、秀吉五奉行の一人といわれた浅野長政《ながまさ》の子幸長《よしなが》が紀伊国三十七万石の領主として入国し、主要地に一族を配置した。上野山城には浅野左衛門佐《さえもんのすけ》が入城し、まもなく城を会津川河口の洲崎《すざき》（田辺市江川浦南端）に移した。水運交通が主流であった当時のこと、さらに河口に近い地を求めたのかもしれない。上野山城と城下町には、「古町」の地名で名残が伝えられている。

洲崎城は、上野山城の建物を移築して[3]同八年に築城が始まり、記録には一年ばかりで完成したとある。[4]しかし、『万代記』同九年の項には「同十乙巳南海筋大波　洲崎御城波ニ崩」、『田辺町大帳』[5]（以下、『大帳』と記す）や江戸時代に書かれた地誌『紀伊続風土記』には、同年の八月十二日に「大風巨涛にて城破壊す」とあり、台風による大波で崩壊したと考えられている。[6]

『大帳』の元禄十六年（一六九九）の記事に、「（前略）但上ノ山古城ノ跡　洲崎古城之跡　城主名前共書付申候」とあり、当時は両城跡がまだ跡を残していたような表記であるが、現在ではともに痕跡すらなく、詳細な伝承地もない。ただ、現在の江川枡潟町は「枡形《ますがた》」に通じ、洲崎城の名残説がある。長谷克久氏は、江戸末期に描かれた地図に、四間四方の大規模な石垣を積み上げた台場（台場の項参照）があったことに注目し、この付近が江戸時代には枡形と呼ばれていたことを根拠に、同所を洲崎城の跡と推測した。さらに、その御殿があった場所として、江川の三ケ寺（竜泉寺《りゅうせんじ》・浄恩寺《じょうおんじ》・西方寺《さいほうじ》）の位置をあげている。[7]

また、浦安神社に続く裏道に沿って、かつて波よけ堤防のために積まれたと思われる石垣があり、洲崎城はこの辺りに築かれていたと推定する説もある。桑原康宏氏は『紀南郷導記《きなんきょうどうき》』の「西ノ谷村の在所より三町程行くと洲崎という城跡あり」という記述を取り上げ、[8]西ノ谷の在所をど

＊3　児玉荘左衛門著『紀南郷導記』（紀南文化財研究会、一九六七年復刻）

＊4　『万代記』に、「同八癸卯洲崎御城普請」「同年九甲辰洲崎御城へ被移」とある。

＊5　全百三十巻。田辺城下町で町役の人々が執務し協議する町会所の、天正十年（一五八二）から慶応二年（一八六六）までの記録。

＊6　『熊野史研究』第二十四号（熊野歴史博物館設立準備室、一九九三年）で、桑原康宏氏が「洲崎城から湊付城へ—移転理由を捜る—」と題して詳しく検証されている。

＊7　一九八八年四月五日付『紀伊民報』の記事

＊8　「田辺城下町の規模と町割についての一試論」（『都市史の研究　紀州田辺』安藤精一編、清文堂出版、一九九三年所収）

こに考えるかも問題だが、と断ったうえで江川浦安神社付近を比定している。現在、同神社は市街地にあるが、周辺が埋め立てられる以前は、境内のすぐ前まで波が打ち寄せていたということも根拠の一つにあげている。さらに、享保十年（一七二六）の『田辺諸事控』[*9]の「洲崎御城跡御船納屋跡共東西三十間南北六八間」という記述から、城の規模もおおよそわかると説明する。

洲崎城跡地については他にも諸説はあるが、桑原説が最も説得力があり、今日では浦安神社周辺が洲崎城跡という説が定着しつつある。ただし、同社裏側の石垣の積み方は洲崎城時代のものではないが、同城石垣ラインにあった古石垣をのちに積み直したか否かはわからない。

洲崎城の崩壊はひどいものだったようで、浅野左衛門佐は洲崎城を再建せず、対岸の湊村（現、上屋敷町）に新城の築城を開始した。かなりの突貫工事だったようで、同十一年には湊村の城に移り、[*10]城下町を開いている。短期間での築城について、『田邊町誌』[*11]には「浅野氏が初めて築いた時は、城の本丸だけであって、周囲に柴垣、竹藪（西部）を廻らしたに過ぎず、濠は掘ったにしても僅かであったらしく、且つそれが天然の地形を利用したに限られたものと思われる」とある。

さらに、「田所氏所蔵の『田藩御城圖繪』と題する地図は、年代を記さないが、城内の所に『千福様御代之圖』とあり、田辺藩第三代議門（藩祖直次は幼名千福丸、議門も千福丸といふ。藩主にて千福丸といへるのは以

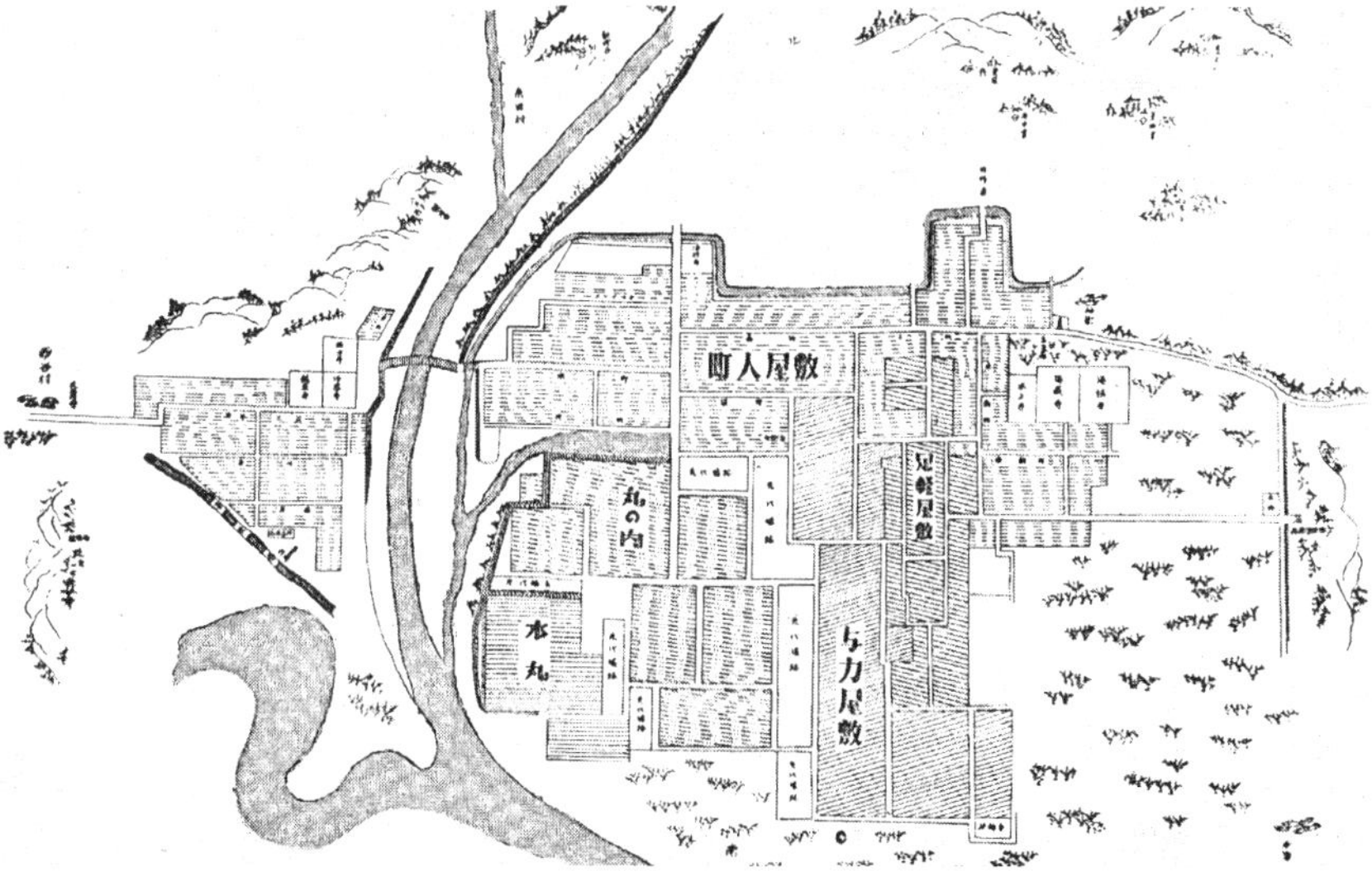

〈図１〉田辺城下図絵　宝永年間（1704～10）　闘鶏神社蔵　『田辺文化財』４号より転載

上の両候だけで、地図中に先代堀と記せりを見れば、藩祖の折の地図ではなく、義門の時のものと推せらるが（中略）、内濠、外濠ともに『先代堀の跡』、云々と記している」と続けている。この先代とは、直次《なおつぐ》と直治《なおはる》のことだと表記している。しかし、この「先代」は浅野氏の湊城のことと見るのが妥当ではないだろうか（図1）。

浅野左衛門佐は国替えにより、元和五年（一六一九）に広島の三次《みよし》（広島県三次市）に移った。それまで十三年間存在したはずの湊城についての記録は見つかっていない。

田辺城の完成

元和五年（一六一九）、徳川家康の十男頼宣が五十五万五千石の領主として紀伊に入国した。若い頼宣の補佐役（付家老）として同行した安藤直次は、三万八千八百石で田辺の領主となり、城郭を築くことになった。直次が田辺を訪ねたときには城は存在しておらず、宿を取ったと思わせる記録が『大帳』にある。[*12] おそらく、湊城の存在を知ったうえで訪れたのだろうが、元和の一国一城令によりすでに破壊、または放置されていたのだろう。

その後、直次は内堀と外堀を構えた田辺城を完成させた。このとき、新たな城と城下町を造ることに配慮して浅野氏の城と城下町の縄張りを引き継ぎ、新城建築の誤解を招かないようにしながら、内堀・外堀などを増改築したのではないだろうか。ところが、直次は本藩（和歌山）の屋敷に常住して頼宣の支配体制作りに尽力したので、従弟の安藤小兵衛（禄高九百石）を留守居役として田辺城を預け、寛永十二年（一六三五）、江戸にて八十二歳で死去するまで一度も田辺に出向いていていない。

以降の田辺領主は、直治《なおはる》・義門《よしかど》・直清《なおきよ》・直名《なおな》・陳武《のぶたけ》・雄能《かつよし》・次由《つぐゆき》・寛長《ひろなが》・次猷《つぐのり》・道紀《みちのり》・直與《なおとも》・

＊9　田辺文化財研究会刊、一九八三年

＊10　『万代記』に、「同十一丙午左衛門佐湊村御城へ移」とある。

＊11　一九三〇年刊、一九七一年復刻

＊12　「同（元和）五年己未安藤帯刀朝臣公御入部御家老安藤小兵衛直隆殿宿海布南門安藤金三郎殿宿」。

直則《なおのり》・直聲《なおきよ》・直裕《なおひろ》と十六代続く。しかし、田辺城を訪れているのは、直清が十一回と突出しているのみで、他は直名の二回、陳武・次由の一回、直裕が明治二年（一八六九）の訪問を入れて二回と、ほとんど訪れていない。その間、田辺の政務は留守居役に任せ、代々が小兵衛を名乗って明治まで城を守った。当時、留守居役の安藤氏を「殿」と呼び、領主の安藤氏を「大殿」と呼び慣わしていたようである。

この両安藤家のもと、城の改築はゆっくりと行われている。記録によれば、[*13]万治六年（一六六三）に城門が瓦葺きになり、享保五年（一七二〇）に台所の玄関が完成した。塁上の柴垣や竹垣が狭間付きの壁に改修されたのは、天保二年（一八三一）のことである。これより前の宝暦元年（一七五一）には、二ノ丸の役所と役人衆詰所が焼失して翌年再建されたともあり、この頃には、本丸・二ノ丸の複郭構造の平城であったことがわかる。

完成した田辺城は、会津川河口に築かれた海城《うみじろ》といっても差し支えない平城で、本丸が東西七二間（約一三〇メートル）、南北六七間（約一二〇メートル）、幅一四間（約二五メートル）の内堀に囲まれ、一四〇畳の大広間など、さまざまな部屋を持つ本丸御殿と番所・土蔵・井戸があった。その正面には長さ一四・四メートル、幅四・五メートルの櫓門形式の大手門があった。会津川に面しては水門（後述）があり、海に面して用人詰所、奉行詰所、代官詰所などを擁する二ノ丸が置かれていた。さらに、内堀の外側に丸ノ内（三ノ丸）の武家屋敷が並び、それらを全長約七九〇メートル、幅約三六メートルの外堀が囲んでいた（図2）。

宝暦五年（一七五五）十二月、大庄屋田所弥左衛門宛てに、江川浦年寄り庄屋の名で、「田辺城の白壁に日光が反射して魚が寄りつかないので、黒ねずみ色に塗り替えしてほしい」との陳情書が提出されたという記録[*14]がある。それほど、川面に映る田辺城が白く美しかったことが想像される。

＊13　『万代記』に「城門瓦葺き」、「御用部屋諸日記」（『田辺市史』第五巻）に石垣の崩れや土塀の破損、それらの修理などが細やかに記録されている。

＊14　『万代記』第二十七巻に、「（田辺城）二ノ御丸詰所ニて御座候ニ付海底へ暉強御当沖諸色恐一切此表へハ魚寄不（中略）何卒白壁黒鼠ニ御染取立（以下略）」とある。

別名を錦水《きんすい》城といい、幕末のころ、二ノ丸の外に存在した「殿井戸」の清い水が豊富だったことが、別名の由来と伝えられている。真偽はわからないが、錦水城は美しさから生じた別名であることは間違いないようだ。

本丸・二ノ丸絵図

田辺城の本丸を詳細に描いた絵図が、五点残されている。

①「紀伊田辺錦水城建物全図」＊15（個人蔵）
②「田辺城建物図」（田辺市立図書館蔵）（図3）
③「安藤小兵衛家図」（田辺市歴史民俗資料館保管）（図4）
④「田辺錦水城地図」（和歌山市立博物館蔵）（図5）
⑤「陸軍省城絵図」＊16（しろはく古地図と城の博物館富原文庫蔵）（図6）

④⑤以外、本丸御殿内の間取りは畳で部屋の広さを示しているが、部屋の名称は書かれていない。④は、部屋の大きさはほぼ同じように描いているが、各部屋の名称も記されている。⑤では、明治五年（一八七二）の廃城時の様子がわかる。

①には、左下に落款《らっかん》が押され、②には、右上に「明治二年調」の文字がある。この二図が、石垣を色彩で表わしているのに対して、③は石垣を絵で描いている。このうち①②は、基本的には同じと見られ、明治二年の作成と考えられるが、描き方がていねいで落款のある①が原図、②

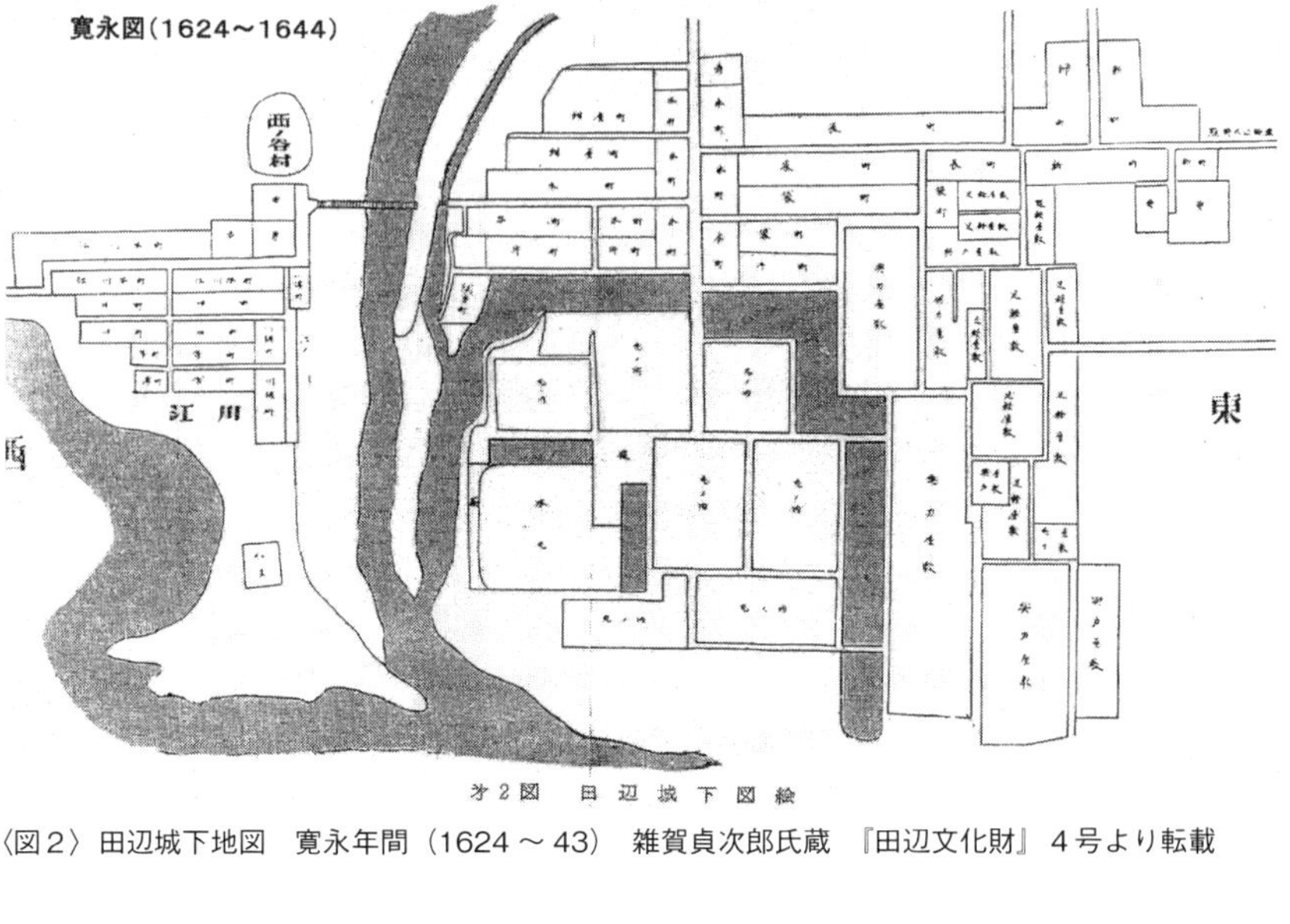

〈図2〉田辺城下地図　寛永年間（1624～43）　雑賀貞次郎氏蔵　『田辺文化財』4号より転載

はそれを模写したのではないかと思われる。③も類似しているが、絵柄は同じでも、①と比べれば弱々しい描き方である。

⑤は、「陸軍省城絵図地域別所蔵目録」の中にあったもので、国家レベルの意志のもとに、廃藩置県後、各県が作成した官制絵図であると判断され、明治五年の陸軍省築造局による、城郭存廃調査に基づいて描かれたものであるという。この年、和歌山城にも陸軍省が視察に来ている。

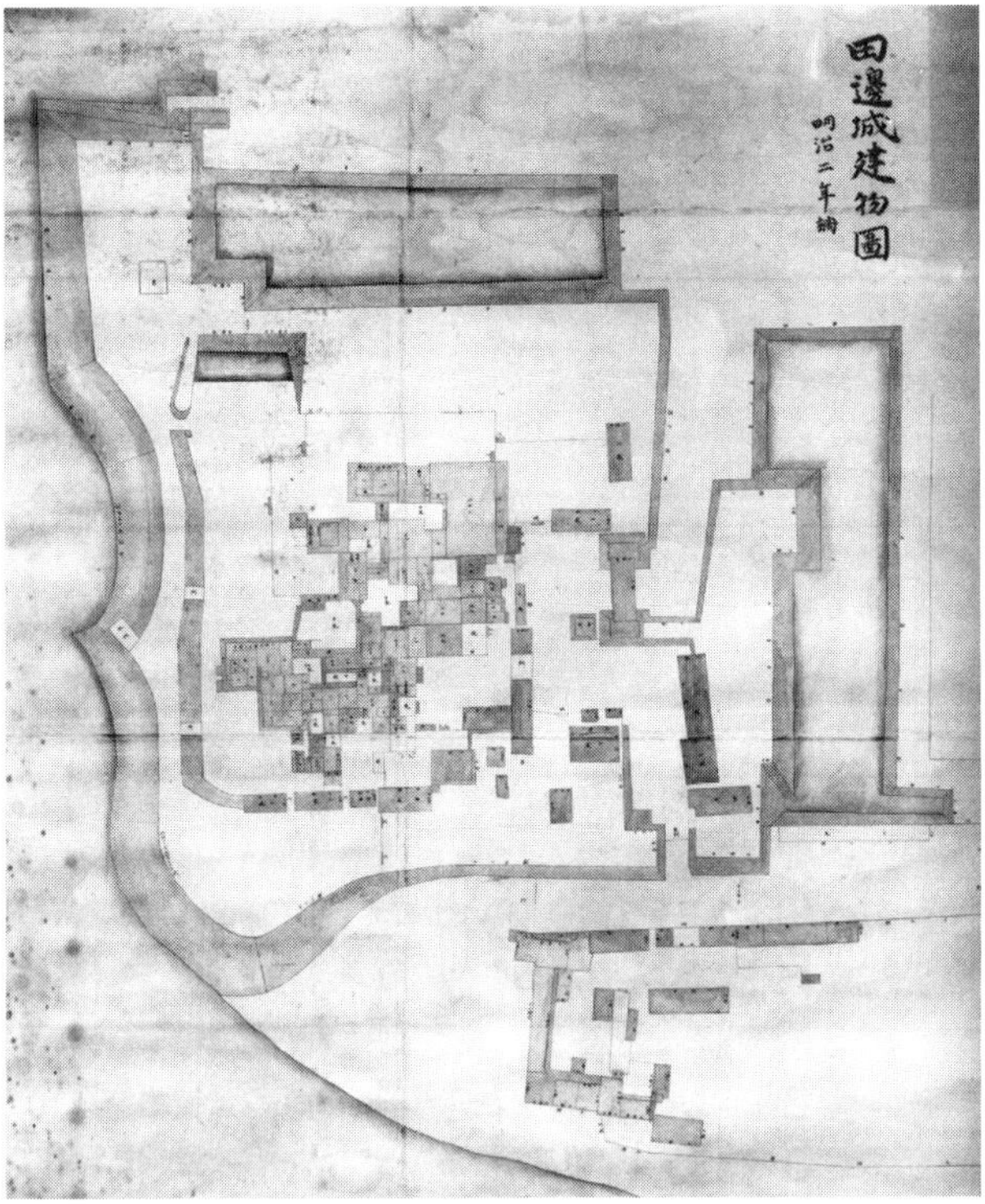

〈図３〉②田辺城建物図　田辺市立図書館蔵

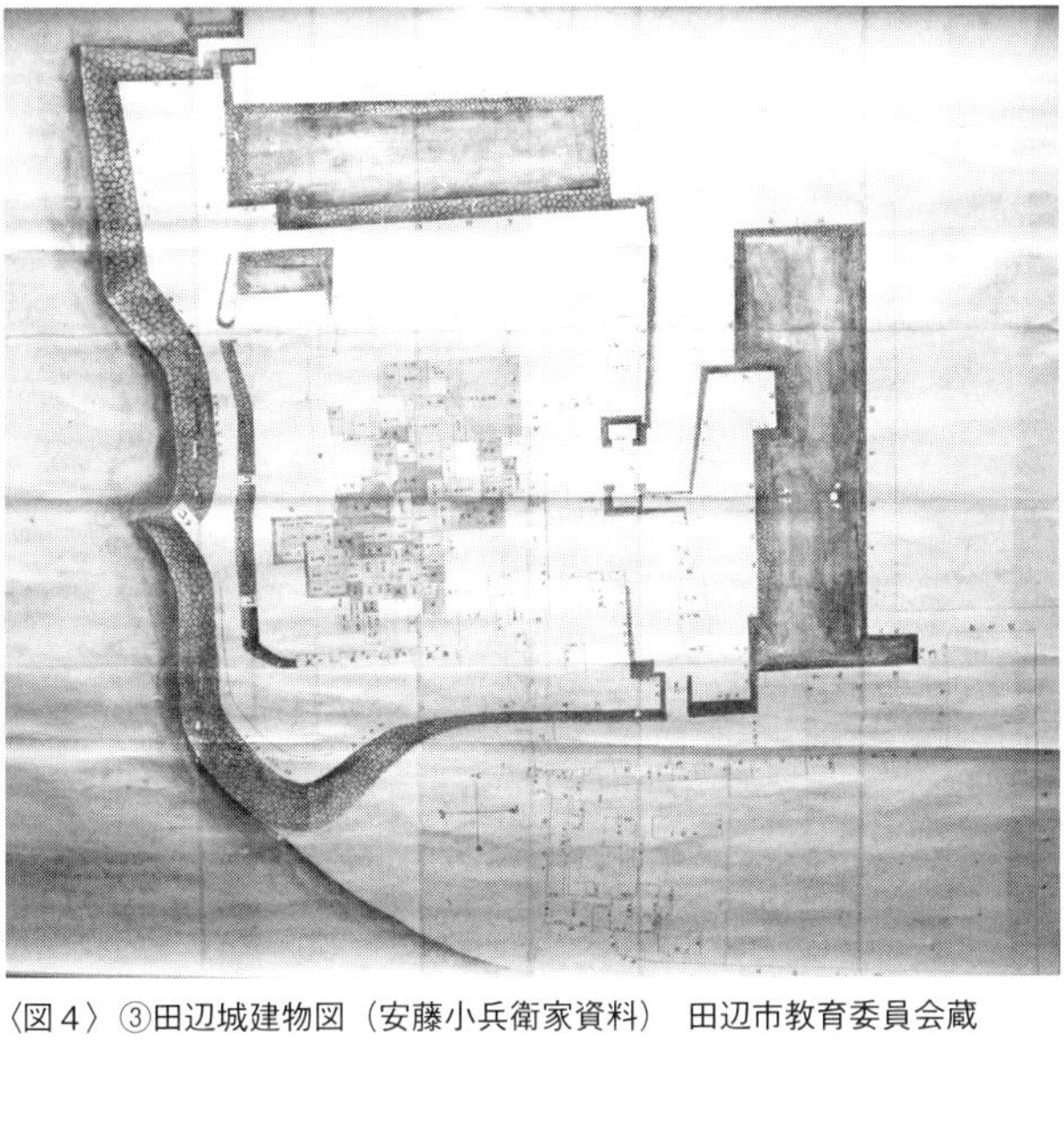
〈図４〉③田辺城建物図（安藤小兵衛家資料）　田辺市教育委員会蔵

＊15　『田辺市史　第五巻』（史料編Ⅱ、田辺市、一九九〇年）の口絵にカラーで掲載されている。

＊16　戎光祥出版より『富原文庫蔵　陸軍省城絵図』と題して二〇一七年四月に出版された。

結果、和歌山城は陸軍の駐屯地にはならなかったが、陸軍省の管轄となった。その年と重なるので、このときに田辺城も一緒に視察した可能性が考えられる。視察時には、すでに建物の取り壊しが始まっていたのだろうか、本丸部分の大半が更地のようで、北側に若干の建物が描かれているにすぎない。

①②③⑤に描かれている、本丸北西隅の宮南側にある長方形の池状のものは、長方形の南辺

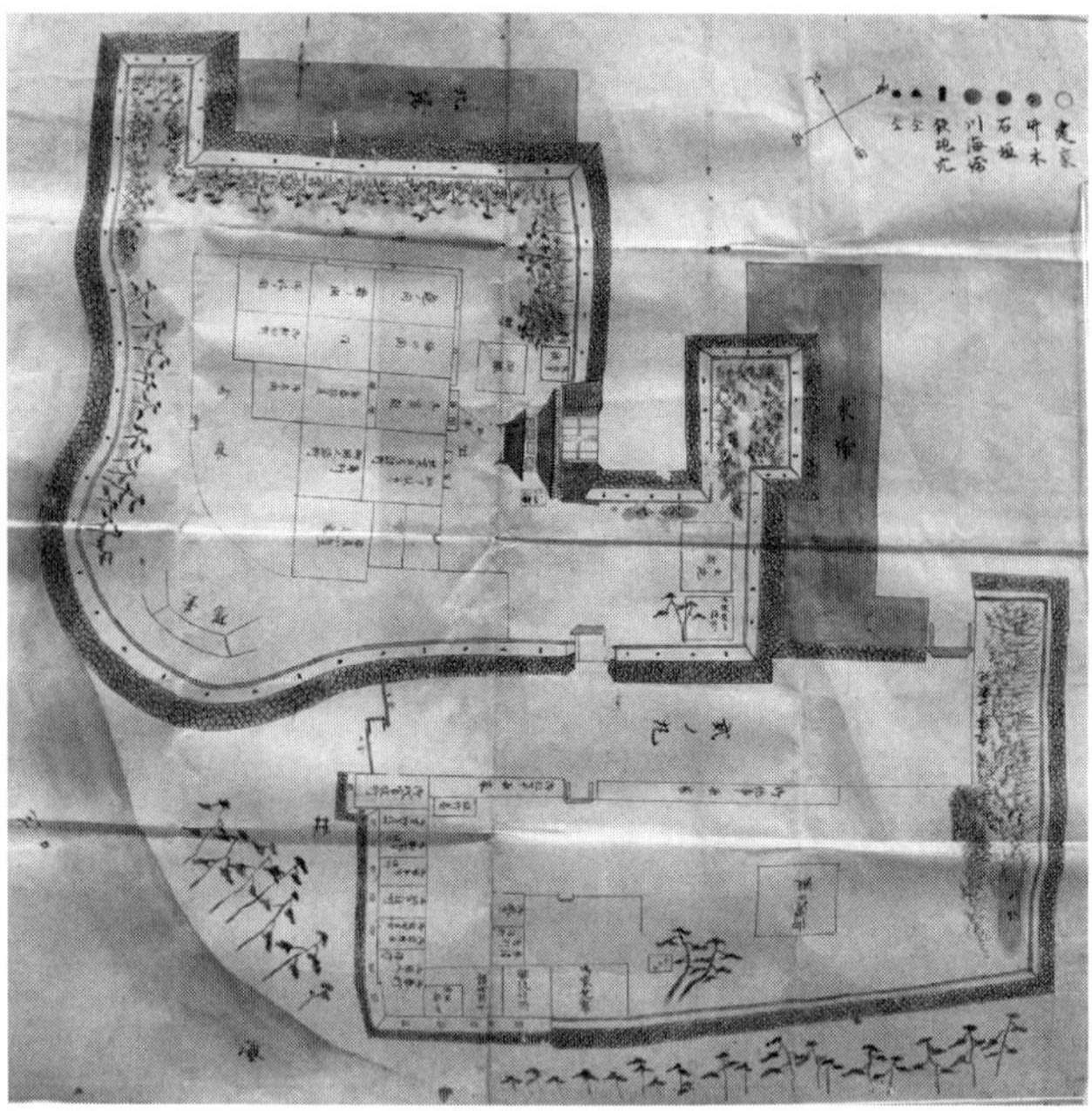

〈図５〉④田辺錦水城地図（口絵参照）　和歌山市立博物館蔵

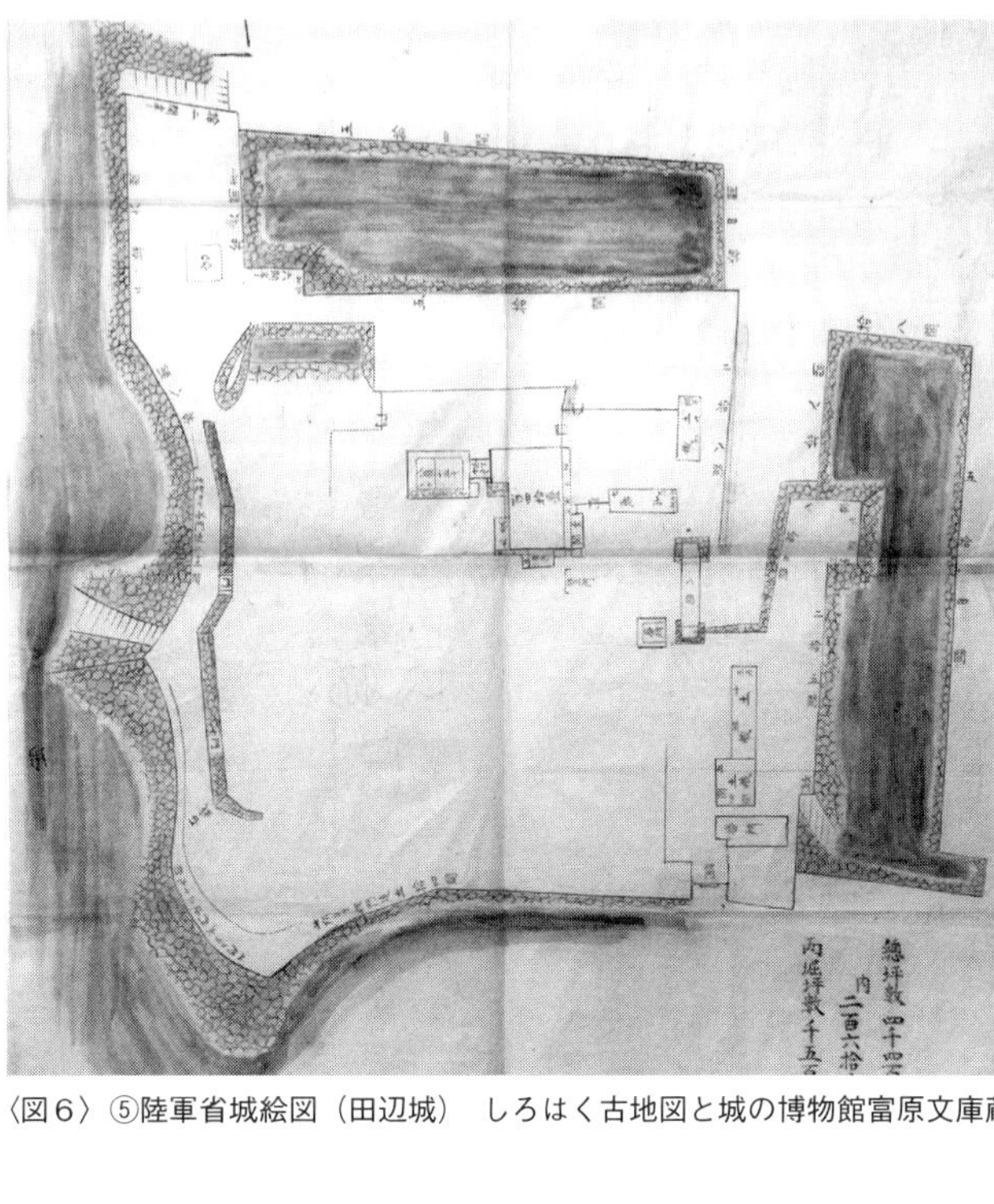

〈図６〉⑤陸軍省城絵図（田辺城）　しろはく古地図と城の博物館富原文庫蔵

は①②③には描かれていないのに対し、⑤には石垣が描かれ、完全な長方形の池状になっている。その石垣の石が、他の石垣よりはるかに大きく描かれている。つまり、この石垣は①②③図が描かれた明治二年以降に積まれたものと判断できる。この形状は、昭和初年まで残っていたというが、どのような構造で、なんのためのものかは不明のままである。なお、④には描かれていない。

原図と推定される①と②の制作年は明らかでないが、明記のある明治二年写の③と同じ頃と考えると、翌年に大蔵省達第二十号、陸軍省達第四十七号の法令「全国城郭存続ノ処分並兵営地等選定方」が一月十四日付で発令[*17]（以下、廃城令と記す）され、城郭の部に田辺城も含まれていたので、取り壊しは免れないと察し、詳細な建物（間取り）図を模写して残そうとしたのではないか。

「田辺錦水城地図」（絵図）に見る本丸・二ノ丸

前出④の「田辺錦水城地図」は、和歌山市内の郷土史家が保存していたものだが、公表されることがなかったので、絵図の存在は明らかでなかった。四年ほど前の資料整理で見つかったという。箱書きに「田辺錦水城地図」とあるが、正式名かどうかはわからない。前出の①②③⑤絵図と比べると小振りだが、本丸と二ノ丸に並ぶ建物と部屋の名称が記されている。

本丸は□○△の狭間付きの白壁に囲まれ、大手門は櫓門に描かれるなど、建物が絵で描写されている。このことから、狭間付き堀に改修された（前出）天保二年（一八三一）以降の絵図であることはわかる。また、絵図の二ノ丸前にある「井戸」は、名称は記されていないが現在も「殿井戸」として残されている。これを基にすれば、二ノ丸の現在地が見えてくると同時に、絵図の信憑性がうかがえる。そして、他の絵図ではわからない、座敷・蔵等々の名称が書き込まれている。

一方、①②③は間取りがていねいに描かれ、畳の枚数で部屋の大きさがわかるのに対して、⑤

＊17　大蔵省達第二十号、陸軍省達第四十七号の法令「全国城郭存廃ノ処分並兵営地等撰定方」。明治五年（一八七二年）一月十八日に、明治政府において太政官から陸軍省に発せられた太政官達「全国ノ城廓陣屋等存廃ヲ定メ存置ノ地所建物木石等陸軍省ニ管轄セシム」の件および、同じく大蔵省に発せられた太政官達「全国ノ城廓陣屋等存廃ヲ定メ廃止ノ地所建物木石等大蔵省ニ処分セシム」の件の総称。のち、通称「廃城令」と呼んだ。

はほぼ同じ間取りで描いているので、その点の正確さは感じ取れないが、本丸御殿と二ノ丸の使用区別が鮮明に見えてくる（図7）。

大手門を潜ると左に番所、右に武具蔵がある。本丸御殿までは敷石が誘導し、玄関を入ると長床付広間、その右手に梅ノ間と亀ノ間があり、左手に地士大庄屋詰所。その奥に、右（南側）から鶴ノ間、勤番部屋、奉行御用人部屋が並び、留守居役の安藤小兵衛御宅と表記した部屋がその隣にある。御宅の南隣に二部屋あり、玄関らしき入り口が描かれている。安藤小兵衛宅はこの入り口から入って、二間を通って行かねばならないようだ。二間には何も書かれていない。

さらに、最も奥に御居間・御対面所・御礼ノ間があり、前面に庭がある。部屋のうち、御居間は、大殿と呼ばれていた領主安藤家が使用していた間かもしれないが、それ以上の記載はない。この部屋の先に水門があることから、水門は大殿や殿が利用した田辺城の玄関だった可能性が高い。

大手門の南に白壁に囲まれた方形の庭がある。本

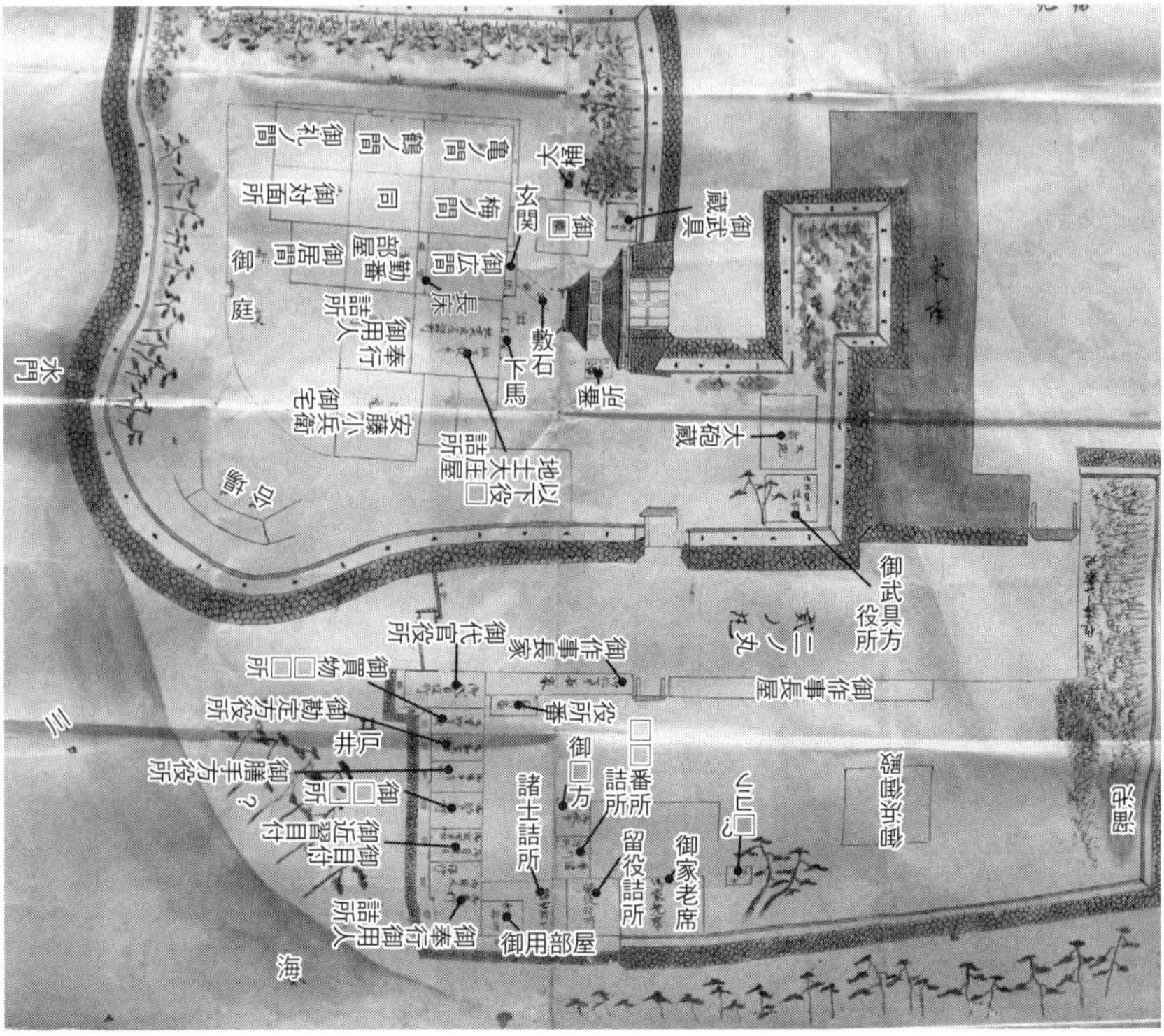

〈図7〉④「田辺錦水城地図」に加筆

丸御殿から離れ、建物のない場所だが、その近くに大砲蔵と武具方役所が描かれている。大砲蔵と反対側の海手に「台場」と書かれており、城内に台場が構築されていたことがわかるのは、当図以外にない。

城内に台場が築かれている城は、実に珍しい。安政元年（一八五四）の築城である北海道の松前城（松前町）には、城内の海手に台場が築かれていたことが知られている。田辺城はこれに類似するが、この年、田辺城東方に扇ヶ浜台場が構築されている。また、讃岐高松城（高松市）も幕末に城門の内側に大砲を設置したという石垣がある。今治城（愛媛県今治市）は、大砲を設置した櫓を築き、石田城（長崎県福江市）には、大砲狭間が設けられていたという。世の中は、大砲時代に移っていることは間違いなく、田辺城においても、たび重なる外国船情報に備えたのだろう。

城そのものを移転させる計画もあった。文久三年（一八六三）に田辺城の移転工事が開始されるが、翌年に工事の延引通達があり中止となっている。この絵図が、扇ヶ浜台場の構築以前に描かれたものか、そのあとか、あるいは移転中止と関わるのかは現時点では問題提起にとどめ、今後の研究にゆだねるが、田辺城の海防政策の敏感さが伝わる。

また、他の絵図には一切、台場の跡も記載されていない。そうであれば、④「田辺錦水城地図」は台場を構築したので作成されたのではないか。やがて、近くに本格的な台場が構築されたため城内の台場は廃止されたと考えれば、他図はその後に描かれたことになる。そうすると、④は残存する絵図のうち、最も古いものということになる。もしそうだとすれば、扇ヶ浜台場構築は安政元年（一八五四）だが、その前年の嘉永六年（一八五三）には、南部台場・富田台場に旧砲を送っているので、この頃、臨時に城内に築かれた短命の台場だった可能性が考えられる。

〈参考〉松前城の城内台場（復元）

二ノ丸も鮮明に描かれている。本丸から通じる門を潜ると二ノ丸だが、もう一つ潜らないと二ノ丸の中心部に入れない。この二つの門の間は空き地である。二ノ丸の中心部に入る門の両脇には御作事長屋の表記があることから、この空き地は仕事場であり、材料の置き場として使用していたのかもしれない。その西端に、冠木門とみられる出入り口がある。おそらく本丸、二ノ丸を通らずに材料を運び入れることができるようにしていたのだろう。その脇に代官役所があるのもそのためと想像する。

さらに隣には、勘定方役所や買物方役所などが並んでいる。二ノ丸の中枢部には、東寄りに独立した御浜御殿（離れ）が描かれ、その西に御家老席、留役詰所など四棟が方形の囲みの中にあり、北側に門がある。西側には諸士詰所、御用部屋、御奉行御用人詰所など、役所等の名が記され、本丸は生活の場、二ノ丸は政《まつりごと》の場であったことが鮮明に読み取れる。

今後、さらに他絵図と見比べ、台場・大砲蔵などの存在を意識をして史料を見直せば、どこかに記録が隠れているかもしれない。それにしても、貴重な絵図が残っていたものである。

田辺城は陣屋か？

田辺城は、地元では陣屋（あるいは館）だったといわれることが多い。しかし、このことは今に始まったことではなさそうである。

その一つに、『大帳』の元禄十六年（一六九九）の記事に、「（前略）只今城ハ無之屋形斗候とニ候間城とハ不入ものかと被仰候御国絵図ニ者田辺城と仕候由候へハ夫ハ格別之事ニ候へハ内膳屋形と書被申様ニ被仰其通ニ書貼付申候」とある。それを裏付けるように、宝永年間（一七〇四〜一一）の「田辺城下図」（田辺市立図書館蔵）の本丸に、「御城跡屋形」と記している。このような表記が、「陣屋」ということを定着させたのだろう。しかし、本来なら「御屋形」と表記するのが一般的であるのに対し、この絵図には単に「屋形」とあることから、おそらくこの「屋形」は「御城の建物」の意味で記したように思われる。これ以降の嘉永二年（一八一九）の状況を描いた絵図には、「御城」と書き込まれている。[*18] あるいは、三万五千石の新宮城と比べ、禄高でわずかに上回るとはいえ、櫓もない田辺城を貧弱に思っての表記だったのかもしれない。

この頃、城郭の修理には幕府奉行所の許可が必要で、江戸時代初期は、修復の計画図を持って老中のもとを訪ねて相談のうえ、将軍の裁可を仰ぐ手順が必要だった。地震で崩壊した石垣の修理個所を、詳細な縄張り図に朱書きして願い出た紀伊新宮城絵図が和歌山県立博物館に残されている。修理は許可が得られてから始めるので、時間を要する。しかし、江戸の中頃になると、城郭修理の許可願いは事務手続きの一環となり、諸大名家の留守居役が中心となって、櫓や門の修理規制は緩やかになった。ましてや、御殿・屋敷・蔵となれば、新規の造営や修理は規制の適用外となる。これが、陣屋となるとさらに緩やかで、ほとんど許可なく修理ができたようである。

田辺城内で新規造営や修理規制の適用にあたるものは、櫓門の大手門と石垣くらいである。その石垣の修復が絶えず行われ、二ノ丸の増築や、城郭の象徴でもある狭間付きの塀などの増改築が頻繁に行われていることはすでに述べた通りだが、そのつど許可を得ていては間に合わないことも多々あったと思われる。したがって、公に城という表現を控え、万一、幕府の検視があった際は「陣屋」と主張するほうが、何かにつけ利便的だったのだろう。

『田辺領大筒居場所書上』[*19] の文化七年（一八一〇）四月「大筒居場之義」の項に、「且亦御城下此処付ヶ紙ニ、御陣屋と唱候、併過様ハ御城と申候而御済候、新宮ハ城と唱候」とある。後世、田辺城は陣屋だったといわれる要因となった文言である。前出の④「田辺錦水城地図」に見るよ

＊18　『田辺文化財』六号（田辺市教育委員会、一九六一年）所収

＊19　『田辺市史』第五巻所収

うに、城内に櫓は建てられていない。このことも、陣屋と呼ぶ理由になったのかもしれない。

一般に陣屋は、表の役所と奥の役宅が一緒になった屋敷で、白壁の塀や一重の堀で囲まれ、外堀と城下町は造らない、というのが条件であった。一見すれば田辺城と類似するように思えるが、田辺城の場合は、しばしば記すように本丸・二ノ丸・内堀・外堀を持ち、城下町も開かれ寺町まで造られていた。明らかに陣屋の条件を越えた構造である。

一口に陣屋といっても、以下のようにさまざまである。

ⓐ分家が領地を治めるその屋敷〈西条陣屋〈愛媛県ほか〉〉

ⓑ幕府直轄地の代官所〈高山陣屋〈岐阜県ほか〉〉

ⓒ幕府直轄の代官屋敷〈上下陣屋〈広島県ほか〉〉

ⓓ旗本級の屋敷など

つまり、地方の屋敷などとは別であることを示し、敬意をもってそう呼んだようである。

田辺城は、和歌山城と新宮城の中間に築かれている。和歌山城は改めて述べることはないが、新宮城の場合は田辺城とは少し地理的条件が違う。和歌山城に徳川頼宣が入城して以来、新宮から南の伊勢国も紀州領となった。浅野時代は伊勢国との境にあり、一揆も多く、不測の事態にならぬよう威厳を示す「魅せる城」が必要とされた。それに比べれば、田辺城は国境に接していることもなく緊迫感も少なかったと思われ、新宮城のような魅せる城を必要とせず、自領統治の役所的存在でよかった。見栄を張った城を築けば、それだけ維持費がかさむことになる。

田辺城の城下町を描いた複数の図を比べれば、外堀が少しずつ違っているのは石垣の修復などが頻繁におこなわれた表れだろう。こうした工事も本来なら、そのつど幕府の許可を得なければならないが、陣屋と称すれば工事も比較的簡易的な許可で済み、迅速に事が進められる面があったのである。

田辺城の建物構造は時代・地域性によるもので、高層櫓などのない屋形風なのは、社会情勢が落ち着き、より堅固な城を必要とせず、住居空間を重視した城郭でよかったからだ。苦しい財政下で城を維持するため、あの手この手で田辺城を存続させようとする苦肉の策が読み取れる。つまり、本丸・二ノ丸の複郭に加えて内堀・外堀があり、その間に丸ノ内（三ノ丸）がある。さらに、寺町を設けた城下町まで開かれていた。このように城全体をみれば、陣屋ではなく城と呼べる構造だったことは間違いない。

水門の構築

水門は、石垣で構築された埋門形式だが、築城当時からの姿であったかというと疑問である。水門内部の積み方は切込接で、所々に五角形や六角形に加工された石が見られる。これは、間違いなく江戸期の積み方である。それを示す記録が『御用部屋諸日記』[20]（以下、『諸日記』と記す）にある。

安政二年（一八五五）五月一日の記事に、「辻弥左衛門様御呼寄水門附替場所御談シ被為遊候」と、水門を付け替えた記録がある。その翌日の項に「水門絹張為致申候」、同十五日には「水門御普請方位并吉日撰ませ申候」とある。このことから、「方位宜しく」で、先の付け替えは、改修ではなく新築であることが想像できる。さらに、同二十一日に「御水門御普請今日は日柄宜しく候ニ付懸り初仕候」と、工事着工の記録があり、同二十八日には「西御水門之上榎大木并其外御普請之場所木伐らセ申候」とある。これらの記録から、方角を記した「西水門」や現在残る石垣の積み方の時期などを考慮すると、この水門とは現在に残る水門と見て間違いない。これについて

＊20　「田辺城御用部屋」の記録。嘉永二年（一八四九）から明治五年（一八七二）までの田辺に関する出来事などを記録している（『田辺市史』第五巻より引用）

〈写真１〉水門内部石垣　上部に不自然な目地が走る

は、すでに和歌山城郭調査研究会の西村佳久氏によって指摘されている。[*21]

さらに、水門内の石垣についても、安政元年（一八五四）に完成した品川台場（東京都品川区）、同年完成の松前城（北海道松前町）、元治元年（一八六四）完成の五稜郭《ごりょうかく》（同函館市）の亀甲積み石垣との共通性を述べたうえで、安政年間の構築と推測している。現在、水門内の切込接に類する亀甲積みはかなりの緩みが見られ、隙間も多く一部の石が崩落しないかと気がかりである。安政期構築の遺構が壊されないよう、さらなる保存が望まれる。

安政二年七月十八日条に「御水門上土塀築直し」、同二十日条には「朝五つ頃波荒く相成水御門扉浪ニて打破候」などの記録もある。つまり、水門に門扉が取り付けられたのもこのときと推測できるが、現在見られる天井部の長石が、このときに置かれたかどうかの記述はない。これについては推測の域を出ないが、現在、その一本一本の隙間にコンクリートが見えるので、長石の上の土盛りは、後世、往来しやすくするためのものと考えられる。

また、水門内部の石積みの中に、前述の石積みと異なる積み方が上部に見られることを追記しておかねばならない。それは上部三段で、横一直線に目地が走り（写真1）、下部との違いは明らかである。その高さは、水門の天井部に並べられた石の厚みとほぼ一致する。しかし、いつ積み足されたのかは、現時点では想像する以外にないが、水門の改修を意味することは間違いない。

＊21「田辺城水門石垣の構築年代について」（『熊野史研究』第四十二号、熊野歴史博物館設立準備室、一九九七年所収）

戦時中、防空壕《ぼうくうごう》代わりに使用されたこともあった水門[*22]は、その後、前面に道路が敷設されて、景観は一段と悪化し、本来の水門の用途がわからなくなってしまった。やがて、水門の両脇に積まれた偽造石垣や、後世に設けられた水門脇の石段側面の石垣も、田辺城の名残りの石垣だとする解釈が生まれてくるかもしれない。

古写真に見る水門遺構

田辺城を知る手がかりとして、絵図のほかに古写真がある。といっても水門のみで、石垣などの古写真はない。最も古いとされる明治中期の水門（写真2）は、門扉も残されて、前面を流れ

＊22　産経新聞地方版「新紀の国事情」（一九八〇年）

上〈写真2〉水門（明治中頃か）個人蔵
中〈写真3〉大正末期の水門　写真提供：田辺市教育委員会
下〈写真4〉水門（左端）昭和30年代か　和歌山城整備企画課蔵

る川は雁木に接し、南側に続く石垣もよく残っている。しかし、大正末期撮影とされる写真（写真3）では、水門前の清流はなく、川面から門扉までの雁木が一部埋め立てられたのか、低くなっている。また、南側に続く石垣上に、旅館「錦城館」の塀が写っている。

昭和三十年代後半になると（写真4）、錦城館の建物も水門前の流れもなく、川縁にテトラポットのような石（石垣の石か）が並べられた光景に変わり、水のない川に小舟が一艘置かれている。この情景は、他のほぼ同時期の写真とも共通する。以後も、水門に続く石垣、水門南角石のコーナー部分などがコンクリートで埋められ、水門内部に見られた曲線部の石垣もなくなるなど、姿を変えてしまった（写真5）。

上〈写真5〉現在の水門
中〈写真6〉1963年頃の水門　奥が見通せない
下〈写真7〉現在の水門　奥が見通せる

水門の規模は、幅二・四六×高さ二・六六メートルと、間口が広く内部が直視できる。それを防止するために、水門内の上部は陸軍省城絵図の発見によって緩やかな曲線状であったことがわかった。これは、昭和四十年代前半までの写真（写真6）で証明できる。間口の大きい水門は、奥へ行くほど狭くなり、容易に本丸に近づけない堅固な構造であったが、現在は、上部の狭くしている石垣の屈曲部分が取り払われている。その後の写真（写真7）と比較して見るとよくわかる。真相は不明だが、のちに通りやすくするために直線化したとしか考えられない。いずれにしても、水門の石垣は田辺城の存在を伝える唯一の遺構となっている。

田辺領主下屋敷

安藤氏は、本藩務めのため和歌山城下の屋敷住まいが多く、田辺城に帰ってくることはほとんどなかったと先に述べたが、鷹狩りや川猟時の休息あるいは宿泊としたと考えられる下屋敷が、白浜町生馬《いくま》に造られていた。かねてより生馬に安藤家の領地があり、小山に竹が植えられて群生しているが、出城でもあったのだろうかとささやかれていたことがある。

『万代記』の元禄十二年（一六九九）正月の項に、「旦那様（安藤直名）同十六日朝来《あっそ》へ御越、御鷹野」、二月には「同十二日生馬谷へ御成、鹿九疋御取被遊候」、さらに四月「同五日、旦那様市ノ瀬鮎河（上富田町下鮎川）へ御越、岩田（上富田町岩田）ニて鯉御取せ鮎河ニて小鮎御取せ被遊候」とある。このほかにも、狩りをした記録が残されている。

下屋敷は、安藤小兵衛家末裔宅に伝え残された絵図により、構造も明らかだという。同絵図を確認した玉置喜春氏の記録[*23]が唯一のものとされている。それを引用した報告が、『白浜町誌』[*24]に見える。それによると、絵図には「嘉永四年（一八五一）辛亥秋九月見分之図之朝来生馬御下屋

＊23　「田辺藩主安藤氏の生馬下屋敷の概観」と題して『上富田文化財10』（上富田文化の会、一九七六年）に発表
＊24　白浜町町誌編さん委員会刊、一九八六年

鋪亦御田地御手山林之図」と表記され、「御下屋敷守山本亀右衛門」と管理者の名も見えるという。屋敷は、東向きの「御門」の内に、「井戸」と「馬屋」が左右にあり、その奥に、勝手口が西側に設けられた二棟の建物が並んで建っている。その東棟は、約六・五間と四間で、建物内部に「庭」との表記があり、同じ大きさの六畳間が四部屋ある。

一方の西棟は、書院造りの床の間がある約四間と四間で、九畳と十畳の二部屋からなっている。縁先には庭園も造られていることから、安藤氏が使用した部屋と推定している。屋敷は土塁と竹藪で囲まれており、土塁も二メートルほどの高さを有する。明治二十二年（一八九〇）の富田《とんだ》川の氾濫で地形が大きく変わり、絵図の地形は現状では求めることは難しいが、昭和四十年代にはまだ竹藪や土塁が残されていたと、玉置喜春氏から聞いた記憶がある。

幕末の田辺城

黒船が日本沿岸に出没し、「海防重視論」が高まったが、新たな台場築造は、経済的負担が大きくなる。それに苦慮する内容が、『田辺沿革小史記事本末』[*25]（以下、『記事本末』と記す）に「嘉永元年（一八四八）復片町の外濠ヲ俊渫ス　此年田辺領海岸防備費多キヲ以テ有司等上知稿五千石余ノ返賜ヲ本藩ニ謂ウ。允許ヲ得タリ」と見える。この頃、幕府から「海岸防御ヲ厳ニセシムルノ布告」が発せられ、城よりも海防に費用をかけなければならなくなった。その具体的な様子が、『御用留日記』[*26]からわかる。

それによると、嘉永六年（一八五三）の項に、海岸防備のために大砲を鋳造するので、町や村々で銀トタン・唐金《からかね》・真鋳《しんちゅう》（真鍮）・鍋道具類・不用の物を持っている者は役人より集めるという通達があった。翌年の項には「江川浦州崎台場工事出来」「天神崎丸山台場小野流砲術御見分同佐々

＊25　全三冊。明治三十年に湯川退軒氏が執筆し、同四十年一月、令息の尾崎象三郎氏によって活版印刷にされている。昭和四十年十一月、紀南文化財研究会が三冊を一冊にまとめてタイプ印刷にした。内容は『御用留』に記されている。

＊26　田辺大庄屋の田所家が書き残した天保十一年（一八四〇）から明治二年（一八六九）までの記録。『万代記』の続編。県指定文化財。本稿は、紀伊民報の連載から引用した。

木流砲術御見分」、さらに『諸日記』の安政二年二月十三日条には、「稲荷宮後へ小台場縄張柏木兵衛へ敬仰付候」の記述がある。

ここに見える柏木兵衛は、長崎に学び上野山（田辺市上の山）で大砲を鋳造し、田辺城の東方近くに本格的な扇ヶ浜台場[*27]を完成させた。同三年には「神子ノ浜、大浜両大砲場で稽古打通達」、同四年には「端の町の調練場、御城外台場へみだりに往かないよう御通し」などの記載も見え、『大帳』には「神子浜村打揚ニテ西洋流大砲試射此有」とある。

異国船の来航に揺れる城下は、『記事本末』文久三年（一八六三）の項に「七八月ノ際新城移築説大ニ怒ル」とあり、「十二月下丸（下万呂）付城が谷ニ城ヲ移シ築ントス」の計画は結局、地ならしをした段階で中止になったという。その理由は明らかでないが、安政年間の田辺城は水門の附け替えや塀の築き直しなどもあり、かなりの改修が行われていた。台場の構築もこの頃とみるのが妥当のようで、田辺城移築計画の中止は、城内の改修や台場構築と関わりがあったのではないだろうか。

変わりゆく田辺城の面影

『田邊町誌』に、明治以降、変わりゆく田辺城の詳細な記録がある。この記録により、内堀と外

*27　田辺市扇ヶ浜のカトリック教会の敷地がその跡である（詳細は「台場」の項参照）。

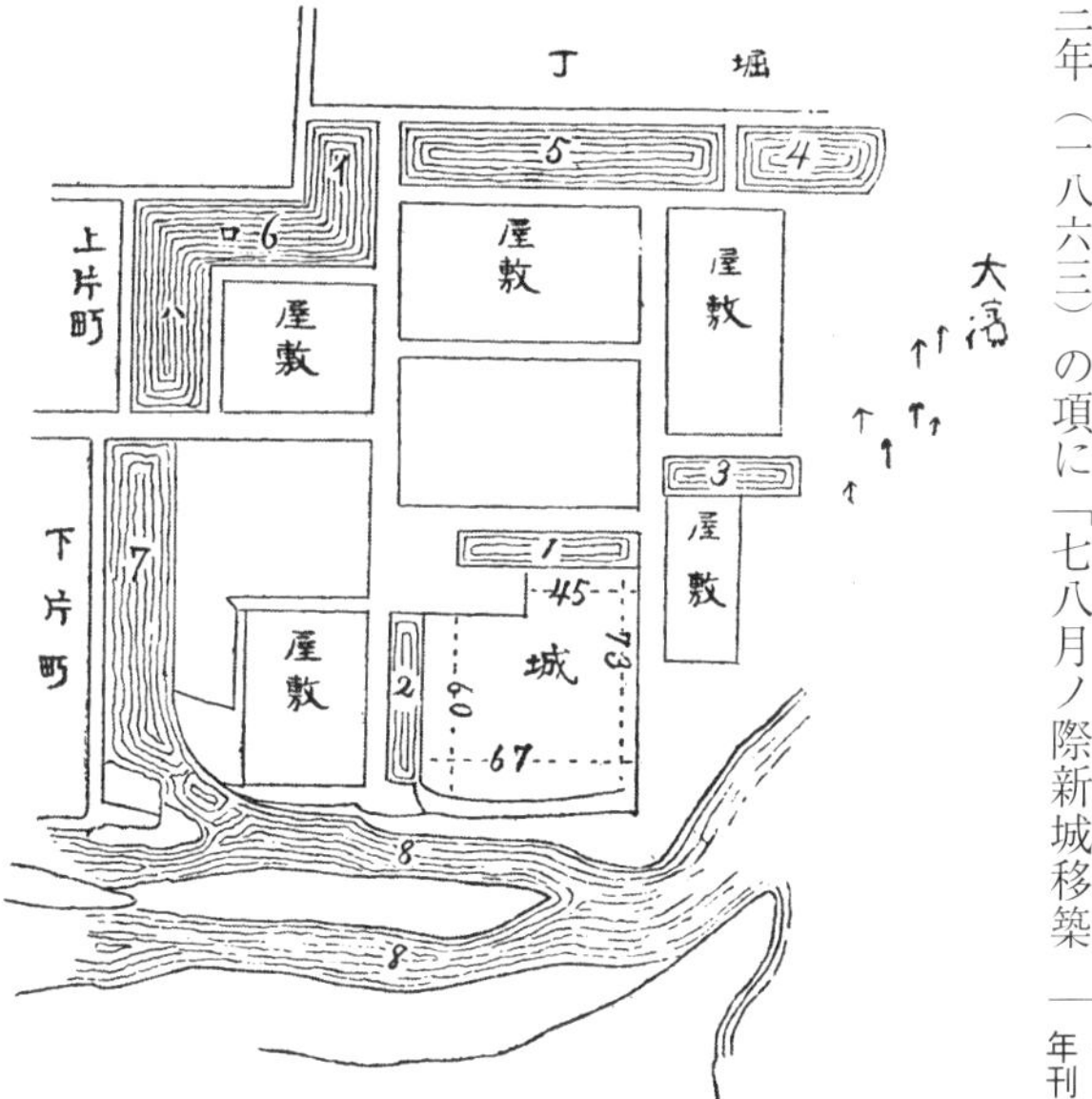

内濠	長	幅
1、	五八間	一二間
2、	五〇間	一二間
3、	三七間	一三間
外濠		
4、	四一間	二〇間
5、	一〇七間	二〇間
イ	四四間	二一間
6、ロ	七三間	二〇間
ハ	六四間	二〇間
7、	一〇六間	二〇間
8、	會津川	

〈図8〉『田邊町誌』（一九二八年刊、一九七一年復刻）より転載

堀などの規模をある程度知ることができる。以下はその引用である（図8）。

1は、南北五十八間、東西に十二間、所により十三間あり、深さ不明、水深は二三尺より五尺に及ぶ。明治末期に埋められた。現在の大字上屋敷の内、通称大浜通りの西側である。

2は、東西に五十間、南北に十二間、所により十三間、四間あり、深さ一丈一尺から一丈二三尺、水深四、五、六尺に及ぶ、海潮を通じた。大正初年に埋め立てらる、現在の大字上屋敷の内、通称新地の南側に当る。

3は、南北三十七間　東西十三間、之は同地図に堀形有之候とあり、最初堀とし一旦埋め、後更に堀としたが明治末に埋立てられた。現在の大字上屋敷の内、通称大浜通り南部の東側に当る。

以上の内濠の内部が一部を除いて城の本丸である。本丸は南側七十三間、北側は同六十間。南北は六十七間、東側一部は南北四十五間であった。城の西側は竹藪として内濠の1と2の間は門前の広庭とした。次に外濠は

4は、南北に四十一間　東西に二十間　明治中年に埋められる。現在の大字上屋敷の内、堀丁の南部、西側（田辺中学校表門前）に当る

5は、南北百〇七間、東西二十間、当地図には「石垣土手こわし込埋り堀形有之」とあり、後ち濠として修理され、明治中年埋立てらる。現在大字上屋敷町の内、堀町の中部西側に当る。

6は、」「の形をなし、イは南北二十一間　東西四十四間、ロは東西二十間　南北七十三間、ハは東西六十四間　南北二十間であると記す。いま之れを合すれば延長百二十間、幅二十間及至三十間となる勘定である。

しかし、現在はほとんど姿を失い、かつて露見していた本丸部分の野面《のづら》積み石垣も、加工を施

〈写真8〉わずかに残る外堀跡の石垣

した切込接が多かった外堀の石垣も消えてしまった。また、二ノ丸付近の大石を加工した見事な算木積みの石垣も建物の間に隠れ、自由に見ることはできなくなるなど、現在では水門遺構の石垣と外堀石垣の一部（写真8）が唯一の名残りとなり、かつての田辺城の姿は残された絵図や古写真で知る以外になくなった。

最近、旧田辺城の外堀に沿って建設された田辺市立田辺第一小学校で、新校舎建設時に見つかった外堀石垣の写真二枚（コラム③参照）が見つかった。田辺城を知るうえでたいへん貴重な資料である。

田辺城の面影を探す

かつて、紀伊田辺駅前商店街のアーチ上に、櫓の模型が飾られていた。駅舎を出ると正面に見え、城下町を感じさせるものだった。昭和三十年代の話だが、現在はそれもなく、田辺は城下町ではなく、南方熊楠や武蔵坊弁慶の町として知られることのほうが多くなった。そのような状況のなかで、田辺城を知る貴重な遺構が伝えられている。

【伝・城内蔵】市内の個人宅に、「城内土蔵」と伝承される建物が現存する（写真9）。そのほか、中庭に「鯱瓦」（五八×二〇センチ）、蔵の前に田辺城の石垣に使用されていたという大きな「加工

〈写真9－1〉伝城内土蔵（入り口や窓は後世のもの）

〈写真9－2〉伝城内土蔵

石」も置かれている。

田辺城の城内土蔵が紹介されたのは、昭和四十三年刊の小学校副読本『わたしたちのたなべ』である。小さな写真が添付され、「錦水城内にあった土蔵」として所有者の名まで記してあるが、あとにも先にもこの移築建造物について記したものはない。

平成二十七年秋、同家の城内土蔵を拝見した。移築記録はなく、本格的な調査もなされていないので頭に「伝」を付けざるをえないが、この蔵は、他城に現存するものと外観が類似している。兵糧蔵と語り継がれており、入口はなく（あるいは小さく）、天井から出し入れをしたという話である。

しかし、現在は書斎として使用されているため、窓や入口などが大きく改変され、内部も新しく天井板が張られているので天井部の梁《はり》などを見ることができない。外壁の東面は板壁に改変されるなど、もとの姿が残るのは辛うじて西側のみである。

外観調査のみの私見だが、田辺城の土蔵を移築したという言い伝えの信憑性は高いように思う。なお、邸内には他にも大きな蔵が軒を並べていたという。それも、現在は取り払われて駐車場になっている。現存の土蔵は他の蔵より小さく、端にあって邪魔にならなかったから残したそうである。ただ、所在字名《あざめい》（湊）から、もともと当地にあり、舟で米を運び入れた蔵なのではないかとの説もある。内部に置かれている長持ちや、天井の梁などの本格的な調査がなされない限り、これ以上はわからない。

上〈写真10〉個人蔵の鯱
下〈写真11〉公園の鯱（旧展示場）

【鯱】田辺城のものとして以前から伝えられている一対の鯱がある。現在は錦水公園（田辺城跡）の水門脇に展示されている（以下、公園の鯱とする）。ところが、前述したように伝・城内蔵の個人宅の中庭にも、一尾の田辺城鯱が伝えられている（以下、個人蔵の鯱とする〈写真10〉）。公園の鯱（写真11）と個人蔵の鯱を比較してみると、個人蔵は公園のそれよりも鱗や歯などがていねいな造りで、耳の位置や尾の大きさと形から、ずんぐり型の古い容姿であることがわかる。また、片方の鰭《ひれ》が損傷している以外は、ほぼ完全な容姿を保っている。

鯱の造りは、時代が新しくなっていくほどていねいさが薄れ、簡素化されていく。鱗も一枚一枚ていねいに彫った立体的なものから、ヘラ状のもので鱗状に線で描いた平面的なものになっていった。雌雄の区別も「阿《あ》・吽《うん》」ではなく、鰭の数の違いや歯の有無などで表現するようになり、一見して雌雄の見分けがわからなくなっていく。

公園の鯱は対で残っている。片方は個人蔵の鯱と同様、歯を持ち厳めしい顔付きであるが、もう片方には歯がなく、優しい顔付きをしている。おそらく、歯の有無で雌雄を表したのだろう。顔は、平板な頭部上に目があり、耳はない。尾は真ん中から左右に分かれた典型的な形で、鱗はヘラ状のものでかたどられ、立体感がない。胴全体はスリムで、見栄えをよくした新しい容姿と見られるが、歯と鰭の形が個人蔵の鯱と類似している共通点もある。ただし、公園の鯱は城跡から見つかったものと伝えられる一方、旧家の屋

上〈写真12〉伝田辺城石垣の石（個人宅）
下〈写真13〉旧石垣の一部（一九九二年撮影、個人宅）

〈写真14〉白浜町ホテル「むさし」前庭の錦水（田辺）城跡碑

根に乗っていたのではないかなど、さまざまな説もあるが、田辺城のものと断言できないのは、個人蔵の鯱も同じである。

【加工石】田辺城のものと伝わる加工石（写真12）である。社寺や個人宅の庭に、城の石が運ばれて残存する例は珍しくはないが、石であるだけに、刻印などがない限り、城の石だったと判断することは難しい。とはいえ、田辺城本丸と二ノ丸を結ぶ門付近と推定される場所に残る石垣（写真13）の、天端石の大きさや加工面のノミ跡などが類似するため、田辺城の石の可能性は高い。おそらく、本丸周辺の石ではなく、二ノ丸など、江戸時代後半に積まれた場所のものと推測する。

【城跡碑】白浜町にも、田辺城を伝えるものがある。ホテル「むさし」の前庭に置かれている「錦水城趾」の石碑（写真14）である。裏面に「明治二十年」の文字が見えるが、風化が激しく、全文の把握は難しい。碑の真ん中に、円形の穴が彫られている。礎石の柱穴のようにも見えるが、機械で穴を開けたのか、側面に凹凸がなくきれいである。昭和の初め頃まで、庭石などを移動させる際、矢倉を左右に組み、そこに木を渡し、石をぶら下げて移動させたというので、そのときの柱立の基礎石だったのではないだろうか。

かつて、田辺城跡で営業していた同館が現在地に移転するにあたり、記念に持って来たと聞く。本来は城跡にあってこそだが、保存されていることはありがたいことである。将来、同城跡に移築され、田辺城が市民の記憶から消えることなく、「城下町田辺」が語り継がれることが望まれる。

田辺城略年表

年号	西暦	事績
慶長十一	一六〇六	浅野左衛門佐が、洲崎城流失後、対岸に田辺城前身の湊城を築く。
元和五	一六一九	徳川頼宣の紀伊入国にあたり、安藤直次が田辺領主として田辺城を築城。
寛文四	一六四四	城門の屋根が瓦葺きになる。
宝暦元	一七五一	二ノ丸の役所、役人衆詰所などが焼失。翌年再建工事を行う。
天保元	一八三〇	柴垣、竹垣部分を狭間付塀に改修。
安政元	一八五四	田辺城東方に扇ヶ浜台場完成。
安政二	一八五五	水門の附け替え工事始まる。水門上の土塀を築き直す。
文久三	一八六三	移築計画が起こり、十一月に地ならしが始まる。
元治元	一八六四	二月、移築工事延引の通達あり。
明治二	一八六九	城内に藩庁を置き、田辺藩となる。翌年廃城。
明治三十一	一八九八	外堀の埋め立てが決まる。同三十六年以降、埋め立て工事始まる。
明治三十八	一九〇三	城跡に旅館「錦城館」が建つ。大正三年に焼失。
大正元	一九一二	九月二十二日、石垣が暴風高波により崩壊。
昭和十九	一九四四	扇ヶ浜跡台場が畑地になる。二年後に完全消滅。
昭和四十二	一九六七	外堀石垣が田辺第一小学校校舎新築工事現場から出土する。
昭和四十三	一九六八	道路敷設により、水門前の埋め立て決まる。のちに保存を市議会で決定。
平成九	一九九七	田辺城跡が「錦水公園」として整備完成。
平成二十二	二〇一〇	「紀伊田辺城」を含む明治の城郭絵図が、富原文庫の富原道晴氏により発見される。
平成二十五	二〇一三	この頃、「田辺錦水城地図」（箱書き表記による）が見つかる。
平成二十七	二〇一七	「田辺錦水城地図」が和歌山市立博物館とわかやま歴史館で公開される。

【コラム③】

田辺第一小学校から出土した外堀石垣

「昭和四十八年十月四日、田辺市立第一小学校の新校舎建築基礎工事現場から、田辺城外堀の石垣が発見された。請負業者がブルドーザーで約二メートル地下を掘っていたところ、石垣のようなものが見つかり、連絡を受けた市教育委員会が調査をしたところ、田辺城の外堀石垣と確認された。石垣は高さ約二×長さ約二〇メートルで、写真や記録調査を行ったうえで、やむなく取り壊すことになった」（紀伊民報　昭和四十二年十月六日付けより抜粋）

『田邊町誌』によると、明治三十六年の校舎改築に際して、北・東の堀を埋め立てて校舎を建てた（同校の創立は明治十年十一月）とある。

同小学校では例年、付家老の城巡りを実施しており、五年生で紀州藩付家老水野家の紀伊新宮城跡、六年生は修学旅行で尾張藩付家老成瀬家の犬山城や、時には同中山家の今尾陣屋跡を訪ねている。また、大阪城と二条城も見学する。

さらに、田辺城と城下町を歩いて当時の歴史を確認し、その成果を発表する学習も行われている。

上・下とも田辺城外堀の石垣　写真提供：田辺第一小学校

錦水城の外堀発見

＜田一小の新校舎建築現場から＞

昭和42年10月6日の「紀伊民報」

第三部　新宮城

所在：新宮市新宮　別称：丹鶴城・沖見城
現状：公園　遺構：石垣
標高等：標高五〇・六m、比高四〇m
築城者：浅野忠吉・水野重仲

はじめに

数ある日本の城の中から「続日本百名城」*1に選出された新宮城跡は、紀伊半島の南東端に位置する平山城《ひらやまじろ》である。熊野川を挟み、三重県と接する新宮市の熊野川河口を眼下に見下ろす丹鶴《たんかく》山に築かれた、紀州徳川家付家老《つけがろう》の水野《みずの》家の居城であった。

初代の水野重仲《しげなか》は、徳川家康の母方の従弟にあたり、幼少の頃から家康に仕えていた。慶長十二年（一六〇六）、家康の十男で、後の紀伊徳川家初代頼宣の補佐を命ぜられた。常陸国一万石を領していたが、頼宣が駿河・遠江国に転じると、浜松《はままつ》城主として三万五千石を領した。元和五年（一六一九）、頼宣の紀伊入国にあたって補佐役の付家老として同伴入国し、新宮領三万五千石が与えられた。支藩的存在ではあったが、待遇は大名に準じ、将軍に拝謁することが許されていた。以後、水野家十代の居城として、明治まで林業を中心とした経済基盤を確立させた。

「新宮城は石垣が美しい」と、訪ねた人は驚いたように言う。崩壊部分があるとはいえ、全国の近世城郭の中でも知られざるコンパクトな平山城の典型である。「出丸」や「水ノ手」など、他城にはない構造を持ち、西国の城を象徴する石垣が豊富に残る城である。

新宮城跡は、詩人佐藤春夫《さとうはるお》がこよなく愛した「城山」であり、春夫が師と仰いだ与謝野寛《よさのひろし》（鉄幹《てっかん》）が「高く立ち秋の熊野の海を見て誰ぞ涙すや城の夕べに」と詠んだ「文学の丘」でもある。地元では「丹鶴《たんかく》城」の別名で親しまれ、山頂か

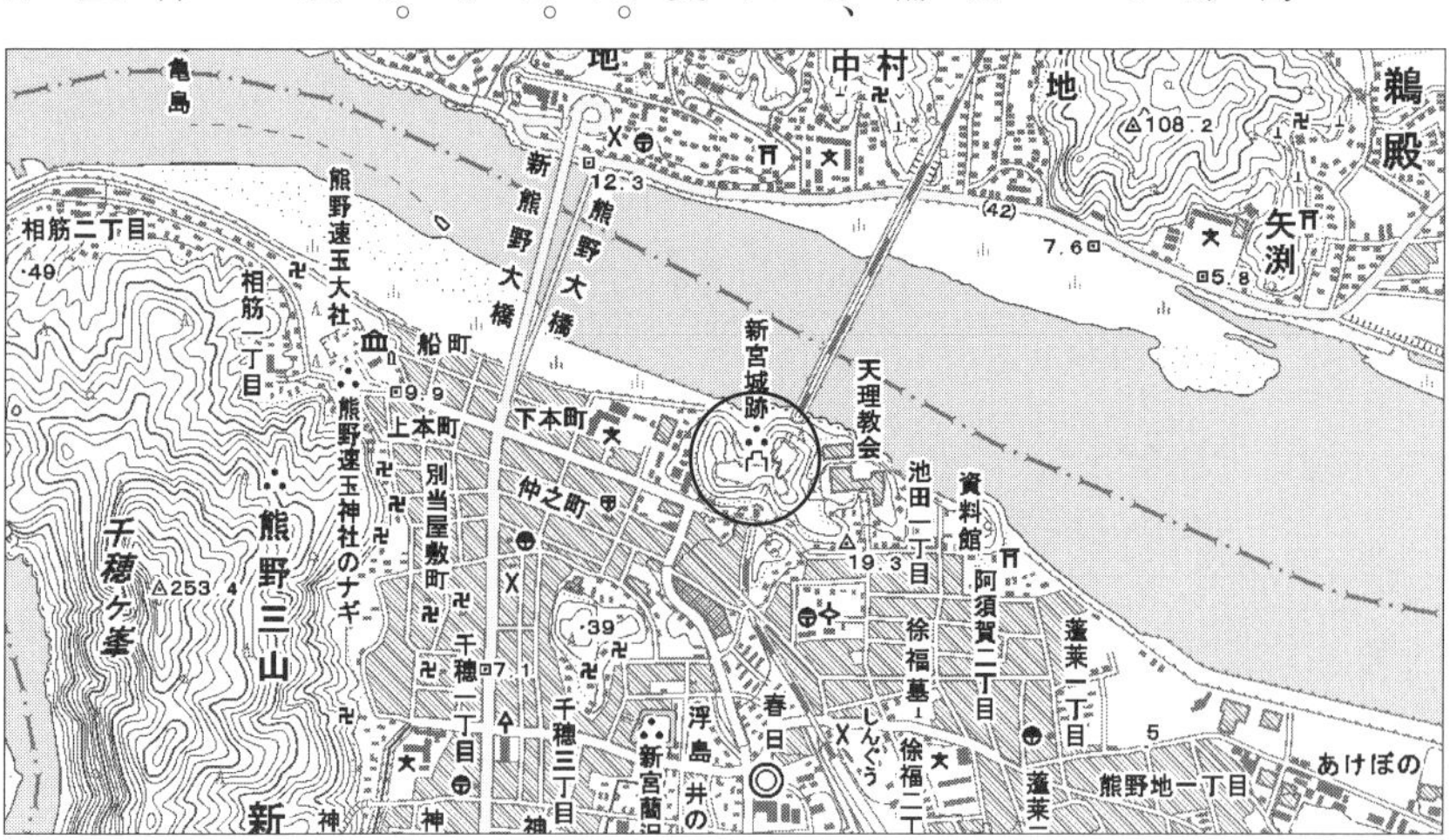

ら太平洋を望むことができたため、「沖見城《おきみ》」とも呼ばれている。

熊野川の対岸、三重県紀宝町から望む「城山」は、川縁の水ノ手石垣と船着き場、その背後には、出丸の櫓台を手前に、本丸と鐘ノ丸の石垣が影絵のように川面に映る（写真1）。それは水彩画のように美しい風景で、山上に累々と残る石垣は、麓の二ノ丸まで続く。さまざまな工法による石積みの歴史が刻まれている典型的な総石垣構造で、見るも美しい名城である。

〈写真１〉対岸（三重県側）からの遠望

浅野忠吉によって築城される

新宮城は、慶長五年（一六〇〇）十一月、関ヶ原合戦で軍功のあった浅野幸長《よしなが》が、甲斐国（山梨県）から紀伊に入国したことにともない、新宮に浅野忠吉《ただよし》が入部して築城が開始された。

戦国時代、熊野地方を統治していた堀内氏[*2]に代わり、忠吉が慶長六年に、丹鶴山の東仙寺《とうせんじ》と香林寺《こうりんじ》を他地に移して築城を始めたと、『紀伊続風土記』に記されている。しかし、完成時についての記録は見当たらない。ただ、同十九年の北山《きたやま》一揆《いっき》で、新宮城の領主不在時に攻めようとした記録があることから、この頃にはすでに城は完成していたと考えられている。[*3]

ところが、元和元年（一六一五）の幕府による一国一城令で「破城《はじょう》」が命ぜられ、当城の存在は短期間で終わった（以下、「浅野前期新宮城」と称す）。しかし、まもなく紀州の地理

＊1　平成二十九年四月六日公示、公益財団法人日本城郭協会選定。日本の城のうち、知名度・文化財・歴史上の重要性などを基準にして選定された。

＊2　新宮市千穂一丁目の全龍寺周辺が堀内氏屋敷跡（市指定史跡）で、堀の一部を残している。

＊3　『新宮市史』（新宮市史編さん委員会、一九七二年）

的条件や一揆の制圧などが考慮されたのだろうか、幕府は「往々《おうおう》兇徒《きょうと》の起るあり」（戸田不三旧聞書*4）と城郭の必要性を認め、同四年、忠吉に再築城工事を許可している（以下、「浅野新宮城」と称す）。このときの図と思われる「紀州熊野新宮浅野右近大夫忠吉居城古図」（以下、「浅野古図」と称す〈図2〉）が、広島県三原市立中央図書館に保管されている。

　元和五年、浅野氏に代わって家康の十男頼宣が紀伊国の領主として和歌山城に入ると、田辺領に安藤直次《なおつぐ》、新宮領に水野重仲の両付家老が入部し、浅野忠吉は安芸三原（広島県三原市）へ国替えとなった。このとき、城は完成していたと「戸田不三旧聞書」にあるため、「浅野古図」は完成予想の縄張り（設計）図だったとか、完成したときの図だったなど諸説がある。

　新宮城の築城は、あらたに新宮領主となった水野重仲に引き継がれた。縄張り図はいくつか残されているが、築城の頃にもっとも近いとされる「正保城絵図」をもとに「浅野古図」と比較してみると、類似するところが多いことから、重仲は浅野新宮城の縄張りを基礎にして築いたと考えられる。重仲は城の完成を見ることなく、築

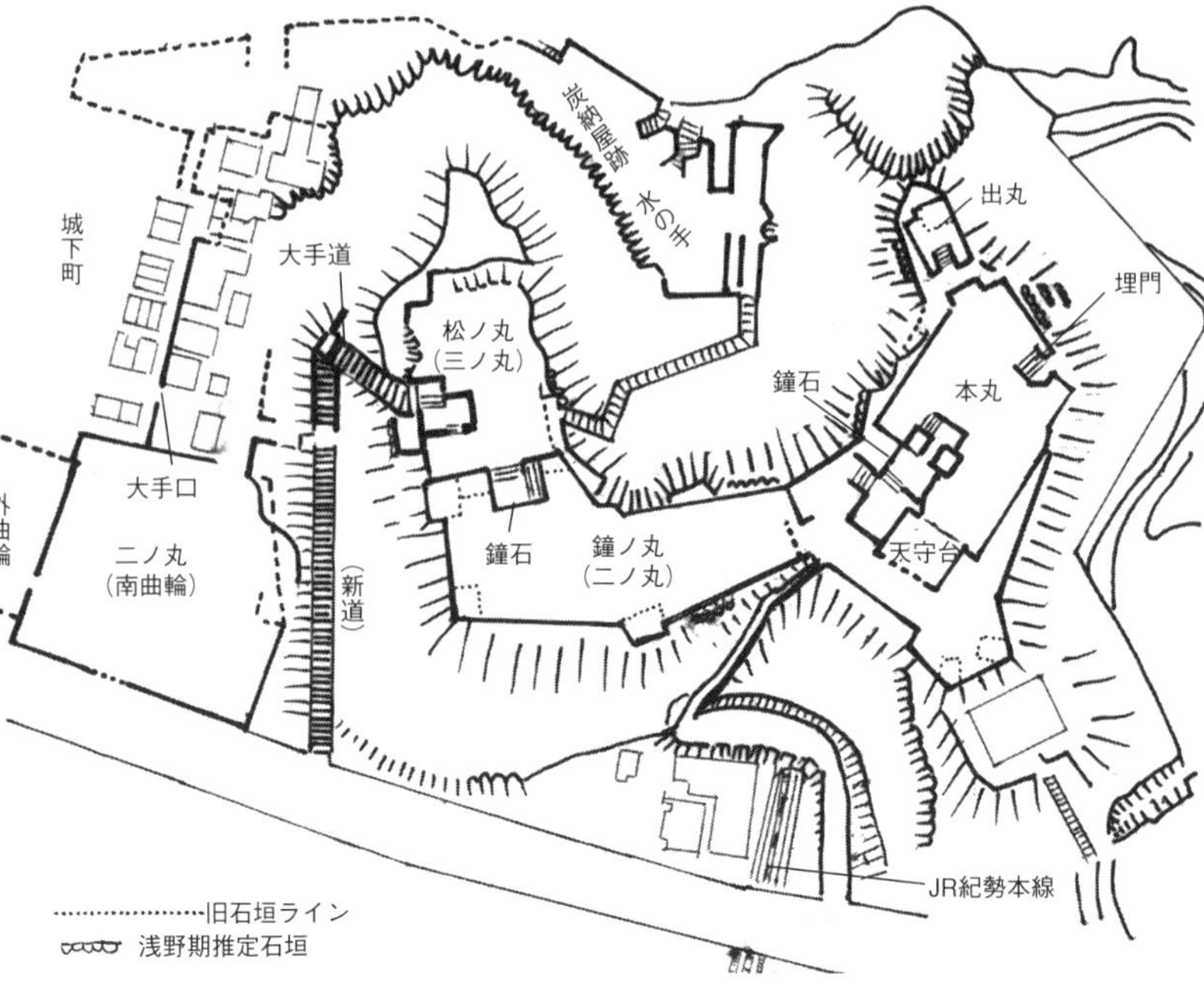

〈図1〉現在の新宮城跡　『新宮城跡の歴史と発掘調査－その保存整備と活用のために－』19頁を基に筆者作成（『熊野誌』62号所収）

城半ばで逝去。二代目重良《しげよし》に引き継がれた。

水野新宮城の完成は、寛永十年（一六三三）とされるが、三代目重上《しげたか》の代になっても城郭の増改築工事は続けられた。その縄張りは、「正保城絵図」（図3）で知ることができる。「正保城絵図」とは内閣文庫蔵「紀伊国新宮城之図」のことで、正保元年（一六四四）から数年にわたり、徳川幕府が各地の城持ち大名に命じ、統一した描き方で提出させたものである。幕府の検視時に、現状と相違がないように測量された、詳細かつ正確な図である。

そこには、山上の本丸・鐘ノ丸・松ノ丸の各曲輪と、麓の二ノ丸、川岸の水ノ手曲輪と城下町が描かれており、最もよく知られた絵図である（以下、「水野新宮城」と称す）。

同図の「注記図」には、各曲輪の規模が詳細に書

＊4 『新宮市史』に、「『三原城主浅野右近太夫忠吉君』なる書籍によると、そこに『戸田不三旧聞書』という書によったことを明らかにしつつ…」とある。

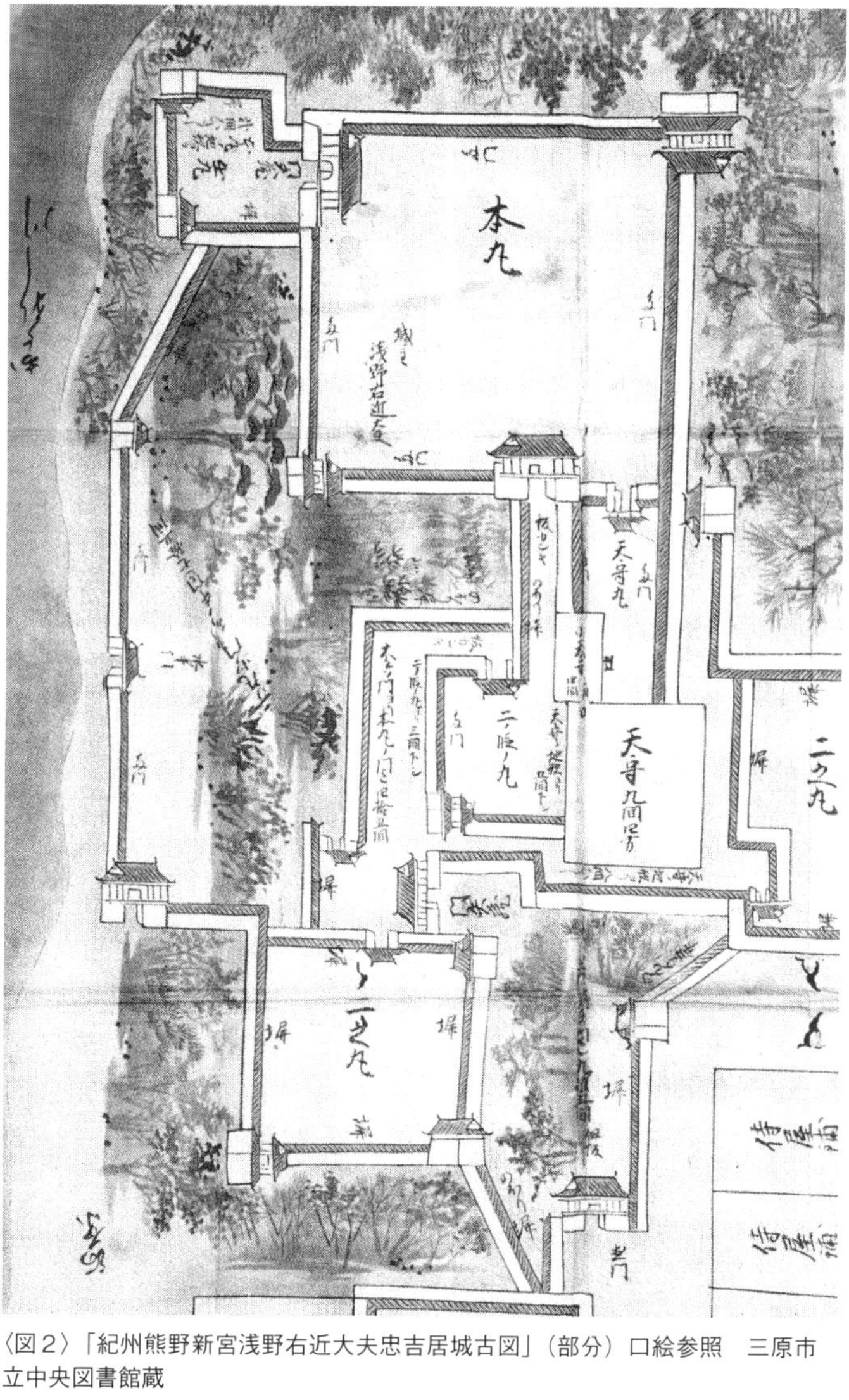

〈図2〉「紀州熊野新宮浅野右近大夫忠吉居城古図」（部分）口絵参照　三原市立中央図書館蔵

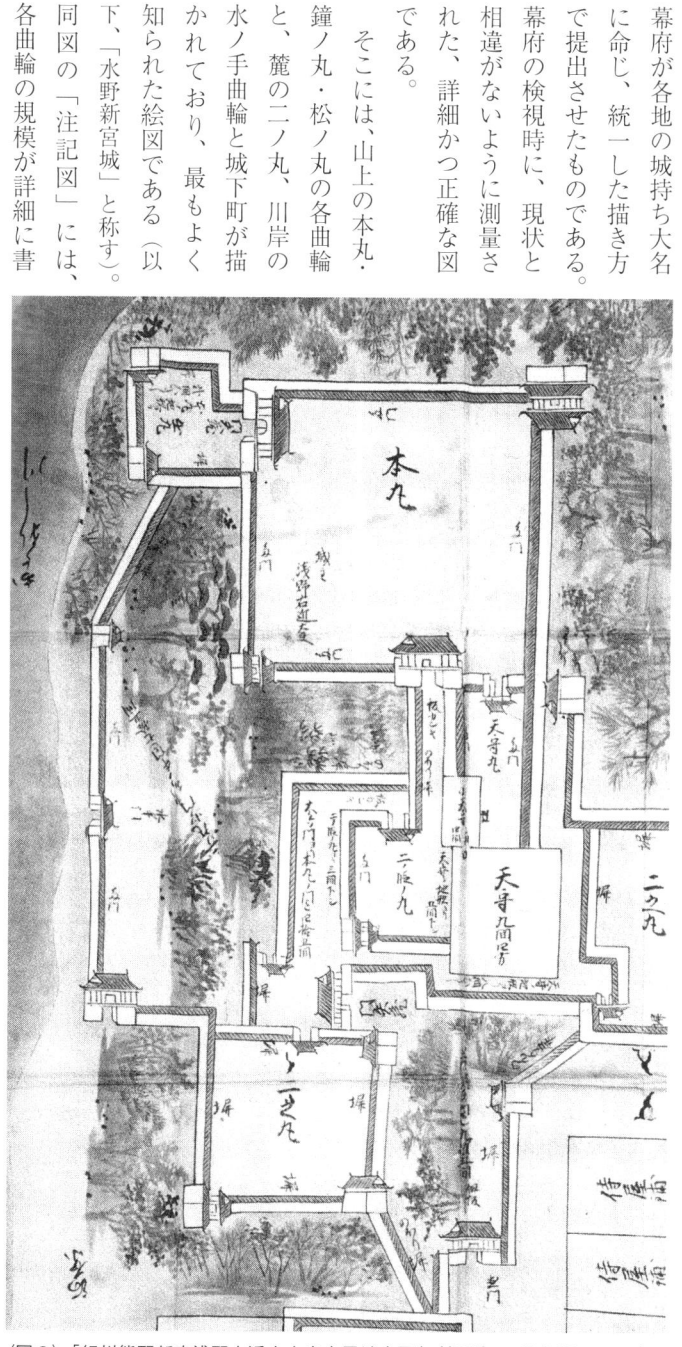

き込まれている（図4）。

現在、見られる新宮城の縄張りは、宝永四年（一七〇七）頃のものとされている。

絵図の比較

浅野新宮城を描いた「浅野古図」は、山上の曲輪群と麓に並ぶ侍屋敷を描いている。方形の枠内には「天守」が見え、多門を伴った複合式だ。その北端の細長い空間に「天守丸」と小門が記され、本丸に繋がっている。小門の隣の櫓門と見える本丸の門が二ノ丸の段と繋がって、天守曲輪を形成している。天守台東側が二ノ丸、西南側にも二ノ丸がある。その麓の石垣で囲まれた方形地は「下屋敷」と記され、本丸の北西側は、熊野川側に張り出した方形曲輪「出丸」に繋がっている。

出丸の南北両角に櫓があり、南の櫓側から熊野川の下方の斜面に白塀が描かれている。「登り塀」との表記があり（現在、その痕跡は確認されていない）、川に沿って造られた曲輪に続く。曲輪の名称は記されていないが、中央部分に「水ノ手門」とあり、城

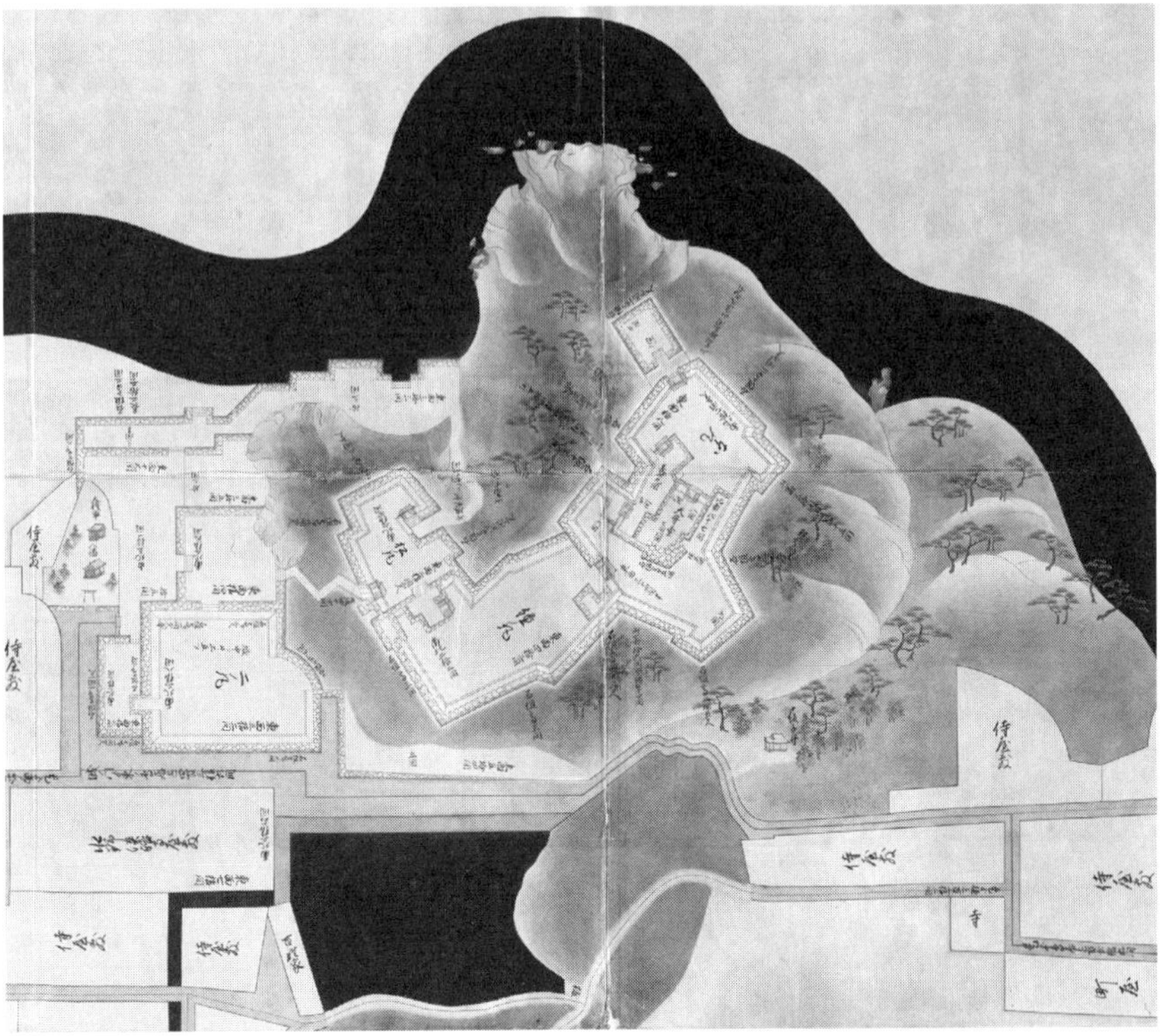

〈図3〉「紀伊国新宮城之図」（部分）　国立公文書館蔵

門が描かれていることから、水ノ手曲輪と言えるだろう。

一方、水野新宮城の縄張りを描いた「正保城絵図」も、麓に侍屋敷を描き、「浅野古図」と同じ構成である。この両図がまったく違った図に見えるのは、描き方の相違によるもので、曲輪の配置にさほどの違いはない。たとえば、浅野新宮城の天守台や本丸の位置もほぼ同じと判断され、二ノ丸も「正保城絵図」には「鐘ノ丸」、下屋敷が「二ノ丸」と名称が異なるだけで、位置はほぼ同じと考えられる（図5）。両図の大きな違いは、出丸の構造にある（後述）。

松ノ丸も、「浅野古図」には該当する曲輪は見当たらない。水の手へは、船で「水手門」に着けて入ったように見られるが、「正保城絵図」では、松ノ丸が増築されて水の手に下る道が描かれている（図2参照）。同時に、二ノ丸（現鐘ノ丸）が麓に移され、二ノ丸から通じる道（大手道）の虎口《こぐち》（南口と仮称）と水の手に通じる虎口（北口と仮称）の二ヵ所が設けられている。

この二門は、「正保城絵図」では北口が枡形虎口

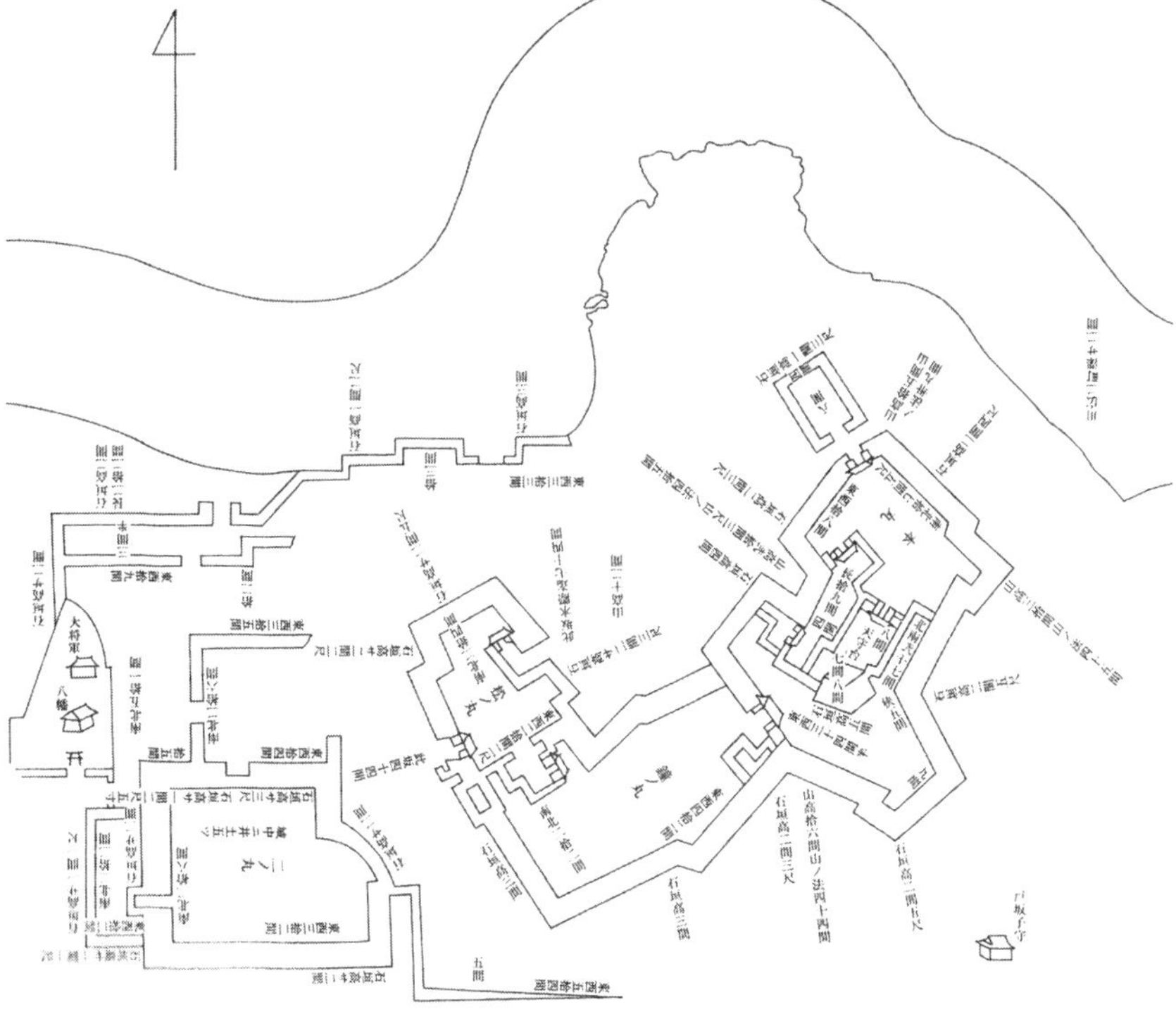

〈図4〉「紀伊国新宮城之図」注記図　『名城絵図集成』（小学館、1986 年）より転載

で、南口は普通の虎口として描かれている。これに対し、宝永地震後の「紀州新宮城絵図」（国立国会図書館蔵）では、水の手へ通じる北口の枡形が折れ構造の小さな構えとなり、大手道に通じる南口が、大きな枡形虎口として描かれている（図6）。

出丸の変遷

本丸西端から北に突き出した小さな独立した曲輪は、いずれの古絵図にも「出丸」と表記されているが、構造に違いが見られる。現在の出丸は、一〇×一八メートルほどの石垣で構成された櫓台構造で、間口一・八メートルの

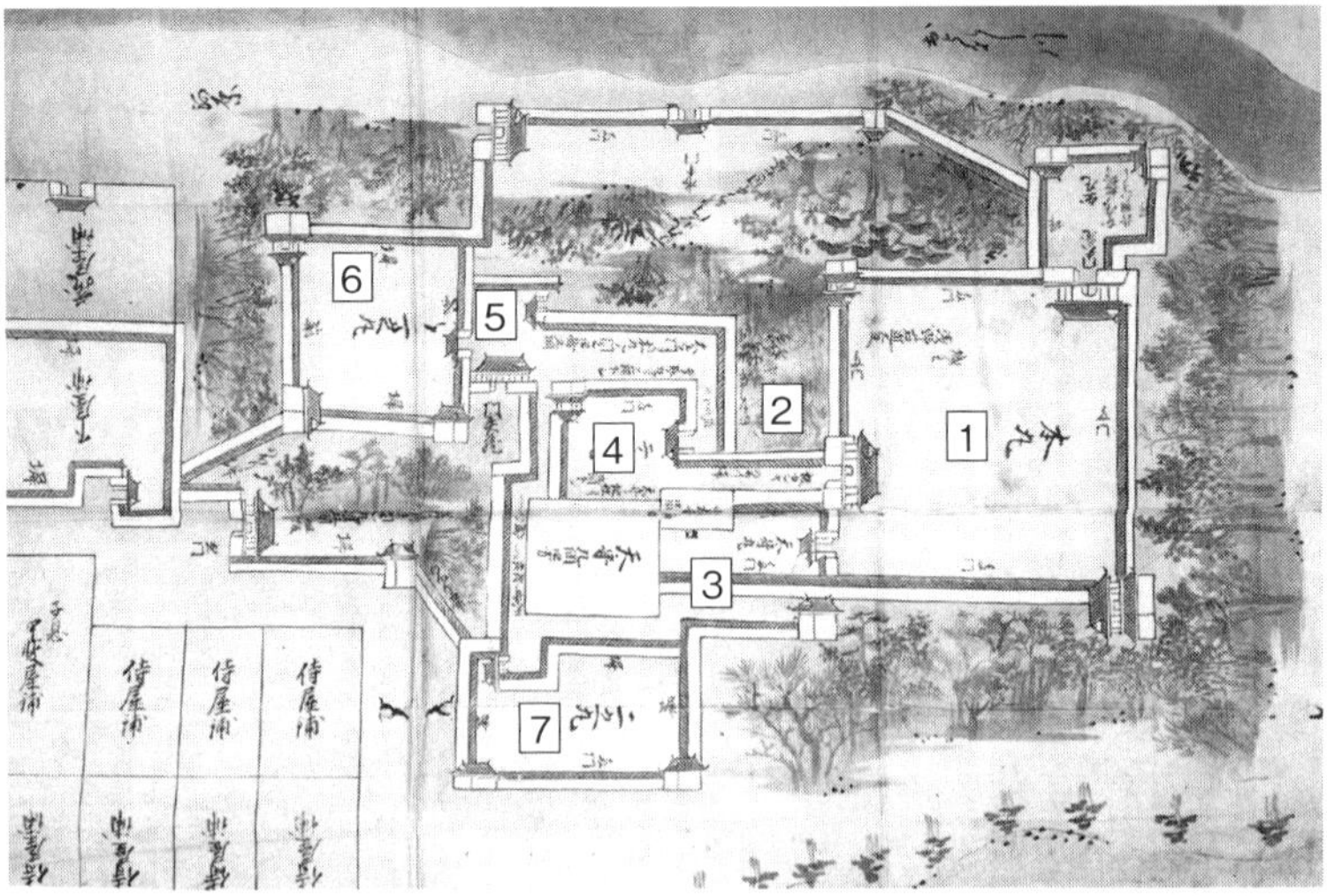

「紀州熊野新宮浅野右近大夫忠吉居城古図」に加筆　広島県三原市立中央図書館蔵

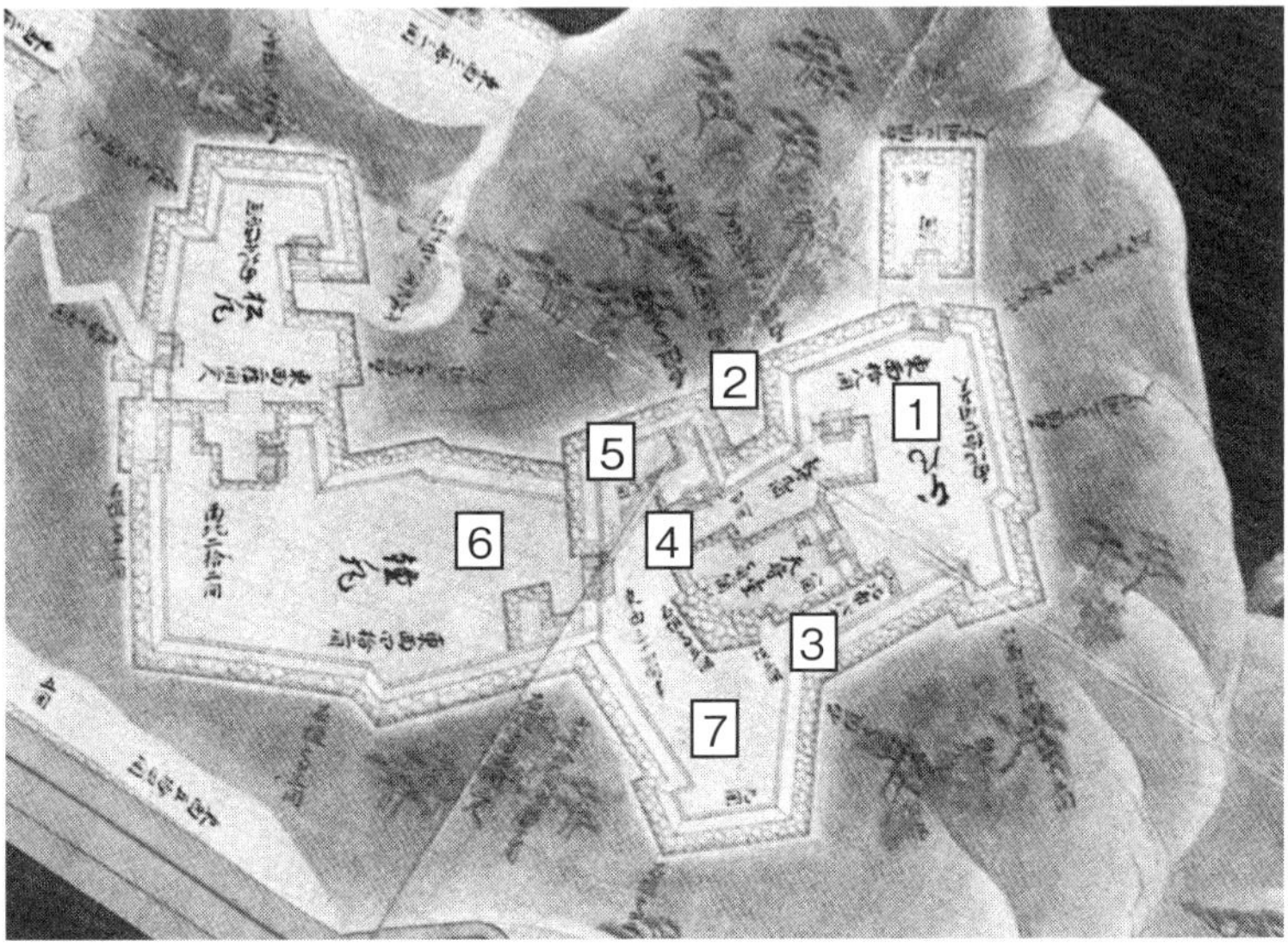

「紀伊新宮城之図」（正保城絵図）に加筆　国立公文書館蔵

〈図5〉類似する浅野期・水野期絵図の比較（『熊野誌』43号所収）

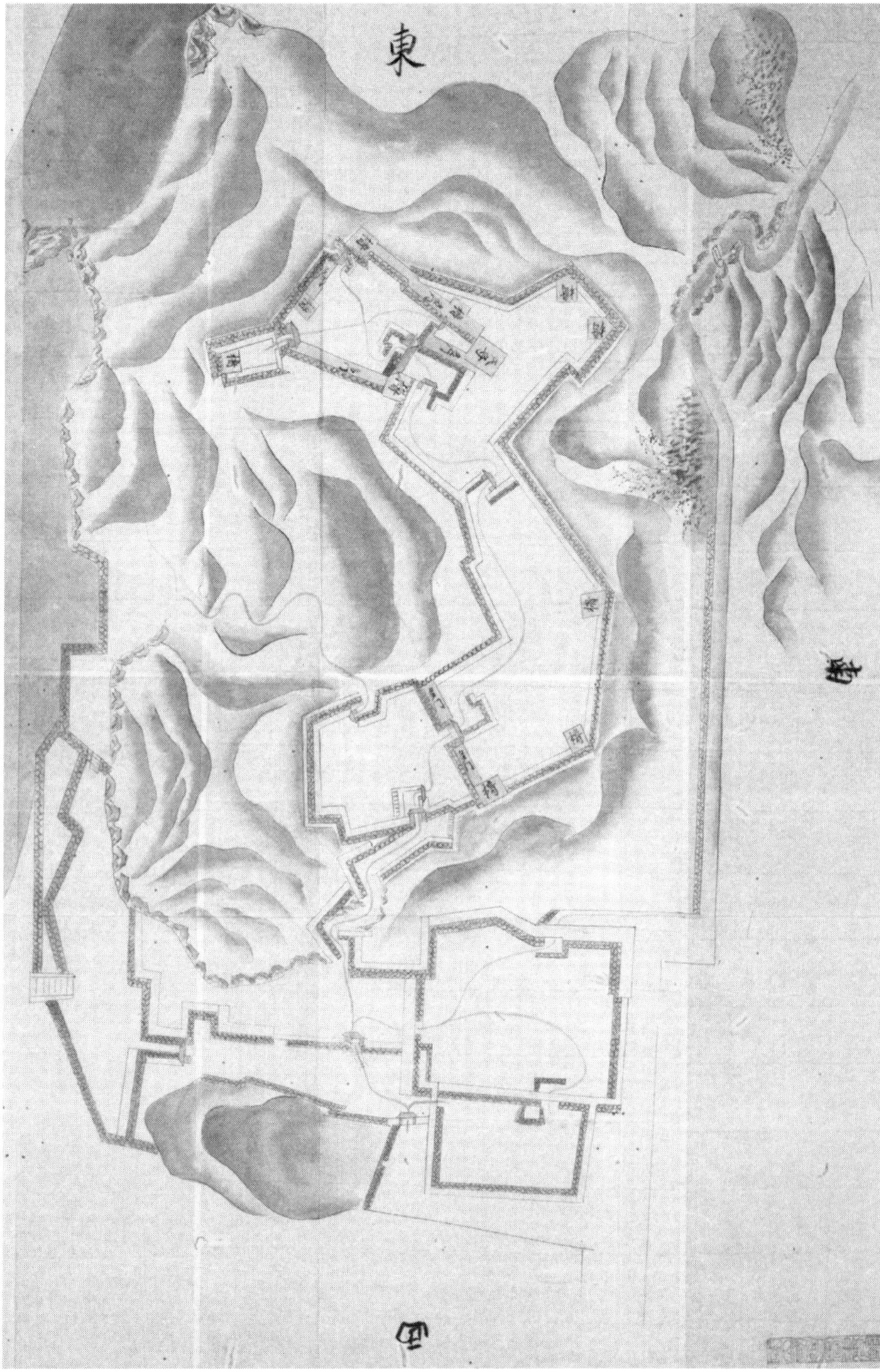

〈図６〉紀州新宮城絵図　国立国会図書館蔵

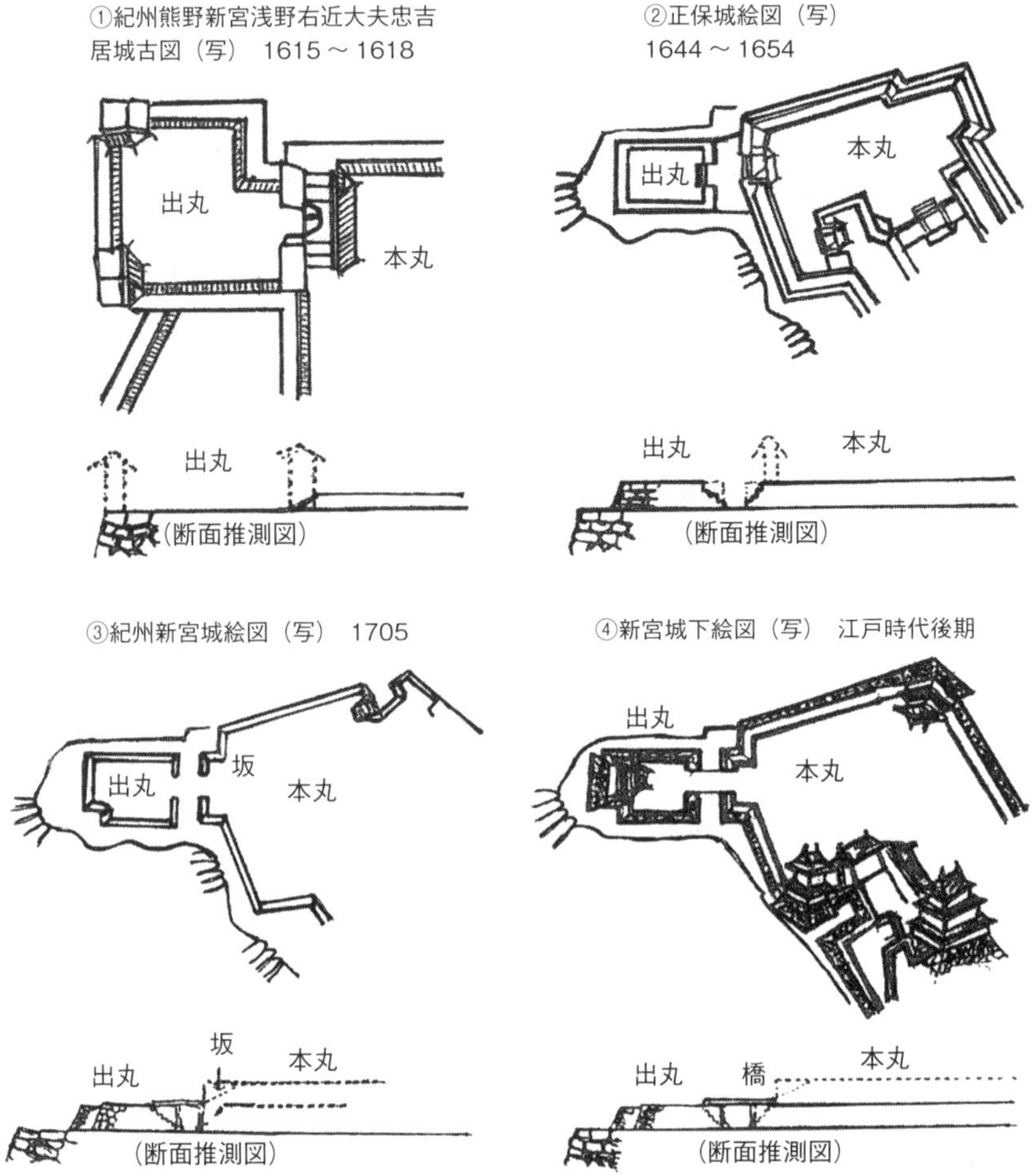

〈図７〉出丸の変遷　作図：水島大二（『熊野史』43 号所収）

〈写真２〉出丸

出入り口を持っているが、この構造に至るまで、出丸は構造を微妙に変えてきたことが絵図でわかる（図7）。

「浅野古図」に「本丸ノ地盤より弐間ひろし」とある出丸は、本丸との高低差はなく城門で結ばれ、周囲を塀で囲んでおり、隅には二基の単層櫓が描かれている。「正保城絵図」になると、出丸が本丸と切り離された独立構造に転じ、出入り口が向かい合って建てられている。本丸から出丸へは、本丸側の城門をくぐって石段を下り、再び出丸の石段を登るという構造である。絵図の注には、「八間広さに高さ一間三尺、幅四間」とあるが、建物は描かれていない。浅野新宮城の敷地に長方形の独立した櫓台風曲輪を築いたため、浅野期と比べると全体にやや狭くなったようで、周囲を巡るように、犬走り状の空間ができている。

もうひとつ、正確な絵図がある。図6とほぼ同じ縄張り図だが、図6にある櫓などの記載はない。宝永四年（一七〇七）四月、紀南地方を襲った大地震で崩れた石垣の修復を幕府に願い出たときに提出されたもので、赤い太線が書き込まれている。翌五年七月の作成とされる「紀州新宮城絵図」（図8〈和歌山県立博物館蔵〉）で、名称も同じである。

図8で注目すべき変遷は、出丸と平行になるように、本丸側の石垣を張り出しているところにある。この張り出しは、本丸と出丸を橋で結ぶためのものであったことが、江戸時代末期の作とされる「新宮城下絵図」（図9『日本林制史資料』所収）によりわかる。しかし、本丸側のほうが高いので、出丸と同等の高さになるように、本丸側の石垣が、出丸と同じ高さにくり抜かれ、出丸に通じる橋までは坂道になっていたことが、発掘調査で明らかにされている。

現在、その痕跡が本丸側の石垣に残っているが、明治以降、石を積んで塞いでしまったので、原型を失っている。なお、埋められた部分の下方には、橋を架けていた痕跡を見ることができる。

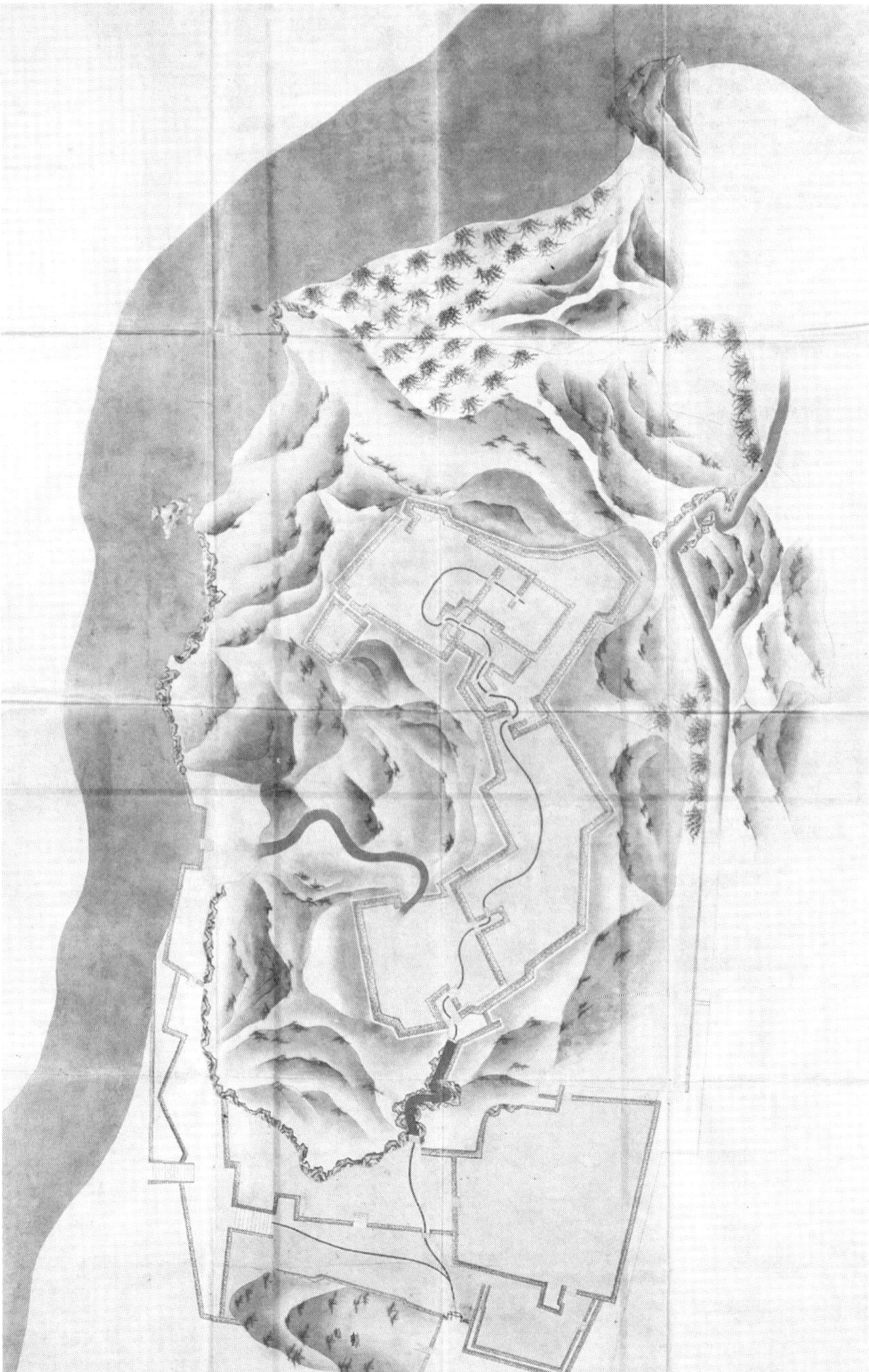

〈図８〉「紀州新宮城絵図」　和歌山県立博物館蔵

石垣で構成された櫓台風の出丸にも変遷が見られる。「新宮城下絵図」（図9）の出丸は、北西部の角がL字型に描かれている。この構造は「紀州新宮城絵図」（図6・8）にも描かれているが、「正保城絵図」には見られない。

したがって、石垣の角を切った現在の出丸構造（写真3）は、宝永四年以降のものとなるが、その理由はよくわからない。「正保城絵図」からわずか五年後の慶安二年（一六四九）と寛文二年（一六六二）の大地震、さらに二年後の地震で松の丸が崩壊。台風などの災害も多い当地方であることを考えれば、寛文二年の大地震以後、「災い避け」のために角を切った可能性がある。

「新宮城下絵図」には、その脇に三層櫓が描かれている。これは平成八年（一九九六）三月の発掘調査で鯱の破片が出土し、「出丸にも、鯱で棟を飾り立てた建物があった証拠」[*5]として確認された。なお。図6の「紀州新宮城絵図」には、同位置に「櫓」と表記されている。

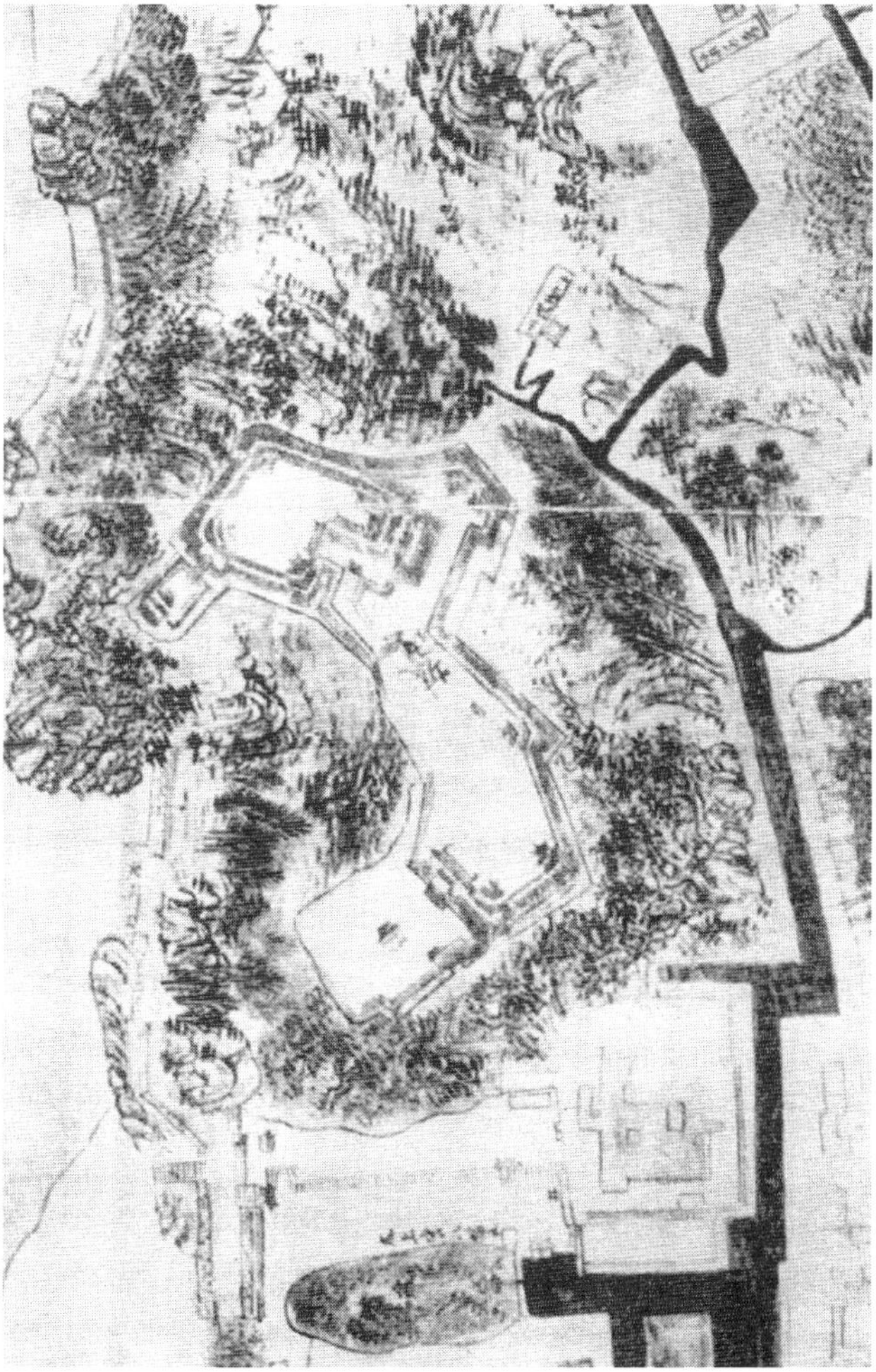

〈図9〉「新宮城下絵図」『日本林制史資料』所収、新宮市教育委員会

＊5　「新宮（丹鶴）城出丸の発掘調査現地説明会資料」（新宮市教育委員会、一九九六年）

〈写真3〉出丸から、熊野川と水ノ手曲輪

出丸は、熊野川に突き出た丘上にある。その目的は不明だが、見張所に適していることは、誰もが考えることである。のちに、下方の水ノ手には炭納屋が建ち並び、新宮領の経済を支える重要な船着き場となった。出丸に建てられた櫓は、水ノ手の舟入りを監視する目的を担っていたことは間違いないと考える。

これらの石垣の変遷は、安政元年（一八五四）六月十三日と十一月四日の大地震で石段が崩壊し、以後、「この通路は廃止され、それに伴い水ノ手では、炭納屋が拡幅されたとみられる」という発掘調査の結果がある。[*6] この頃の新宮城は、軍事施設から経済流通施設へと変貌していたとみられる。それが、平成五年の水ノ手曲輪発掘調査による「炭納屋群」の発見により、同曲輪は軍用港としての役割から、商業港へと移行していく過程が明らかになった。出丸の役割も、当地方の見張りから、港の監視へと移行したのかもしれない。

水ノ手

水ノ手曲輪は、熊野川が蛇行した淵にあたり、丹鶴山が北に突き出した陰になっているため、流れがおだやかな天然の良港地で、川面に沿って築かれた石垣に、幅約四メートルの舟入が見られる。

浅野新宮城は、水ノ手門に舟を着けて上陸したことが絵図からわかるが、水野新宮城では松ノ

＊6　「新宮城松ノ丸石段発掘調査現地説明会資料」（新宮市教育委員会、二〇〇〇年）

丸と結ぶ階段が設けられ、川と城内の両方から水ノ手の経路が確保されている。平成九年と平成十一年に実施された発掘調査で、埋もれていた水ノ手曲輪と結ぶ松ノ丸への石段が見つかり、翌々年の第二次水ノ手曲輪発掘調査では、多数の礎石が発掘された。その結果、十九棟の建物が、曲輪いっぱいに建てられていたことが判明した。この建物群は、出土遺物から炭納屋と想定されている。

松ノ丸

松ノ丸は、水ノ手と石段で結ばれた曲輪であるだけに、水ノ手曲輪との関わりも深い。現在の松ノ丸跡をみると、南口は切込接の石垣による枡形であるが、北口に残る石垣は、打込接で枡形構造になっていない。これにより、水野新宮城が築城された当時は、打込接による石垣であったが、地震後の修復時には、城の表側に当たる大手口に繋がることから、見栄えの良い花崗斑岩による切込接で積み直されたと考えられる。

松ノ丸北口には、打込接のわずかな石垣しか見られないが、これが水野新宮城築城当初（地震前）の石垣と思われる。現在も本丸や鐘ノ丸周辺に見られる打込み接ぎの石積みは、その当時の名残りと思われるが、浅野新宮城の石垣をそのまま使用した可能性もあるので、断定することはできない。

【石垣】元和元年（一六一五）の一国一城令による「破城」は、どの程度城郭を破壊したのか。この疑問は、近年の発掘調査が進むにつれて明らかになってきた。

宇陀《うだ》松山《まつやま》城跡（秋山《あきやま》城・奈良県大宇陀町）は、標高四七三メートルの山城跡である。山頂の天守台の発掘調査により、地面に接する基礎部は原型をとどめていたが、天端（石垣の上部）はこと

〈参考〉宇陀松山城跡の天守台
石垣上の芝生が破城の跡

上〈写真４〉鐘の丸石垣下の浅野期と思われる石垣　写真提供：小淵伸二
下〈写真５〉出丸下の浅野期と思われる石垣

ごとく外されていたことが明らかになった。[*7] 富岡《とみおか》城跡（熊本県苓北町）の発掘調査でも、角石の大半と天端部から中程までの積み石を取り下し、裏込めの小石と土砂と共に下部へ落とし込んでいたことが報告されている。[*8]

また、鴫山《しぎやま》城跡（福島県会津郡田島町）の発掘調査では、大門跡の石垣天端から中程まで崩壊していたという。[*9] 最近の城跡整備では、この状態が一目でわかるようにしている。佐敷《さしき》城跡（熊本県芦北町）では、破城の跡である石垣の天端部分に芝生を張って、一目でその状況がわかるような整備がなされ、[*10] 赤木《あかぎ》城跡（三重県紀和町）も同様である。

こうした事例から、浅野前期新宮城が破城になり、再築城が認められた際には、縄張りの基礎となった石垣下部が残存していたと思われ、その上に改めて石垣を積んで浅野新宮城が築城され、そのうえで、水野氏による新宮城築城は、新たに石垣を積んだり積み足したりして増改築がなされたと考えられる。

平成二十二年冬、水ノ手曲輪から望む本丸北斜面の雑木が伐採され、野面積み石垣を側面から

＊7　二〇〇九年に現地で確認している。

＊8　一九九七年二月六日熊本日日新聞（『月刊文化財発掘出土情報』四月号）

＊9　『鴫山城大門跡—大門周辺第一、二、三次発掘調査報告』（日本城郭史学会調査報告第十四集、一九九二年）

＊10　二〇一六年五月に現地にて確認した。

見ることができるようになった（写真４）。以前から、「浅野期新宮城の名残りではないか」と注視していたもので、出丸の犬走り状の北西斜面に残る石積みと似ている（写真５）。この両石積みのラインに沿う斜面にも、同様の石垣を見つけることができた。

出丸の北東ラインでは、本丸北東石垣下の小径に沿う側面に、野面積みの石垣が存在する（写真６）。その下方斜面の所々にも石が積まれた様子が確認でき、現状は三段になって残っているが、かつてはこのラインに沿って、土止めの石垣が積まれていたのかもしれない。

つまり、このラインの台地上に、水野氏が浅野期新宮城の縄張りを踏襲して築城したことを証明するものと考えている。前期浅野新宮城のものかについては、本格的な調査が行われない限り即断できないが、天守台周辺の浅野期と思われる石積みとは明らかに違いがある。

上〈写真６〉本丸北東部下の浅野期と思われる石垣
下〈写真７〉本丸虎口の北東石垣

前者の浅野期新宮城と推測する石垣は、小さめの石で積まれた野面積みであるのに対して、再築城のときと推測する後者の石垣は、大きめの石で加工されている。本丸虎口の西下方側面の石垣（写真７）や天守台同面の石積みは、ほかの切

〈写真８〉本丸東隅の埋門跡

込接と違い、打込接である。その東端に当たる天守台角石下方に二個の刻印が見られるが、これを境に、上部はきれいな切込接であることから、水野新宮城天守台は、浅野新宮城天守台の基礎部分に増改築したのではないかと考えられるが、これも現段階では憶測にすぎない。

　新宮城は、たびたびの大地震に見舞われ、*11 石垣の修復も頻繁に行われている。前述したように、宝永四年の大地震で崩落した石垣の修復許可を幕府に願い出るために作成した「紀州新宮城絵図」（図８）が残されており、修復部分に朱線が入れられている。昭和六十二年に国立国会図書館で見つかった修復許可書の写しには、朱線が書き込まれていないが、縄張り絵図は「紀州新宮城絵図」（図６）とほぼ同じである。*12

　大地震から二年後、ようやく本丸石垣一四ヵ所、二ノ丸・三ノ丸石垣一六ヵ所、南曲輪石垣一三ヵ所の築き直しの許可が幕府から下り、翌年に石垣の大普請が行われている。

　本丸東の埋門《うずみもん》形式の虎口（写真８）もそのときに増築されたもので、「新宮城御普請ニ付奉書」*13 には、寛文七年（一六六七）四月から六月にかけて、「本丸より外への虎口新規普請」とある。この虎口は「紀州新宮城絵図」（図６・８）に記されているが、「正保城絵図」には描かれていない。

＊11　慶長十年（一六〇五）二月三日の慶長南海地震、寛文四年（一九六四）六月十二日の新宮地方地震、宝永四年（一七〇七）の安永大地震（東海・南海・東南海連動地震）、嘉永七年（一八五四）六月五日の南海道・西海道地震など。

＊12　違いは、櫓の文字が記入されていることである。

＊13　『みくまの』（第三号、熊野記念館研究紀要、一九八七年）

これが有事の際の間道《かんどう》（抜け道）であったとすれば、「正保城絵図」の時期にはすでに造られていたと考えるのが一般的である。また、「本丸より外へ」は、麓の池田港への道が開かれたのではないかという話もある。事実、その道がかつて存在したとの地元の伝えがある。これは、水ノ手曲輪の役割に大きな影響を与えたと思われる。

たび重なる大地震に見舞われてきた新宮城は、そのつど、強度を考慮した石垣を築いてきたであろう。それが、現在に見る花崗斑岩を用いた隙間のない完成度の高い石垣と考える。つまり、打込接の石垣は、それ以前に築かれた水野新宮城のものと考えてよいのではないだろうか。

さまざまな刻印

「刻印」には、さまざまな符号や人名、文字がみられる。なかには墨書や朱書も確認されている城もある。

刻印の使用は、天正四年（一五七六）の安土城に始まるとされるが、最も普及したのは、慶長・元和期（一五九六〜一六二四）といわれている。新宮城でいえば、浅野期から水野期前半ということになる。

しかし、なぜ石に刻印するのか。いくつかの理由が考えられるものの、いまだによくわかっていない。天下普請の場合は、石積みの担当区域が誰であったかがわかるように、責任者の紋を入れさせたり、加工した石の積む場所を記したもの（角三段など）がある。また、採石場で切り出した石材が盗まれないように記したのだという説もある。

新宮城では、出丸と水ノ手曲輪を除いて、各所に見ることができる。本丸では、天守台と本丸入口で「☆」印や「〇」印など六種類四十一個、鐘ノ丸の松ノ丸側に面した石垣の入口部分に「＋」

印、安政の地震時と思われる崩壊石垣の基礎部分に「+」・「|」・「☆」など三種類十六個が確認できる。さらに、二ノ丸の幼稚園に沿う石垣から「+」・「|」印十一個が確認できる。調査した西村佳久氏[*14]は、新宮城刻印の使用時期は、「+」と「|」印と、「△」と「○」、「大」印を使用した時期の二期に分類できると推測している。

二ヵ所に置かれた鏡石

総石垣の平山城に分類される新宮城の石垣の中に、「鏡石《かがみいし》」[*15]と考えられる大石が二ヵ所ある。

鏡石のうち、大坂城の「蛸石《たこいし》」、名古屋城の「清正石」、上田城の「真田石」、今治城の「官兵衛石」などは、親しみを込めて後世名付けられたものである。名のないもののほうが多い。複数の鏡石を並べた例もある。富山城大手門跡（現・天守閣）石垣もその一つで、大石が複数並べてあるので、自然と目がいく。丸亀城大手門の枡形内にも、周囲の石より大きい石を等間隔に並べている。これも鏡石といえる。

岡山城の下馬門跡にも、複数の大石が寄り添うように積まれており、説明板には最大のもので縦幅約四メートル、横幅約三・五メートルとある。普通は奥行きは見えないが、岡山城の場合は石垣が孕《はら》んでいるため見ることができる。厚みは六〇センチから八〇センチほどとされるので、板状の石を立てかけているのである。この板状の鏡石は、大坂城の発掘調査でも確認され、他城の鏡石も同様と考えられている。

また、同種のものに「たて石」がある。これは石垣の隅、とくに虎口（城門）石垣の角に積まれていることが多い。細長い大石を縦に置いたもので、近世城郭に多く見られるが、戦国の城はもちろん、中世の山城にも見られた。県内では、藤倉《ふじくら》城（那智勝浦町）の居館小口（虎口）に置

〈参考〉名古屋城の清正石

〈参考〉赤木城（三重県紀和町）の鏡石

かれていたことが、発掘調査で明らかになっている。[*16] 鏡石は、大手口など正面にあたる曲輪にある場合が多く、人の出入りが多い位置に置かれる。もちろん、石垣の崩落防止のために用いたものもあっただろうが、当時は、壮大な石積みや鏡石などの巨石を積むことで、人を畏敬させる効果があると考えられていたため、魅せる石垣を好んで積んだようであるが、元は悪気を払いのける意味で置かれたという。

新宮城の場合は、松ノ丸（三の丸）虎口から鐘ノ丸（二ノ丸）へ通じる枡形虎口にある。その鏡石（写真9）は、縦一〇五センチ、横一六〇センチ、幅約三〇センチ（隙間に曲尺を入れて測る）である。もう一ヵ所は本丸の入り口に設けられ、縦五〇センチ、横九〇センチ、幅約二〇センチ（先に同じ）で、同じような大きさの石を複数横に並べて積まれている（写真10）。ただし、当所の石積み

上〈写真9〉鐘ノ丸虎口の鏡石
下〈写真10〉本丸虎口の鏡石

＊14　西村佳久氏の一九九四年調べによる、同年『熊野史研究』二九号（熊野歴史博物館設立準備室）、「新宮城石垣を中心にして」（『熊野誌』四四号、新宮市立図書館・熊野地方史研究会一九九八年）に詳しい報告がある。

＊15　鏡石　威圧を与えるための大石で、視覚的効果をねらったもの。

＊16　「藤倉城跡発掘調査現地説明会資料」（一九九九年）、『藤倉城・川関遺跡―那智勝浦道路建設事業に伴う埋蔵文化財発掘調査報告』（二〇〇四年）

は、打込接でも野面積みに近く、周辺の石垣と比べると雑に見える。あるいは、水野新宮城初期の石積みの名残りかもしれない。これと類似する鏡石は、和歌山城天守二ノ門（楠門）を潜った正面にも見ることができる（第一部　和歌山城【鏡石】の項参照）。

いずれにしても、二ヵ所の鏡石には時代差が見られ、石積みと石質の相違から、同時期に設けられたものでないことが想像できる。それらは巨石とは決していえないが、積まれている周辺の石と比べれば、鏡石と呼んで差し支えないだけの大きさはある。

改称された曲輪名

曲輪《くるわ》とは、城郭内の区画のことで、「郭」の文字も用いられる。つまり、近世城郭でいう「本丸」「二ノ丸」などの「丸」のことである。その由来は明らかでないが、元来、「郭」は「主郭《しゅかく》」「副郭」、あるいは「内郭」「外郭」などと大きく分類する場合に用いたが、江戸の中頃から「郭」の表記が見られるようになった。*17 したがって、少なくとも江戸初期までは、「曲輪」の表記を用いるのが正しいが、最近は時代を問わず、「郭《くるわ》」の表記が優勢になりつつある。

「正保城絵図」によると、新宮城の曲輪名は、山上に「本丸」「鐘ノ丸」「松ノ丸」、そして南麓の平地に「二ノ丸」とある。しかし、それ以降の記録には「鐘ノ丸」や「松ノ丸」の表記はなく、代わって「二ノ丸」「三ノ丸」と記載されている。「松ノ丸」の呼称は、寛文四年（一六六四）六月夜の地震で、松ノ丸が崩れたという記述が岡家の「年代記」*18 にあるので、この頃はまだ「松ノ丸」は「三ノ丸」と改称されていないと見える。ところが、今日でもなぜか先の呼称が優先して用いられている。それを確かめるため、おもな絵図や記録から、新宮城の曲輪名を年代順に拾ってみよう（表1）。

---

*17　文化五年から六年に描かれたという「自矢作町割到御城之図附遠望御城之図」（和歌山城）には、「天守曲輪」を「天守郭《くるわ》」と表記している。

*18　六月十二日（『新宮城跡の歴史と発掘調査』による）。

いずれにしても、「鐘ノ丸」や「松ノ丸」が「正保城絵図」以外に見られないにもかかわらず、改称された曲輪名が、今日に伝えられていないのはどういうことなのだろうか。曲輪の呼称や建物の名称などが改称されることは珍しくはないが、その場合でも、幕末時の呼称が伝えられているのが大半である。それが、新宮城の場合は「正保城絵図」の呼称が現在に伝えられ、それ以後の呼称が伝わっていないのは、むしろ珍しいことなのかもしれない。

表1の①「浅野新宮城古図」（図2）に「二ノ丸」「二ノ丸之段」が見えることは先に述べたが、そのうちの「二ノ丸」が「鐘ノ丸」の地とほぼ一致すると推測している。したがって、「二ノ丸」は水野期になって「鐘ノ丸」と改称されたと考えられる。鐘ノ丸は彦根城（滋賀県彦根市）にもあり、釣鐘が現存している。新宮城の場合も、おそらく釣鐘か同櫓（鐘櫓、時鐘櫓など）に類するもの

	史料名	本丸地の呼称	現、鏡ノ丸地の呼称	現、松ノ丸地の呼称	現、二ノ丸地の呼称	その他
①	「紀州熊野新宮浅野右近太夫忠吉居城古図」（「浅野新宮城古図」）	本丸・天守丸	二ノ丸		下屋敷	出丸・水ノ手
②	「紀伊国新宮城之図」（「正保城絵図」）	本丸（ほぼ中央に天守台と表記）	鐘ノ丸	松ノ丸	二ノ丸	出丸（表記はないが描かれている）
③	「紀州新宮絵図」の城郭部分*19	本丸の表記はないが、三層の天守が描かれている	二ノ丸か（正確に比定できない）	三ノ丸か（正確に比定できない）		
④	「新宮城御取立候覚」（丹鶴城秘録）*20	本丸・御天守	二ノ丸塀狭間	三ノ丸塀狭間	南曲輪高石垣	腰曲輪塀狭間・出丸
⑤	「新宮城御普請ニ付奉書」（前出）	本丸石垣	二丸石垣	三丸石垣	南曲輪石垣	外曲輪

〈表1〉新宮城の曲輪名の変遷

＊19　個人蔵。『新宮城跡の歴史と発掘調査』（新宮市教育委員会、二〇〇一年）より。

＊20　原資料は個人蔵。一九九七年、郷土史第十四輯『丹鶴城秘録』で前千雄氏が活字に直して刊行。

〈写真11〉二ノ丸の石垣

〈写真12〉二ノ丸の石垣。2017年末の住宅撤去に伴い、初めて見えるようになった

が存在して名が付いたのだろうが、のちに再び「二ノ丸」と改称されたことは、先述の各資料でわかる。このときに、麓に築かれていた「二ノ丸」を「南曲輪」と改称したように思える。

次に三ノ丸である。『新宮（丹鶴）城発掘調査報告書』[*21]に、表1の⑤「新宮城御普請ニ付奉告」を提示して、「これらの郭（鐘ノ丸・松ノ丸）は『二丸・三丸』と称されている。被害櫓の位置関係から見て『鐘ノ丸・松ノ丸』をこのように称したことは間違いない」としている。

また、二ノ丸と外曲輪については、表1の⑤から、『新宮城跡の歴史と発掘調査』[*22]に「南曲輪と外曲輪に新規の出口を開け、埋門を設けることが幕府から許可される」、そして「二ノ丸は南曲輪、その西の小さな郭《くるわ》は外曲輪と呼ばれるようになったようだ」とある。外曲輪は南曲輪の大手口前を囲む枡形（外馬出）のことを指しているが、現存しない。

つまり、幕末の新宮城は、「正保城絵図」に描かれた曲輪の配置と基本的に大差はなかったが、山上の曲輪は本丸・二ノ丸・三ノ丸で、麓の平地曲輪を南曲輪や外曲輪と呼んでいたことになる。それがなぜ、今日に至っても「正保城絵図」の曲輪名で伝えられているのであろうか。その要因としては、以降の絵図に曲輪名が記されたものがないことがあげられる。

例えば、宝永四年（一七〇七）の大地震で被害を受けた石垣の修理を幕府に願い出た際の図で

＊21　副題「都市公園整備に伴う発掘調査」（新宮市教育委員会、一九九九年）

＊22　副題「その保存整備と活用のために」（新宮市教育委員会、二〇〇一年）

＊23　和歌山県立博物館蔵

＊24　昭和六年農林省発行の『日本林制史資料』の口絵に収められている。原本不明。

ある「紀州新宮城絵図」[*23]（図8）や「新宮城下絵図」[*24]（図9）にしても、曲輪の名が記入されていない。

後世になって新宮城を語る際、明確に記された「正保城絵図」の曲輪名で説明したものが、現在に引き継がれてきたのだと思われる。かつて、鐘ノ丸跡に「二ノ丸旅館」が存在していた。名称を「鐘ノ丸旅館」としなかったのは正しかったのかもしれない。

天守はあったのか

新宮市の東を流れる熊野川の対岸は三重県であるが、江戸時代に紀伊国が徳川家の領地となったとき、伊勢国の松坂までが紀伊国に編入された。そうでなくても、浅野期新宮城時代から、当地方ではしばしば一揆が起きており、それを鎮圧するため、熊野川の眺望がきく一等地に天守のような大櫓を築き、威厳を示すことに大きな意味があった。

しかし、新宮城に天守はなかったという説がある。議論の中心となっているのが、「正保城絵図」に表記された「天守台」である。これについて、『日本建築基礎資料十四・城郭Ⅰ』（中央公論美術出版）では、「正保城絵図」に見る他城は、天守が存在する場合、天守の絵が描かれているが、天守がない場合は「天守台」との表記があるのみという理由で、「紀伊新宮城には、天守が築造されていなかった」と断定している。たしかに、「正保城絵図」の他城には、天守の有無は絵によって描かれ、しかも、外観を現状の天守と類似させて描いているものが多い。

しかし、盛岡城《もりおか》（盛岡市）のような例もある。盛岡城は、西側を流れる北上川《きたかみ》と東側を流れる中津川《なかつ》との合流点に臨む丘に築かれ、主郭すべてを石垣で築いた、東北地方ではめずらしい平山城である。「正保城絵図」の盛岡城には「天守」の表記がないため、当時、天守がなかったと考えられていたが、明治初年に撮影された写真に「天守」が写っており、その存在が明らかになっている。新宮城と似た事例として興味深い。

「正保城絵図」に盛岡城の天守が描かれていないのは、寛永十一年（一六三四）の落雷で本丸御殿とともに焼失したためだとされる。その後の延宝二年（一六七四）に「三階櫓」が再建され、天保十三年（一八四二）にこの櫓を「天守」と称することとなり、たびたび修補が施されたという。ところが、この時期の落雷による焼失も論拠が明確でないとして、城郭研究家の神山仁氏は「盛岡城には元々三層櫓（のち天守）はなく『新規に造る』では幕府への配慮が欠けるから、四十年ほど前の火災を口実に『先年焼失に付之を元に建て直したい』旨を願い出たのかもしれない」と推測している。[*25] もしそうならば、前掲『新宮城御取立候覚』の「其後地震洪水等も無之ニ天守崩レ候由」の「其後」も、同様な考え方ができるのではないだろうか。

元和の一国一城令後、天守の造営許可が難しくなったため、各藩ではそれぞれ工夫を凝らした。天守櫓を三層櫓や三階櫓、あるいは大櫓などと称して、あくまでも天守を否定し「櫓」であると主張することも、幕府の許可を得る一つの方法であったようだ。これらの櫓を、藩内や城下では「天守」と呼んでいた盛岡城のような例もある。

新宮城天守については、記録や語りの中に天守の文字が見られるので、それを列挙してみよう。

[記録]

○戸田木三旧聞書（＊4参照）

元和元年幕府令を発し、天下一国一城の制と定む。是に由って紀州田辺、新宮の両城を毀たる。之を久しうして家康更に長晟に令して曰く、抑、新宮の地たる往々兇徒の起るあり。他の城郭と相異れば宜しく浅野右近太夫に命じ、之を改築すべし、と。此に於て君命を奉じ、自ら城割を区画し、之を経始す。（中略）已にして石垣、城壁、天守閣も工を竣へ、居館亦落城し、

＊25　『陸奥・盛岡城（一）―徳川幕府の城郭政策を背景に―』（日本古城友の会・城と陣屋シリーズ第一六二号、一九八三年）

日ならずして之に移らんと欲するに会し、公芸藩移封の命あり、因って君芸に致るに及んで三原城を賜ぶと云ふ。

○『済美録』[*26]

慶長十九年十二月二十日付、大筒を天主に配置せよ。

慶長十九年（一六一五）は七月に改元されて元和元年となった。元和の一国一城令で天守が取り壊されたとしたら、ここに見える天守のことだと考えられる。

○紀州熊野新宮浅野右近太夫忠吉居城右図（浅野新宮城古図）

『糖塚右衛門手記』（『新宮市史』）には、浅野忠吉は慶長五年七月より築城を開始し、同七年十一月には竣工したとある。のち、一国一城令により廃城となるが、特例が認められ、再び築城された。図によると、城門や櫓などが連結し、中央の本丸に「天守九間四方・小天守三間×四間」（図）と、天守と小天守が結合したようすが描かれている。

○新宮城御取立候覚（『丹鶴城秘録』）

慶長七年寅之頃（中略）新宮浅野右近殿領地に相成、御紺殿御城石垣など築、残り修覆被致、天守取立有之候処、国替被仰付候、其後地震洪水等も無之ニ天守崩レ候由

「天守崩壊」の「其後」がいつのことを指すのか明確ではないが、この後が「正保城絵図」の描かれた時期となる。同絵図の「天守台」が「天守存在せず」とするなら、何らかの理由でこの時期のみ存在しなかったと考えなくてはならない。それが「正保城絵図」が提出される以前なら、話が合う。

○智徳院（三代重上）御城御修復被仰付候覚（『丹鶴城秘録』）

一　御天守　一　御矢倉十、門四ツ　以下略

＊26　『済美録《せいびろく》』（『新宮城跡の発掘調査』新宮市教育委員会、二〇〇一年）。初代浅野長政から十四代長勲に至る代々の実録。長政は「太祖公済美録《たいそこう》」、和歌山城主となった幸長は「清光公《せいこうこう》済美録」、和歌山城主二代目長《なが》晟《あきら》は「自得公《じとくこう》済美録」という。

○覚（『丹鶴城秘録』）

元文五申（一七四〇）年　御天守之牛引物虫附大傷ニ付取替有之候

○諸職人高（『丹鶴城秘録』）

寛文十戌（一六七一）年権現之弊御天守へ御納、以来東仙寺毎月十一日御祈念初ル

○牢舎之者扶持方極書・町在牢舎扶持方之覚（『丹鶴城秘録』）

延宝四辰（一六七六）二月十七日　夜亥の刻川原より出火、仍之御天守御城ハ無別条・以下略

［絵図］

○紀州新宮城絵図（和歌山県立図書館蔵）

宝永五年（一七〇八）、石垣補修許可願いのために作成された図に、「天守」の文字が明記されている。また、近年発見された紀州新宮城絵図（国立国会図書館蔵）も同様である。

○「紀州新宮絵図」（個人蔵）

宝暦三年（一七五三）に、浅野新宮城を写した図といわれている。図の城郭部分の中央に、三層で半板張り（側面の上部が白壁で、下部が板張り）の天守の姿が描かれている。和歌山城の天守も、板張りの黒い天守であったことが明らかになっているので、この板張り天守図は興味深い。

○「中辺路・大辺路及熊野川図」（和歌山県立図書館蔵）

木立の中に、白亜の天守らしい上層部が描かれ、熊野川に沿う水の手の櫓や白壁も描かれている。この図は、天守がなかった紀伊田辺城が屋敷（陣屋）風に描写されていることを考えれば、新宮城のイメージ図として参考になる。

○「新宮城下絵図」（図9）

「正保城絵図」など、水野新宮城と一致する縄張り図の上に、諸櫓や城門が立体的に描かれ、

＊27　『新・紀伊新宮城』（日本古城友の会刊、一九九九年）

本丸の天守台上に三層白亜の天守が建っている。この図について、栢木隆氏が「初層屋根の左右の厚みが違うことに気付き、隅石落しと思われたのは実は白壁の中央から張り出した石落しで、千鳥破風に見えたのは切妻屋敷であることが判明した。この絵に描かれた天守は、江戸城富士見櫓を真似たのであろう」と、興味深い報告をしている。[*27] これは、新宮市立図書館に頼んで、『日本林制史資料』から直接「新宮城下絵図」を複写してもらい、毎日検討した結果だと付記している。

本藩の和歌山城が、二の丸御殿や西の丸庭園、そして実現はしなかったが木型が造られた五層天守の外観など、ことごとく江戸城を意識していた事実を考えれば、支藩の新宮城天守が江戸城富士見櫓を模していたという、前述の栢本説を頭から否定することはできない。ただ、この図は二の丸部分に建物が描かれず、天守を含む山上部も、内部（居館部分）の建物も描かれていない。建物図としてはたいへん簡素なもので、描かれた絵の根拠が明らかでない以上は、イメージ図として見なければならないのは残念である。

○「紙本著色新宮本社末社図附新宮末社図」（図10）

嘉永年間（一八四八〜五四）に描かれたとされる。竹藪の中にのぞく白亜の塔層型三層天守が、「新宮城下図」に描かれた天守と類似する姿で描かれている。いずれにしても、描かれた「天守図（絵）」はすべて、「三層」で共通している。

〈図 10〉 新宮本社末社図　附新宮末社図（新宮城部分）　熊野速玉大社蔵　写真提供：和歌山県立博物館

［語り］

故杉浦留楠翁の話では、祖父留右衛門は寺社奉行、父は製薬係を勤め、両人とも城内に詳しかったといわれる。翁はこの両人からの聞き覚えに加えて、自身が十三歳のときに見た新宮城天守の記憶を伝えている。明治五年（一八七二）に十三歳だったという記憶は、昭和十二年発行の『名城ものがたり』[*28]に紹介されているが、昭和三十二年十一月一日から四日と十日付の『紀南新聞』に、より詳しく紹介されている。その要旨は次のとおりである。

①丹鶴城も自然荒廃の中で天守閣のみ歴然として雲表にそびえ（後略）。

②住む者もなき空域となった暁は、徒らに腕白小僧の遊び場所となり天守閣の白壁をブチ破っては、そのシンに張りつけた孟宗竹を外して弓を造り（後略）。

③天守閣へ登ると城の壁は孟宗竹を十文字に編み、それをシュウ口縄にて結び粘土に布海苔を混入して焚いたドロドロの泥土を塗りつけたものとて（後略）。

④丹鶴城は前に竹藪が多かったので、三の丸や二の丸は僅かに屋根を仰視されたのみで、城全体を見られたのは天守閣だけだった。

⑤天守閣は確か五層であったやうで（中略）天守閣から市内を見ると街のすみずみまで手に取るやうで、さすが要害の地だと感じたものでした。

聞き書きなので、若干主観的推測が入っているかもしれないが、新宮城には天守あるいはそれに相当する高層櫓が存在した可能性は、大いにあると考えざるをえない内容である。

杉浦翁の記憶では、「確か五層であった」とある。当時は子どもであっただけに、天守の建物が相当大きく見えたに違いないが、それが重層櫓か単層櫓かを見間違えることはなかっただろう。ましてや、翁の記憶には、最上階まで登って見えた風景も語られている。これが正しい記憶

＊28　大阪朝日新聞通信部編。昭和十二年（一九三七）朝日新聞社刊。昭和三十二年十一月三十日付の『紀南新聞』にも掲載された。

とすれば、天守内部に入ったことになる。そのとき、内部の階段が一階ごとに二つ折れになっていたため、最上階まで五つの階段（入口の階段を含む）があったため、五層と述べたのではないか。あるいは、外観が三層で内部が五階（三層五階）であったという考え方もあるが、全国の同規模の天守と比較しても、前者であったと推測するのが妥当ではないだろうか。天守が三層三階であったことは、まず間違いないと考える。

徳川頼宣が和歌山城に入った元和五年（一六一九）には、一国一城令が実施されていた。西国大名は一藩一城を標準としたが、領内の広い紀州藩は、和歌山城以外に田辺城、新宮城、そして伊勢国に田丸《たまる》城と松坂《まつさか》城（両城陣屋として存続）の設置が認められた。

田丸城は、宝暦年間（一七五一〜六〇）の「田丸城図」（中村寛夫氏蔵）の本丸北端に、「天守」の文字が見えるが、正保元年の暴風雨で崩壊したという。「正保城絵図」の松坂城はその直後に描かれたと推測され、図中には「天守台」と表記されている。

右の二城の天守は、共に板張りの複合式であったことがわかっている。同じ頃に描かれた「紀州新宮絵図」[*29]に見える天守も、板張りで複合式である。松坂城天守の崩壊による「正保城絵図」の「天守台」と、新宮城「正保城絵図」の「天守台」とは、なにやら共通性を感じてならない。

新宮城と田丸・松坂両城との共通性は、「天守台」の規模にもある。松坂城天守台は八間四方、田丸城天守台は七間×八間で、水野新宮城の七間×八間と同じである。浅野新宮城は九間四方であったが、先の二城と大差はない。

ほぼ同規模の天守台を他地域に求めてみても、すべて三層三階の天守である。

●丸岡城……七間×六間　●小田原城……十一間×九間　●和歌山城……十一間×九間
●犬山城……十間×八間　●岡崎城……八間×七間　●高島城……七・五間四方

＊29　浅野時代の新宮城を中心に、その周辺の城下町を描いた紙本淡彩の絵図。縦89センチ×横55・6センチ。浦康子氏所蔵（『新宮城跡の歴史と発掘調査』より）

なお、資料を基に新宮城の模型を製作した倉本隆之氏（コラム④参照）は、規模が同じ名古屋城清洲櫓をモデルに天守を載せたという。

元和の一国一城令後、各藩の天守造営は難しくなり、許可されることは少なくなった。そこで各藩では、それに類似する「御三階櫓」（三層の大櫓で、のちに御三階天主とも称した）を建立して天守の代用とした。水戸城（水戸市）・金沢城（金沢市）・小松城（石川県小松市）・鳥取城（鳥取市）など、その例は多い。

いずれにしても、城郭の修復のためには、詳細な城郭図を幕府に提出しなければならなかった。「正保城絵図」や「紀州新宮城絵図」がそれで、幕府の役人はその提出図を持って、時には無許可で城郭の修復がされていないか、図に偽りはないかどうか視察したという。そのため、提出する図は正確を期したものだったが、その折、天守台に櫓が築かれていても、藩にしてみればそれは「天守」ではなく櫓の認識なので、絵図には「天守台」として届けたのではないだろうか。

それが仮に御三階櫓であっても、外観は天守と大差はなかったから、城下の人々には、それを「天守」同様の建物に見えたに違いなく、それを城下のシンボルとして「御天守」と呼びならわした。つまり、新宮城に存在したのは「御三階櫓」と呼ばれた「天守代用櫓」だったかもしれない。このような例は、当時の各藩にはありがちなことだったと考えるが、大胆すぎる推測だろうか。

将来、天守台の修復にかかわって発掘されるときがくるかもしれない。そのとき、天守があったのかなかったのか、結論が示されることだろう。

さて、天守の有無は別にして、新宮城天守の再建話を紹介しておこう。再建話は昭和三十九年に持ち上がり、地元の画家によって三枚の画が作成された。その一枚が、新宮城天守閣として新聞紙上に掲載された。天守建築や本丸天守周辺の縄張りに問題がある画だったが、未掲載の二枚は熊野川を通しての遠望で、熊野川と城山にそびえる天守のイメージを楽しめる画であった。

このときの再建話は、同年の十二月に撤回されたが、同五十七年に「丹鶴城世話人会」が結成されて、再び再建話が起きた。この年、偶然にも『万有百科・城』[*30]に、城郭研究家による新宮城天守推定復元図が掲載された。そこには、白亜三層で、二層目に唐破風の出窓を持った画が描かれていた。これもまた、学術的な調査を行ったうえでの画ではない。その中で、「新宮城下絵図」の立体図を詳細に検討したという栢木氏の天守画も、「古城友の会」の冊子[*31]に発表された。同様に、新宮城大手門跡近くにフランス料理店を構えるシェフ・倉本隆之氏は、現段階で知られる限りの資料を見て、現地を毎日のように歩いて製作した新宮城全域の自作模型に、三層の白亜天守を載せている（コラム④参照）。

新宮城天守の存在は、地元では否定論はない。そして平成二十九年四月六日、公益財団法人日本城郭協会による「続日本の名城百選」に選ばれ、三たび天守再建話が持ち上がっているが、再建に役立つ資料が見つかっていないのが壁となっている。

〈写真 13〉土塀跡　大手道

新宮城の面影

大手道を登り切ると、松ノ丸の虎口に至る。右手には、長方形に加工された石が並べられ、所々に赤土がみられる。これは土塀の名残りである（後述）。これにより、大手道

＊30 『万有ガイドシリーズ16 城 日本編』（小学館、一九八二年）

＊31 栢木隆・藤林明芳共著「城と陣屋シリーズ」（二三一号、日本古城友の会、一九九九年）

〈写真 14〉松ノ丸虎口の柱跡と思われる線

の石段に沿う白壁の面影をごくわずかに知ることができる（写真13）。なお、整備される以前は、竹藪の中に一部が残っていた。

松ノ丸の虎口は、門柱の痕跡と見られる二本線が、両側の石垣に向かい合って残る（写真14）。片側は薄く、光が斜めから当たるとき以外は見つけにくいかもしれないが、もう片方とほぼ同じ幅の線で、わずかに彫れている。これは、紀伊田辺城の水門石垣に残る門柱跡と類似する。

また、建物の面影も伝えられている。明治四年（一八七一）の廃藩置県とともに廃城となり、翌年一月に城内の諸役所が取り払われ、同八年には本丸・二ノ丸をはじめ、関係する建物すべてが取り壊された。難を逃れた上御殿の建物も、『新宮町郷土誌』*32に「但今の天理教南海大教會の處にありし藩主の上御殿及び新宮藩廳は明治六年舊十月雑賀町火事の折飛火にて燒失せり」とある。なお、同書によると、下御殿は現在の下本町・旧丹鶴小学校の位置にあったとする。

以後は、石垣のみとなってしまったと考えられていた新宮城だが、取り壊されずに残っていると伝わる建物がある。山崎泰氏の論考「明治・大正・昭和・平成期の水野家と新宮城（丹鶴城）」

＊32　和歌山縣東牟婁郡教育会第一部会編（一九三二年）

の明治四年（一八七九）の項に、「同年七月十四日、廃藩置県により廃城となった。（略）僅かに残る建造物に水ノ手の旧藩主のお茶室であったと云う古い家屋だけが眺められる。（以下要約）この建物は廃藩置県に際し家臣に譲った物で、以後、数室に区切られて住宅となる」[*33]と、永広柴雪著「明治時代の新宮・上屋敷と水ノ手」（『紀南新聞』昭和三十年五月二十六日）」の記事を紹介している。近年、それが再確認された。

大手門跡から水ノ手曲輪に通じる住宅内に所在し、当時のものと判断できる石垣上にある、御茶室と伝えられる建物である。外観は著しく改変されており、一見して新宮城に関連する建物とはわからないが、文化財建造物を専門とする山本新平氏が、その可能性を指摘している。[*34]

それによると、「新宮市下本町七六九七番地―新宮城大手門跡から北方へ七〇メートルに所在するL字型平面の建物は、大きな熊野酸性岩を乱雑に積み上げた石垣上に西面に立ち、その主体部は長辺（西面）一七・九メートルで一重、南妻は寄棟造、東妻は入母屋造、トタン葺の建物である。各面には増築と改築された部分や外壁はトタン張りで覆われ、建具もアルミサッシュに取り替えられ、旧来の木部は全くと言って良いほど露出しておらず、概要の採寸さえできがたい状況にある。また、現在もなお棟割長屋形式の借家として使用されており、一見しただけでは歴史的な建造物であるとは全く想定できない状況にある」と、現状を報告している。

そしてその後、平成十七年二月に神吉紀世子氏が当家の北東部の突起部分のみ概要調査を実施した。山本氏は神吉氏の依頼を受けて、同年三月に外観のみ概要調査を実施し、主要な構造部材は江戸時代まで遡る可能性が十分考えられるため、同氏から調査データの提供を受けて考察したとする。さらに、「その結果、新宮城水之手曲輪に関係し、新宮城関わる現存唯一の建造物可能性を指摘した」とし、「この歴史的建造物の評価を見直し、他の関連する各分野からの総合的な

＊33　『熊野誌』五七号（新宮市立図書館・熊野地方史研究会、二〇一〇年）。永広柴雪著「明治時代の新宮・上屋敷と水ノ手」（『紀南新聞』昭和三十年五月二十六日）」と紹介されている。

＊34　「新宮城水之手曲輪関連遺構の可能性について」（『和歌山地方史研究』五一号、和歌山地方史研究会、二〇〇八年）

〈写真 15〉大手道

検討がなされることを願って、問題提起する事とする」としたうえで、詳細な報告がなされている。

その結果、平面および構成・大きな木柄・塗籠等から見て一般の住宅ではなく、明らかに城郭に関係するものと考えられると、その重要性を提起している。なお、茶室の境に設けられた欄間にはめ込められた蟇股は、城主から拝領したとの伝承があるとされている（内容は二〇〇五年現在）。

旧・新宮城と新・新宮城

石垣は恒久的なものではなく、歴史の中で地震や大雨などによって崩壊することもあり、のちにその部分の修理、あるいは城郭の増改築による積み替えなどがくり返しおこなわれている。さらに、後世取り払われた石垣跡に、近年になって積まれた石垣なども存在するが、これが年月を経て苔などが生えてくると、以前から積まれていたような錯覚に陥いる。石垣を見る際には、その辺りを考慮しなければならない。そう考えると、「石垣」は誠にやっかいなものである。

【登城坂】現在、新宮城跡へは、新しく建てられた冠木門から石段を登り、整備された舗装道を歩いていく。その道が途中で地道に変わるが、そこが旧新宮城の大手道である。大手道は麓の大手門から登り、先の地道に繋がっていた。平成十年春の発掘調査で大手道が発掘され、松ノ丸に続く石段が掘り出された（写真15）。松ノ丸から鐘ノ丸を通って本丸へ至る道である。大手道を

＊34　『熊野誌』五七号（新宮市立図書館・熊野地方史研究会）＊29昭和二十七年（一九五二）春の項にある

＊35　国立国会図書館蔵、平成十二年に同館所蔵「日本古城絵図」の絵図三五〇枚の中から見つかる。縦七三センチ、横八四センチ。江戸中期から末期に描かれた図である。

＊36　大類伸・鳥羽正雄共著。雄山閣、一九三六年。同書・五六〇頁第二四〇図。

登り切った石段の西側に、土壁の一部（写真16）が残存していたが、整備の際に撤去されてしまったのは、誠に惜しい限りである。大手道は、白壁が石段に沿って建てられていた名残りであった。

冠木門の東にも、車で登ることのできる登城道がある。登り切れば駐車場で、そこから石段を登ると鐘ノ丸と本丸の境に至る。城跡の公園化整備に先立って存在していた旅館は移転したが、営業中に使用されていたケーブルカーの線路跡も見られる。旅館建設時に造られた道だが、旅館の客以外が城山へ登るための道とするのが条件だったという。[*34]

【仕切門跡】鐘ノ丸と本丸の境に、切り込みの美しい石積みに雁木（石段）の付いた、小さな石垣が目につく。ここは、鐘ノ丸と本丸を結ぶ仕切りである。江戸時代中期から後期に描かれたとされる「紀州新宮城絵図」[*35]（図6）には、城門が描かれている。昭和十一年以前に撮影されたこの城門跡の写真が、「仕切紀伊新宮城」として『日本城郭史』[*36]に掲載されている。本丸側に雁木付きの石垣が掲載写真のまま現存しているが、鐘ノ丸側は失われているため、虎口を伝える構造が見られなくなっている。その周辺の石組みや小池は、旅館営業当時のもので、新宮城とは無縁のものである。

【本丸門跡】本丸虎口（本丸門）は本丸に通じる城門跡で、雁木（石段）を登ると、本丸と天守台に繋がる曲輪に通じる。城門は埋門構造で、門内は石垣で囲まれた小さな枡形になっている。北側の急な雁木を登って本丸に出る

〈写真 16−1〉土塀の一部。1975 年頃

〈写真16−2〉土塀の一部。一九九八年頃

が、右手には石垣から張り出した緩やかな石段がある。これも旅館が存在した折、本丸への散歩道として、歩きやすくするために設けたものだろうが、年月の流れとともに、すっかり城跡に同化してしまっている。

【天守台】天守台は、本丸の西端にある。昭和十五年の大雨で天守台の石垣が緩んだ状態になり、同二十七年十一月のアグネス台風による大雨でついに一部が崩壊し、天守台は大きく姿を変えた。

上・中〈写真 17〉天守台　下〈写真 18〉天守台矢穴

それらしい姿に見えるのは南側からのみで（写真17）、天守台の名にはほど遠い光景となってしまっている。中でも、西側は角石を除いて大半が破壊され、旧二ノ丸旅館当時の散歩道だったと思われる石段がある。旅館が建設される際、本丸跡を一般に開放することが条件だったそうで、そのときに散歩道として石段などが敷設されたのだろう。

天守台に残存する角石の天端近くの石に矢穴（写真18）があり、その下方の石に刻印を見ることができる。また、天守台の石垣の所々には積み方に相違がみられる。今後、本格的な調査が実施されれば明らかになるだろうが、矢穴や刻印も、天守台を知るうえで貴重な資料となるだろう。

新宮城略年表

年号	西暦	事績
慶長五	一六〇〇	十月、浅野幸長が紀伊に入国し、浅野忠吉が新宮領主となる。
慶長六	一六〇一	浅野忠吉、東仙寺・香林寺を他所に移し、新宮城の縄張り工事に着手。
慶長十	一六〇五	二月三日、南海地震起きる。
慶長十九	一六一四	十二月二十日、北山一揆が起こり、三千人が新宮城を攻める。このとき、天守に大砲を配置する。
元和元	一六一五	一国一城令により廃城となる。
元和四	一六一八	幕府の許可で、浅野忠吉、再び築城に着手。
元和五	一六一九	浅野忠吉、安芸国三原へ国替えとなり、水野重仲が領主となって築城を継続。
寛永五	一六二八	伊佐田の地を堀とする。
寛永十	一六三三	新宮城完成する。
正保四	一六四四	幕府、諸藩に城絵図の提出を命じる（正保城絵図）。
寛文四	一六六四	六月十七日夜、新宮地方の地震により松ノ丸崩壊。
寛文六	一六六六	本丸より外への虎口が新しく作られる。
宝永四	一七〇七	午の下刻、東海・南海・東南海大地震あり。御城廻り、石垣、町方家所などが潰れる。
宝永五	一七〇八	前年の大地震による大破につき、修復絵図を江戸御屋敷へ指し出す。
宝永五	一七〇八	幕府本丸・二ノ丸・三ノ丸南曲輪の各石垣修復を幕府が認める。翌年、大普請。
正徳三	一七一三	本丸櫓四ヵ所、多門櫓一ヵ所、二ノ丸櫓三ヵ所と多門櫓と石垣の築き直しを幕府が許可。
元文五	一七四〇	御天守の薄引物、虫附大傷により取り替える。
宝暦三	一七五三	浅野時代の新宮城絵図「紀州新宮絵図」が写される。
天保四	一八三三	伊佐田の堀普請。
安政元	一八五四	六月五日、南海・西海道大地震。甚大な被害を被る。

明治二	一八六九	版籍奉還。藩主忠幹が新宮藩知事になる。城外花畑に藩庁を新築、政治庁と呼ぶ。
明治四	一八七一	廃藩置県。七月、新宮藩を廃して新宮県となる。十一月、新宮県を廃止し和歌山県に合併。
明治八	一八七五	新宮城本丸、二ノ丸ほかすべての建造物が取り払われる。
大正八	一九一九	新宮町議会が旧外堀の埋め立てを決議。同十一年、埋め立て終わる。
昭和十五	一九五四	大雨で天守台の石垣がはらむ。
昭和二十七	一九五二	春、鐘ノ丸に二ノ丸旅館建つ。十一月六日、アグネス台風による大雨で天守台の石垣崩落。
昭和五十五	一九八〇	新宮市が新宮城跡の都市公園計画を決め、用地取得や整備を行う。
昭和五十六	一九八一	第一次本丸跡発掘調査を実施。翌年も実施される。二ノ丸旅館、営業休止する。
昭和五十七	一九八二	第二次鐘ノ丸跡発掘調査を実施。翌年も実施される。
昭和六十	一九八五	新宮城跡公園整備工事終わる。
平成 六	一九九四	第一次水ノ手曲輪発掘調査を実施。
平成 七	一九九五	出丸跡の発掘調査実施。翌年も実施される。
平成 九	一九九七	松ノ丸から水ノ手曲輪への石段を発掘調査。
平成十	一九九八	大手道の発掘調査実施。
平成十一	一九九九	第二次水ノ手曲輪発掘調査を実施。
平成十二	二〇〇〇	松ノ丸跡の発掘調査を実施。新宮城跡整備検討調査委員会設立。
平成十五	二〇〇三	水野家墓所とともに国指定史跡となる。
平成二十三	二〇一一	九月三日、台風12号の水害により水ノ手曲輪石垣が崩落。二ヵ所で土砂が崩れる。
平成二十	二〇〇八	新宮城で使用されていたという鯱瓦片が民家で見つかる。
平成二十八	二〇一六	新宮城再建に関わる古写真等の提供を呼びかけ始める。
平成二十九	二〇一七	四月六日、公益財団法人日本城郭協会の「続日本名城百選」に、新宮城が選出される。

【コラム④】

新宮城を愛し模型を作ったシェフ

新宮城大手門跡近くのフランス料理店「イル・ド・フランス」内には、新宮城が掲載された書物が並べられている。当店を営むシェフ倉本隆之さん（62）は、大の新宮城好き。裏山が城跡であるため、仕事の合間をみては、資料と付き合わせながら城跡へ足を運ぶ。店に戻っても新宮城が見られるように、平成十六年、ついに五〇〇分の一の模型を作ってしまった。縦八〇×横一〇〇センチのベニア板の上に、天守や二ノ丸など各曲輪と武家屋敷まで水野新宮城を再現。材料はバルサ材や厚紙、プラスチックなどに加え、ドライフラワーで樹木や竹藪を作り、エナメル絵の具で色付けをしている。もちろん、天守や櫓、城門などは推測だが、古い絵図や文献を基に、時代考証をしつつ三年かけて製作したという。

その出来映えは一目おかれ、市役所のロビーに展示されることもしばしば。展示しておくと痛みが早いので、現在は分解して保管している。常時の見学ができないのは残念である。

新宮城模型　倉本隆之氏制作

倉本隆之氏

第四部　御殿跡

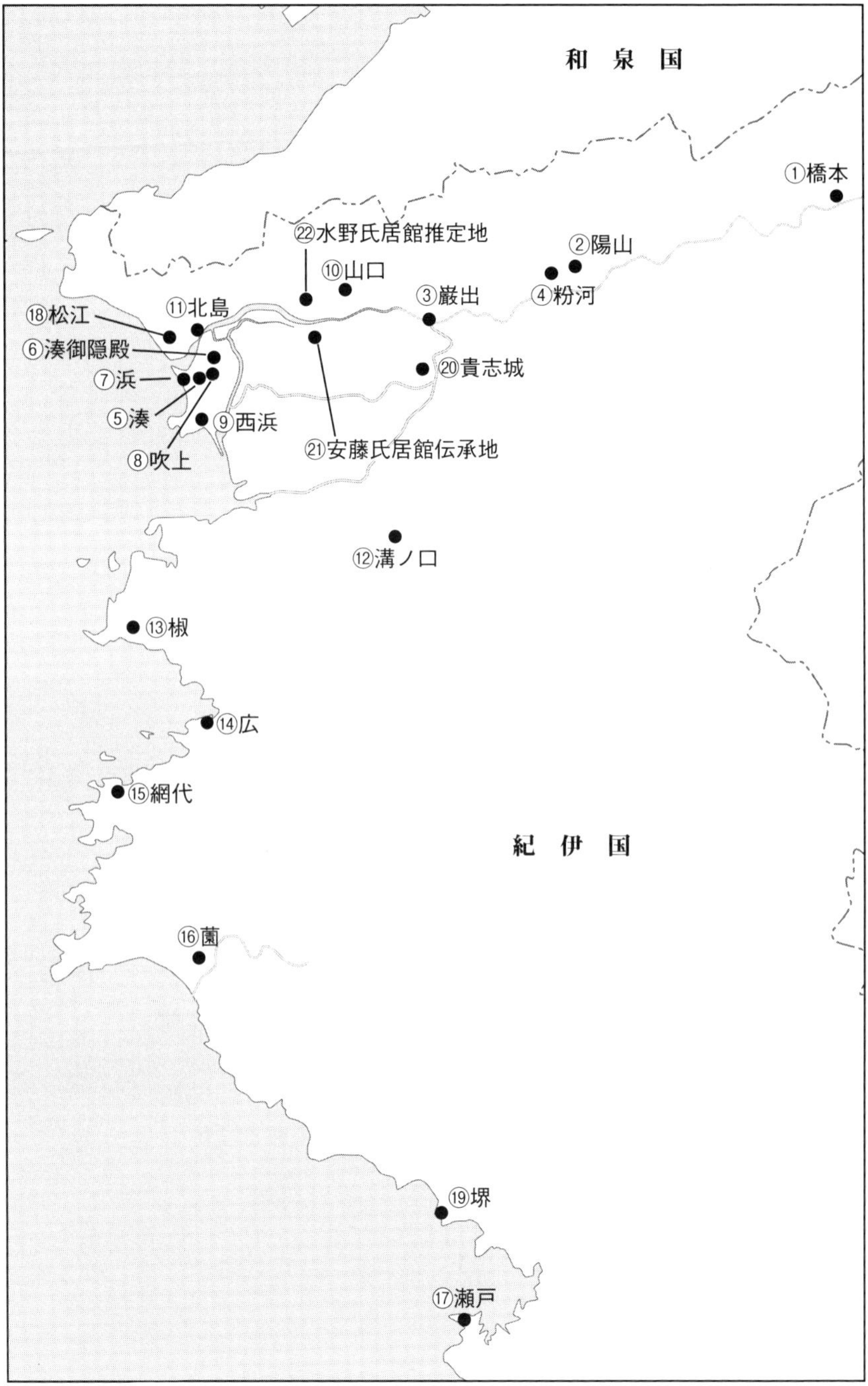
和泉国
①橋本
㉒水野氏居館推定地
②陽山
⑩山口
③巌出
④粉河
⑪北島
⑱松江
⑥湊御隠殿
⑳貴志城
⑦浜
⑤湊
⑨西浜
㉑安藤氏居館伝承地
⑧吹上
⑫溝ノ口
⑬椒
⑭広
⑮網代
紀伊国
⑯薗
⑲堺
⑰瀬戸

御殿分布図

はじめに

御殿は、紀州藩祖徳川頼宣期のものが多く、頼宣は和歌山の城下以外にも、周辺各地に多くの御殿を建てた。城内には、本丸・二ノ丸・西ノ丸の各御殿があった。頼宣は、若くして駿河国から紀伊に入国したので、辺境の地に思えたのかもしれない。その気持ちを慰める意味もあったのだろう、鷹狩りや湯治清遊などのために御殿を建てた。遠くは紀南の白浜まで十余ヵ所に及ぶ。そのうち公的なのは、山口御殿のみであった。

頼宣以降は、城下町に御殿を建てて、そこで政治を執った藩主もいた。それらの御殿は『南紀徳川史』に掲載されているが、詳細な構造については明らかでない。

これも山口御殿のみで、唯一発掘調査が行われており、周囲を巡る堀跡などが確認されている。

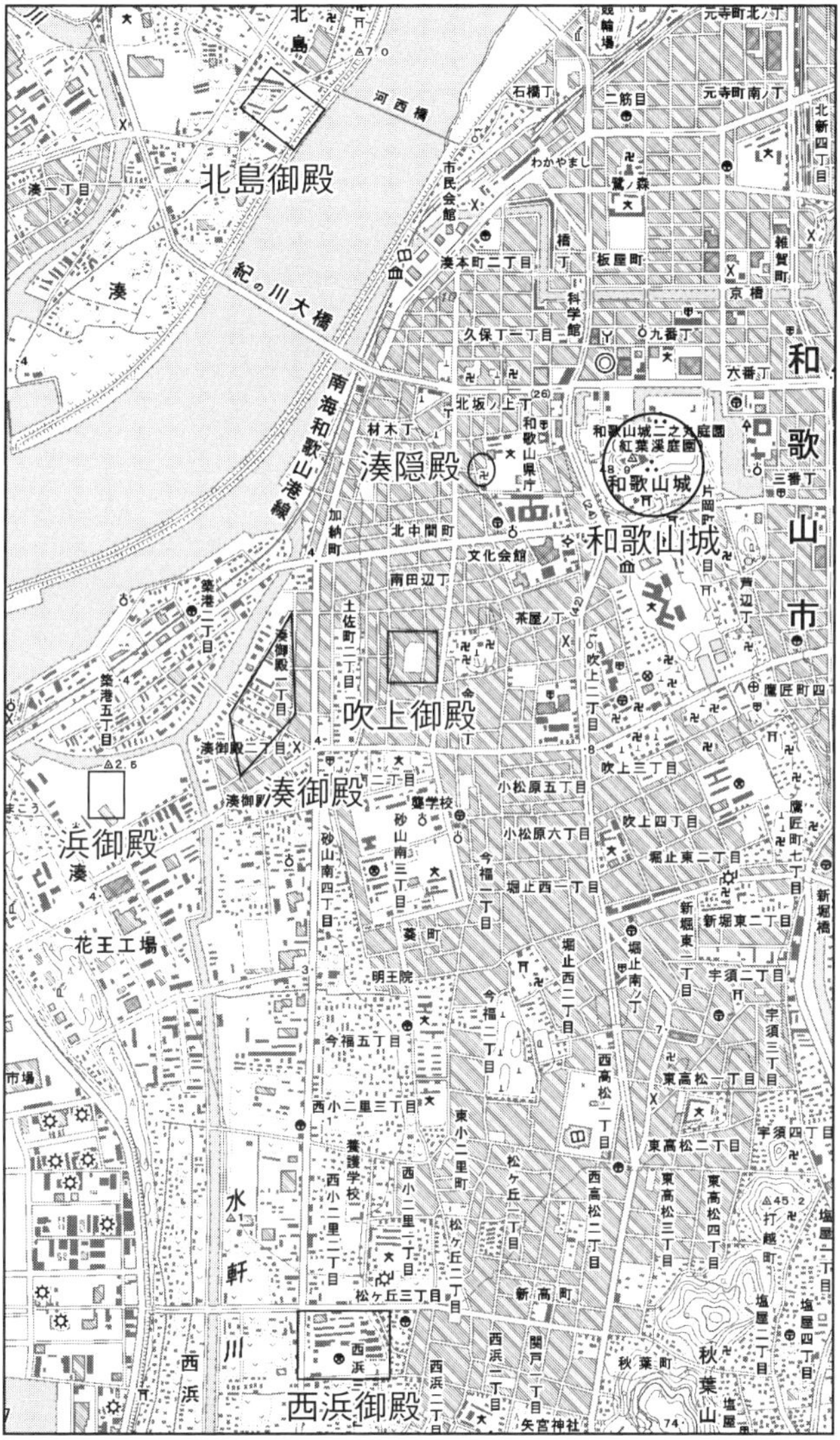

和歌山城下の御殿分布図

1 橋本御殿《はしもとごてん》

所在：橋本市橋本一丁目／現状：一部公園／遺構：なし
標高等：標高八〇m、比高六m
使用者：豊臣秀吉（伝）、浅野氏、徳川氏

橋本川（谷内川）が、紀ノ川に合流する河口の東側に造築された橋本御殿の跡は、北は国道24号に接し、その脇の橋を「御殿《みどの》橋」と呼んでいた。現在は「ごてんばし」と呼ばれている（写真1）。『紀伊続風土記』に、「紀川に臨みて、君公の別館あり　今は廃して郡の府庁となる」とのみ記されているが、『南紀徳川史』には、土地の旧家土屋孫三郎に聞いた内容として伝えている。それによると、「里の古老によれば、文禄二年（一五九三）某月、豊臣秀吉が、帰依していた興山上人に命じ、高野山に菩提寺（青巌寺《せいがんじ》。のち金剛峰寺《こんごうぶじ》山）を建立させようとして、造営料として玄米一万石（あるいは一万二千石）を与えた。その一部を使い、秀吉が高野山に登って供養する際の本陣に代用するため、橋本町西南隅地を整地し、巨石等を用いて、あたかも城郭に類する邸宅を設けて御殿と称した」とある。しかし、秀吉が当御殿を使用したかどうかはわからない。

慶長五年（一六〇〇）、浅野幸長《よしなが》が和歌山に入封すると国府《こくふ》別館とし、元和五年（一六一九）の秋、徳川頼宣が伊勢から橋本町を経由して和歌山に入った折には本陣として利用したという。その後は、司法行政を管理する郡奉行所と改称し、さらに代官所と改め、正徳年間（一七一一～一六）に廃止された。のち、年ごとの農作物の豊凶を代官が巡視に訪れた際、滞在場所として使用したという。

御殿跡は現在、一部が公園となっているが、古写真に見られる石垣もなく、面影を示すものはなにもない。

〈写真1〉橋本御殿と御殿橋（左）

2　陽山御殿《ようざんごてん》

所在：紀の川市東野／現状：果樹園／遺構：井戸・堀切
標高等：標高七〇m、比高三〇m
使用者：徳川頼宣予定

旧粉河《こかわ》町東野地区の北丘陵上にある。『紀伊続風土記』に、「登り一町半許　葛城《かつらぎ》嶺の山足堤の如く南の指出て岡をなしたる陽山といふ。陽山の上平坦なる所東西一町半許　南北三町　北の方に堀切あり。その平坦の所の御殿御造営あり。寛文七年（一六六八）、南龍公（頼宣）御隠居の後此地に移り住ませ給ふ。当山の側に諸士の邸宅を賜るべきにて地割もありけるに一、二年を経て方位の障り御坐します由にて別に若山湊の内にて兎裘の地を営ませ給ひ、寛文十一年、後此地の御殿は御取払ひありしとなり」とあり、造営年を寛文七年（一六六七）とするが、『南紀徳川史』には「寛文九年酉年八月陽山へ別館造営」とある（図1参照）。

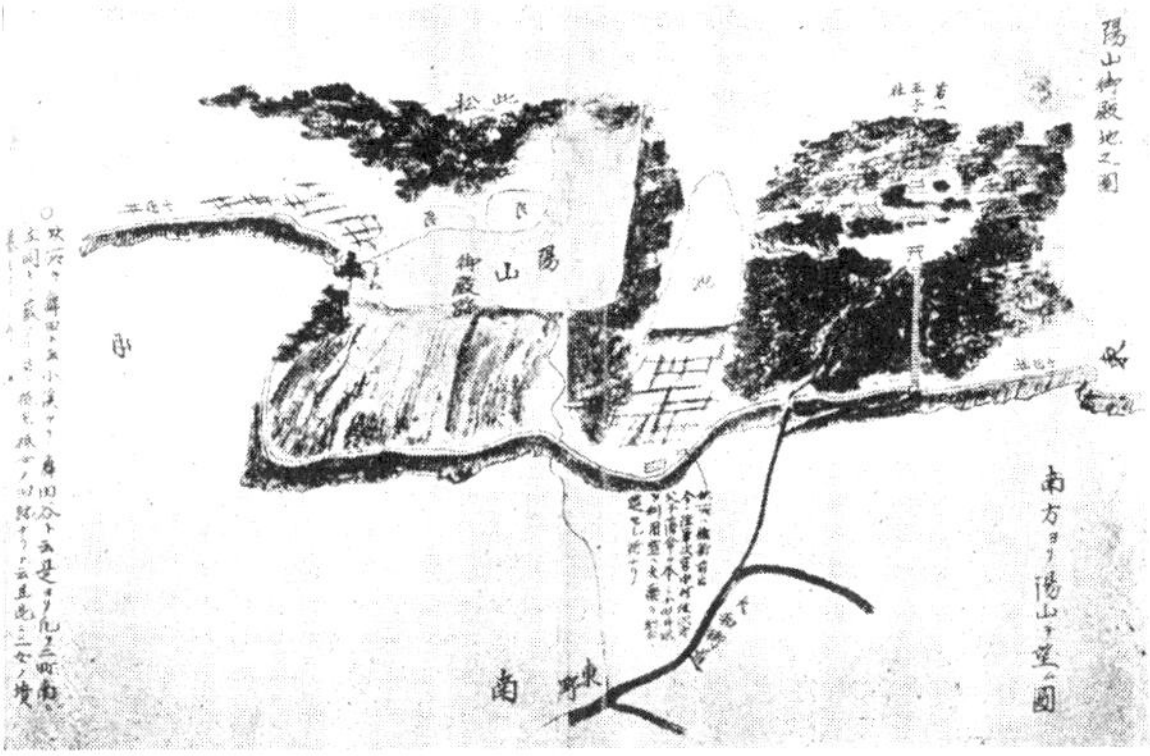

〈図1〉陽山御殿地之図　『南紀徳川史』復刻版 第17冊（清文堂出版、1989年）より転載

北の堀跡は埋め立てられて果樹園となるなど、現在は目立った遺構はないが、教えられれば堀跡は十分理解できる状態にある（写真2）。また、井戸にはポンプが付けられ、湧き水を近くの工場に供給しているが、ポンプの設置以前は、円形に掘られた周囲を石垣で覆われ、「銀明水」と呼ばれていた。その西の竹藪に「金明水」の跡があったというが、現在は竹藪もなくなっている。

〈写真2〉陽山御殿跡　北より

3 巌出御殿《いわでごてん》

所在：岩出市清水／現状：学校ほか
遺構：移築建造物（横浜市）
標高等：標高二二m、比高〇m／使用者：徳川頼宣

五代藩主徳川吉宗が、幼少期の大半を過ごしたとされる御殿で、徳川頼宣が元和五年（一六一九）に、紀ノ川を望む風光明媚な所にあった妙見堂を和歌浦に移して築造したと伝わる。頼宣が一時使用するものの、やがて和歌山城下に御殿が造られたのちに廃止された（図2）。

『紀伊続風土記』には、「巽の方に高き所松樹蓊鬱《おううつ》たる妙見山といふ。舊妙見堂ありしに、御殿地となりし。妙見を和歌ノ浦に移し給ふ。今養珠寺山の妙見堂はこれなり」*1、『岩出町誌』には「清水の今小学校（岩出小学校）南に御殿山と称する風光明媚な景勝地であった。ここは紀の川に臨むわずか二段六畝余の小山であった」とある。

御殿山の規模は、記録*2によれば「東西四十五間余　南北二十五間余」とある。

昭和の初めまでは、御殿山公園として親しまれていた。その後、紀ノ川の改修工事ですべて取り払われ、同時に御殿の名も忘れられ、かつての様子は記録に頼る以外になくなったが、その建物の一部（臨春閣《りんしゅんかく》〈写真3・4〉）が、三渓園《さんけいえん》（横浜市中区）に移築されて残っている。

*1　和歌山市和歌浦東の妙見山南端にある

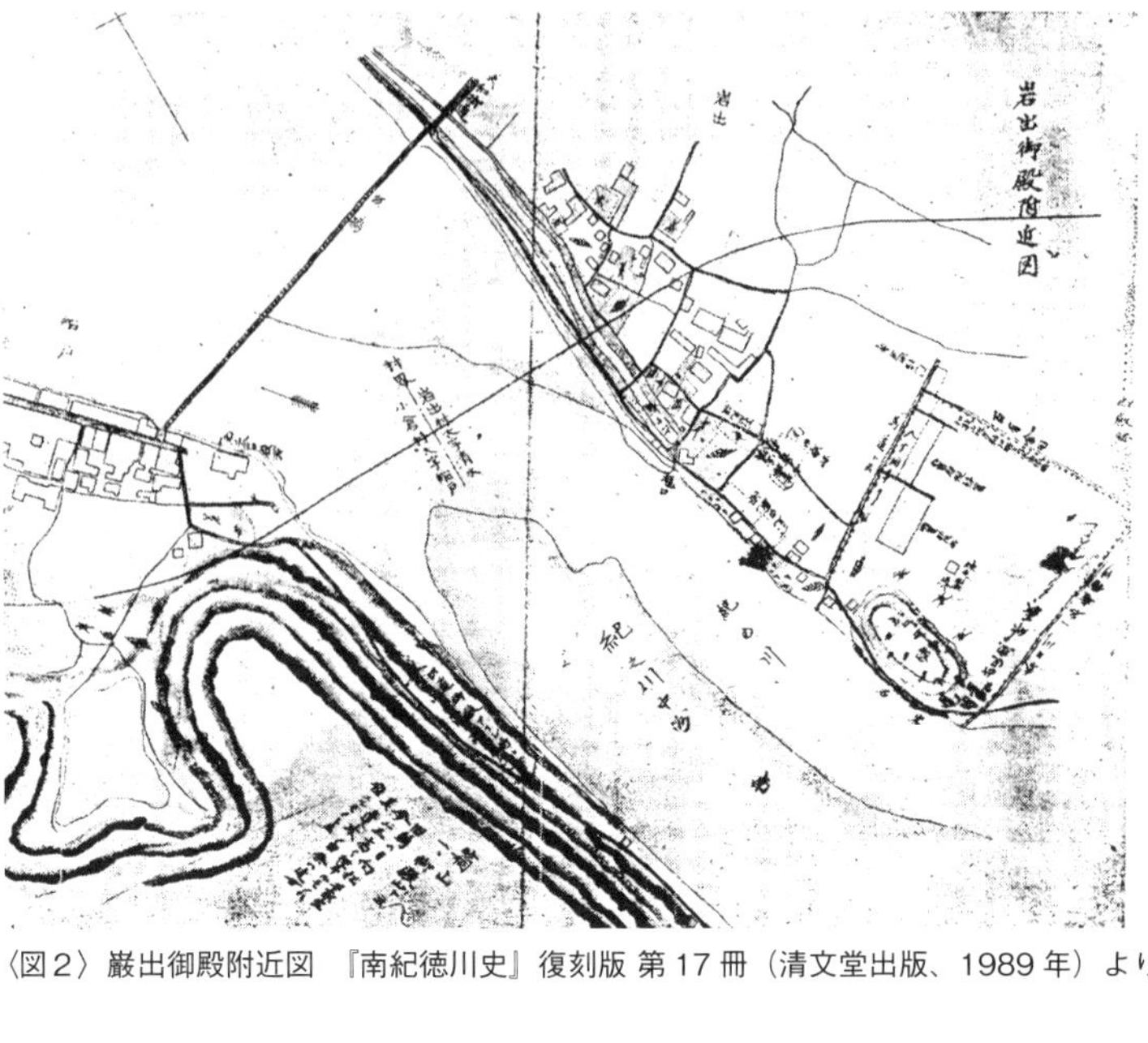

〈図2〉巌出御殿附近図　『南紀徳川史』復刻版 第17冊（清文堂出版、1989年）より転載

移築された建物は、秀吉の聚楽第《じゅらくてい》北殿別館を伏見《ふしみ》城に移したのち、廃城にともなって、将軍秀忠から紀州侯の別邸・巌出御殿として移築されたといわれるものである。[*3] 三渓園への移築後しばらくは、伏見城ゆかりの建物として伝えられてきたが、現在は紀州巌出御殿と案内板に刻まれている（図3）。

　臨春閣が現在地に落ち着くまでは、堺や大阪と移転先を変えてきた。現和歌山城復元天守を設計した藤岡通夫氏が、昭和三十八年八月に調査したところ、臨春閣第二屋の平面図と『南紀徳川史』に記された図面がきわめてよく似ていることが判明した。広縁の外に落縁があることなどから、水辺に臨む書院造りは、まさに紀ノ川の水辺に建つ巌出御殿そのままである（左写真）と断定する決め手になったと報告されている。

　現在は、御殿跡の一角に公共浴場「いわで御殿」が建ち、「いわで御殿の由来と沿革」の大きな説明板が建つ。その向かいの標高二七六メートルの山を「御茶屋御殿山」（御茶山、箱山）といい、山頂への道すがらに茶屋があり、茶を楽しみながら景色を楽しんだという、巌出御殿の付属施設があった。

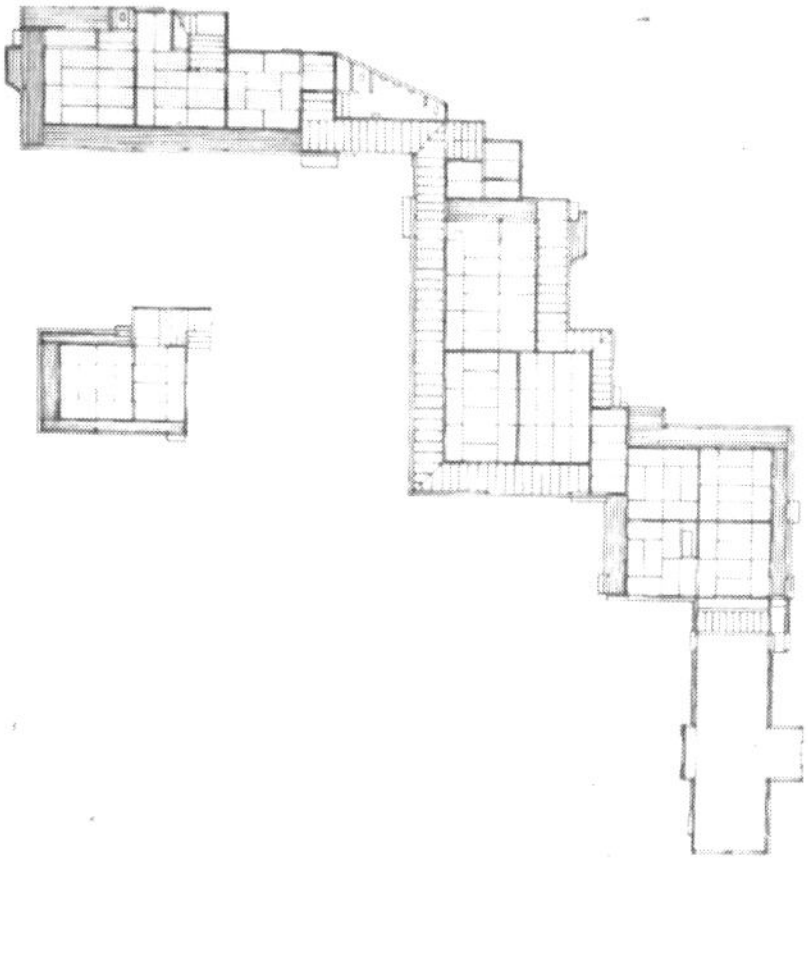

＊2　『いわで郷土研究』40ほか関連記録（岩出小学校保管）

＊3　藤岡通夫「三渓園の所伝とその前身建物」（『近世建築史論集』、中央公論美術出版、一九六九年）

上・中〈写真3・4〉紀州・巌出御殿を移築したとされる臨春閣　横浜市

下〈図3〉平面図　紀州・巌出御殿移築物　説明板より

4　粉《こ》河《かわ》御《ご》殿《てん》

所在：紀の川市粉河／現状：畑地／遺構：石垣
標高等：標高六三m、比高八m
使用者：初代藩主徳川頼宣

粉河寺大門西脇の石垣が跡地である。『紀伊続風土記』に、「（御殿は）方三十間の地也　この辺は南龍公（徳川頼宣）毎々御遊猟ありし地なれば仮の御殿等ありしならん。其廃墟何れの時なること詳ならず」とある。

元禄八年（一六九五）に、粉河寺の境内再興願いを寺社奉行に提出した図の写し「粉河寺境内再興図写」[*4]には、すでに「御殿跡」と見えている。同図の御殿跡石垣の位置と、現在残る石垣の位置は一致する（写真5）。

〈写真5〉粉河御殿　粉河寺大門2階より

『南紀徳川史』にも、「石垣の上即御殿跡甚狭隘の地なり」とある。鷹狩りの際の休憩地だった名残りが、御殿跡近くに「御鷹匠屋敷」と「御鷹屋敷」が絵図にある。

そのうちの「御鷹匠屋敷」だった南方屋敷は、県の史跡指定建造物である。大門を潜って右へ行くと小橋がある。その橋を渡ると右折して川に沿う小道を歩く。一目でわかる建物である。外観は常に見ることができるが、内部は県文化財課に拝観の予約が必要なので、注意されたい。

〈参考〉紀州藩御鷹匠屋敷。旧南丘住宅（粉河）

＊4　粉河町史専門委員会編『粉河町史』第五巻（那賀郡粉河町、一九九六年）所収

5　湊《みなと》御《ご》殿《てん》

所在：和歌山市湊御殿一丁目〜二丁目／別名：柳下屋敷（旧名）
現状：市街地／遺構：移築建造物／標高等：標高四m、比高〇m
使用者：二代藩主徳川光貞・八代重倫・十一代斉順・十二代斉彊

湊御殿は、三度造営されている。最初の造営については判然としない。元禄十一年（一六九八）四月、隠居を認められた二代藩主光貞《みつさだ》は、同九月に和歌山城二ノ丸から西南約一・五キロの当御殿に移っている。御殿はこの隠居に合わせて造られたとも、それ以前にすでに築かれていたともいわれ、定かではない（図4）。

安永四年（一七七五）二月、八代藩主重倫《しげのり》も隠居後、当御殿に移り住んでいたが、文化七年（一八一〇）十月の火災で、西約一キロ先の浜《はま》御殿（地図参照）に避難している。

御殿は同十一年十一月に再建され、重倫は再び当御殿に戻るが、三ヵ月後の翌年二月に焼失。重倫は再び浜御殿に住むことになったが、文政十二年（一八二九）に亡くなった。その後、十一代藩主斉順《なりゆき》は三度目の造営をしたが、このときは隠居所としてではなく、藩の政庁としての機能を持ち合わせた御殿とし、江戸城本丸御殿を模倣した豪華絢爛な建物で、約一五〇もの部屋があったという。

十三代藩主慶福《よしとみ》（十四代将軍家茂《いえもち》）は、嘉永六年（一八五三）四月から、「本城御住居の時の如くに復せ

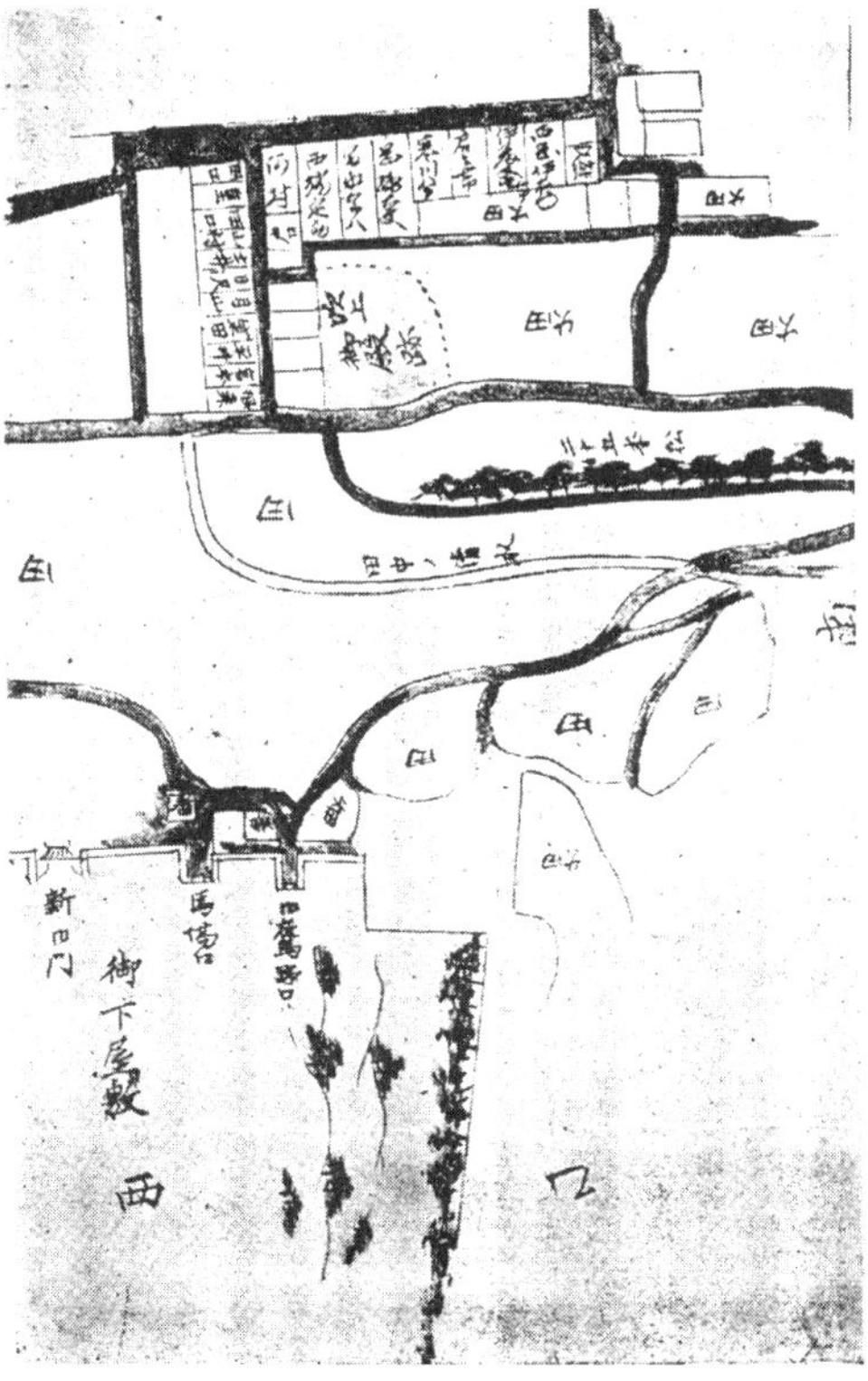

〈図4〉御下屋敷図　下方・下屋敷がのちの湊御殿　『南紀徳川史』復刻版 第一七冊（清文堂出版、一九八九年）より転載

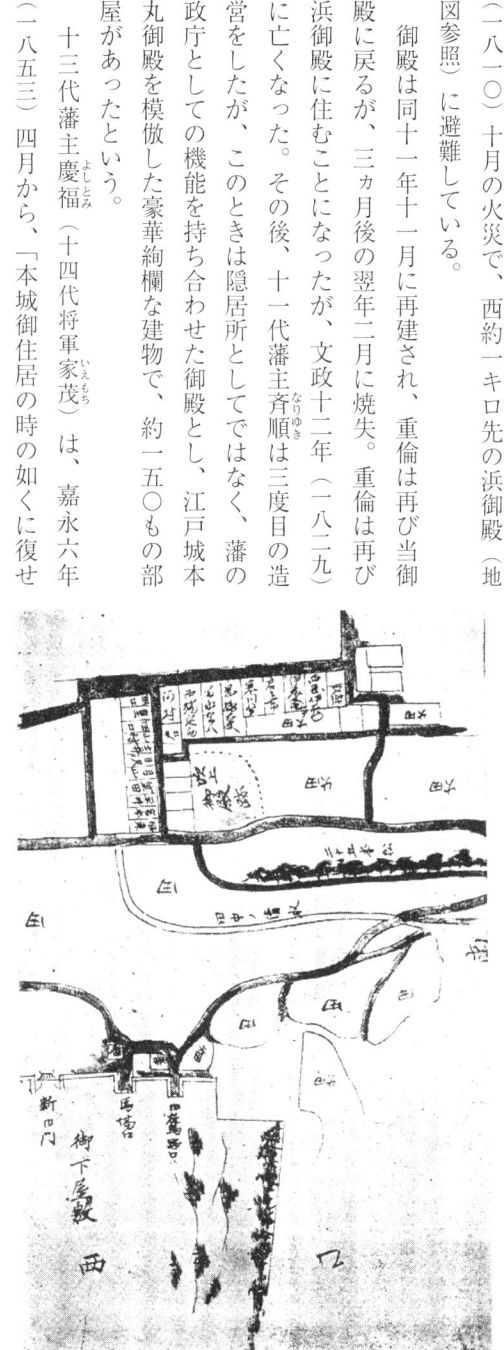

られ諸局本城へ移転を命せられ以来全く空殿となる」と『南紀徳川史』[*5]が伝えるように、政治は和歌山城二ノ丸で執ることになり、湊御殿は再び廃止された。

現在、跡地は市街地化してしまい、正確な位置すらわからなくなっているが、明治初年の地図から、湊御殿一丁目辺りが比定されている。その南東隅に当たる大浦街道西側の船津町バス停（船津町三丁目）北寄りの木の脇に、「湊御殿跡」を示す標柱（写真6）がある。

なお、湊御殿の建物の一部が市内に移築されている。当時の壮美な屋敷の一端をかいま見ることができるため、その概要を次に紹介してみよう。

【女中部屋（和歌山市鷹匠町、非公開）】感応寺の離れ座敷として移築された建物は（写真7）、湊御殿の一部であった女中部屋と伝えられ、天井に極彩色の孔雀の絵が描かれている（写真8）。松田茂樹氏の調査メモ[*6]には、「（前略）戸袋の外面は杉皮の網代張の数寄屋構えであるが、床脇は西楼柵であり、座敷の天井に大孔雀を、壁に松と飛鶴を、次之間壁に浪に千鳥を描くなど、男性向きの一構えである」とある。現在、和歌山市文化財に指定されているが、天井板の一部が落下状態にあり、大孔雀絵も影響を受けるのではないかと心配され、いち早く修復が必要である。毎年十一月に一日のみ公開され、この日以外の見学は要交渉である。

【奥御殿（和歌山市西浜）】養翠園《ようすいえん》に移築され、公開されている（写真9・10）。もとは和歌山市和歌浦東四丁目の個人宅に移築されていた。その後、和歌山市が購入して養翠園に再移築した。しかし、敷地等の問題で、方向などに若干違いがあるという。ほかにも、かつてあった小部屋が床の間のようになっている。個人宅にあった際、小部屋の内部にはロフトのような棚があった。そこに登るはしごはなかったが、所有者の話では、いざというときは、当場所から屋根に出る脱出所だったらしいと聞いたという。屋根に通じる部分は封鎖しているとのことだった。ただし、移

〈写真6〉湊御殿跡を示す標柱

＊5　第一七冊–巻之百六十八・城郭邸園誌第一

＊6　三尾功「湊御殿とその遺構」（『木の国』第二十六号、木国文化財協会、二〇〇〇年）所収

築先が転々としているため、小部屋が御殿と係わるものだったのかどうかはわからない。

それにしても、奥御殿[*7]というにふさわしい雰囲気を十分味わえる建物である。

【個人邸と古絵葉書の御殿】 湊御殿の一部という建物が、和歌山市貴志の個人宅に伝わるが、現在も生活されているため見学はできない。改変がなされた部分が多いものの、調査にあたった建築家の話では、御殿の一部である可能性は高いとのことだった。

なお、根来寺《ねごろじ》にも湊御殿と称する座敷があるが、新しい物で、かつて存在した湊御殿の建物は昭和三十六年に焼失。その後、新築されたが、名称はそのまま残されて今日に至っている。移築された湊御殿の建物は、社務所に展示されている絵葉書で知ることができる。

上〈写真7〉感応寺・湊御殿の一部
中〈写真8〉感応寺・湊御殿の伝女中部屋
下〈写真9〉養翠園　湊御殿の奥御殿

*7　年中無休。湊御殿のみなら入園料一〇〇円、養翠園は別途六〇〇円が必要。

[参考文献]
高橋克伸「湊御殿に関する史料—坂井家文書より—」（『和歌山市立博物館研究紀要』一七、和歌山市立博物館、二〇〇三年）／水島大二「城郭関連移築建造物」（『和歌山城郭研究』一一号、和歌山城郭調査研究会、二〇一二年）

〈写真10〉養翠園　湊御殿の一部

6　湊《みなと》御《ご》隠《いん》殿《でん》

所在：和歌山市有田屋町一丁目／現状：寺院
標高等：標高三〇m、比高一〇m
使用者：初代藩主徳川頼宣

初代藩主徳川頼宣の隠居所として造営された湊御隠殿は、現在の県庁北西にある小高い丘に築かれていた。雄湊《おのみなと》公園（雄湊小学校の南）西側の光明院がその跡である。現在は、周辺の建物により和歌山城を望むことはできないが、当時は、すぐ間近に望むことができただろう。

『南紀徳川史』には、「湊御隠殿」と称して「御譜う畧に曰く寛文七年十二月十三日城西の御隠殿所へ（頼宣公）御移徙」とあり、「寛文十一年正月十日当所にてご逝去」と伝えている。隠殿の廃止後は、光明院が替地として当地を賜ったと『紀伊続風土記』にある。

境内周辺に遺構は見られないが、頼宣逝去地の説明板（写真11）がある。

7　浜《はま》御《ご》殿《てん》

所在：和歌山市湊／別名：薬種畑・薬種畑御殿・荒浜別宮
現状：商業施設・工場・各会館ほか／標高等：標高二m、比高〇m
使用者：初代藩主徳川頼宣・二代光貞・六代宗直・八代重倫

『南紀徳川史』に「御薬種畑　濱御殿と稱すれ共、通して御薬種畑と唱へり造営年次詳ならす―略―元治元年和歌山在勤の同僚と共に此邸へ参し濱御殿奉行横田仁左衛門の案内で拝観す御園より入て直ちに御數寄屋あり　龍祖御建立のまゝといへり御質素いわんかたなし御内傳へに御茶屋に到る是を東の御茶屋とて清渓公の建給處」とあるように、初代頼宣による造営で、代々の藩主が何らかの形で使用した。文化七年（一八一〇）十月には、湊御殿の火災により、八代重倫が二度にわたって当御殿を避難所として使用している（湊御殿の項参照）。

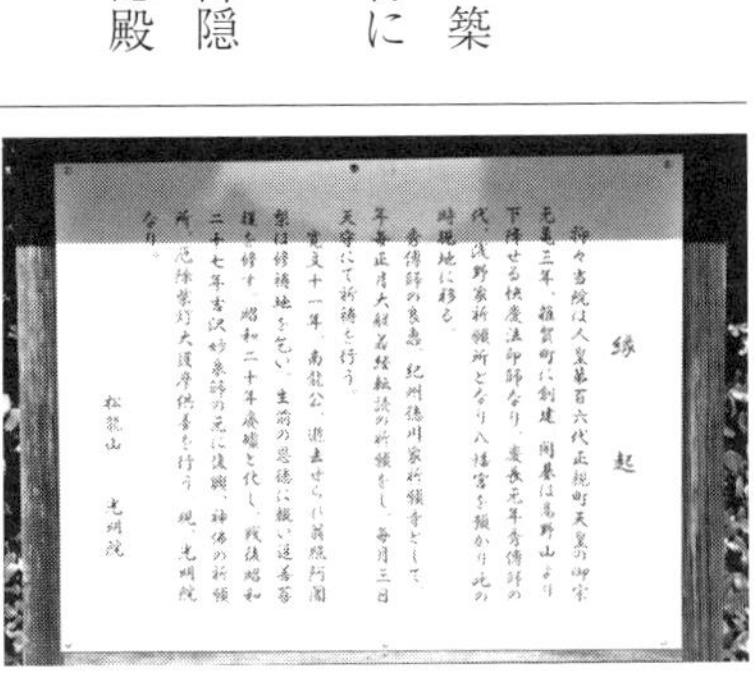

〈写真11〉頼宣逝去地の説明板

＊8　藤本清二郎「治宝期、紀州藩の『類集略紀』について―湊御殿・浜御殿・西浜御殿関係記事―」（『紀州経済史文化史研究所紀要』二十号、和歌山大学、二〇〇〇年）

また、弘化二年（一八四五）の「紀府若山細見方角改図」[*8]（個人蔵）に、当御殿の簡略図が載せられている。それによると、柵で囲まれた敷地内に建物三棟と、その北西に御薬種畑組屋敷の軒が松林の中に描かれている。現在は地名が残るのみで、住宅や会館・工場などが建ち、かつての面影を見ることはできない。

8 吹《ふき》上《あげ》御《ご》殿《てん》

所在：和歌山市吹上／別名：吹上別墅／現状：市街地
標高等：標高四m、比高〇m
使用者：二代藩主徳川光貞

『南紀徳川史』に、「金龍寺丁より西はしの町南隅の地にあり」として、「吹上御殿」と「吹上御殿跡」の二図が掲載されている（図5）。さらに、「造営年次は詳ならされとも」としながらも、元禄の人という森十兵衛の「吹上御別墅の記」に、青渓公《せいけいこう》（二代光貞）によって造営されたが、いつ頃廃止されたかわからないと、『紀伊国名所図会』の内容を引用している。

三尾功氏は、金龍寺丁の西方、出口端ノ丁と新端ノ丁を御殿跡として地図に記している。[*9] 当地は市街地で、その痕跡は残されていない。

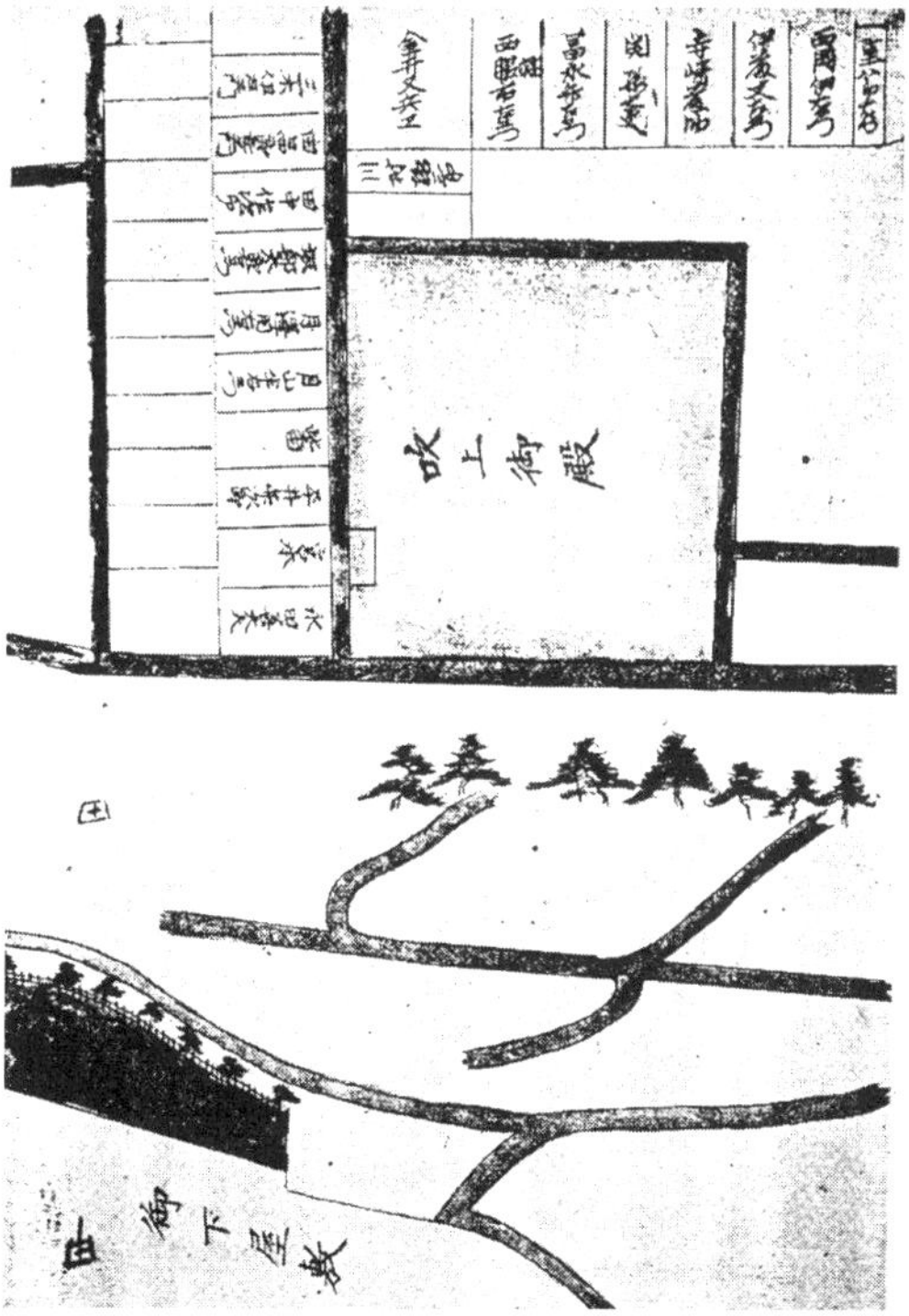

〈図5〉吹上御殿図 『南紀徳川史』復刻版 第一七冊（清文堂出版、一九八九年）より転載

*9 「西浜御殿と養翠園について」（『和歌山市立博物館研究紀要』九号、一九九四年）

9 西浜御殿《にしはまごてん》

所在：和歌山市西浜、小二里二丁目／別名：西浜御用地（光貞）
現状：学校敷地・宅地、標柱／標高等：標高二m、比高〇m
使用者：二代藩主徳川光貞・十一代治宝

二代藩主光貞と十一代藩主治宝《はるとみ》の御殿として知られる当御殿は、かつて「御殿地」と呼ばれていた。現在は和歌山県立和歌山工業高校の敷地となり、西門（大浦街道沿い）脇の木立に「西浜御殿跡」の標柱（写真12）が建てられ、その歴史を伝えているが、もう一ヵ所、別の所にも造営されていたのではないかと考えられている。

文政四年（一八二一）の「和歌山城下図」（個人蔵）に、西浜御殿の北方、和歌山市立西浜中学校西側（西小二里二丁目付近）にも小規模な「西浜御殿」が描かれているという。[*10]これが『紀伊続風土記』にある、「先君清渓公（二代藩主光貞）創めて別館を営み給ふ」という記事に対応する光貞の御殿だと推測されている。推定地近くを流れる溝は、水堀の一部だったのではないかといわれている。つまり、西浜御殿は至近距離に二ヵ所造られていたということになる。

治宝の西浜御殿は、文政二年から西浜に造営され、同年二月から使用したとされる。これは、文化十三年（一八一六）六月、将軍家斉《いえなり》の七男斉順《なりゆき》を娘豊姫と結婚させ、婿養子に迎えることになったので、隠居所として造営を思いたったのではないかと、三尾功氏は推測している。[*11]

現存する「西浜御殿之図」[*12]（図6）によれば、東方に冠木門

〈写真 12〉西浜御殿跡　手前の標柱文字はほとんど消えている

＊10　三尾功「西浜御殿と養翠園について」（『和歌山市立博物館研究紀要』九号、一九九四年）

＊11　『城下町和歌山夜ばなし』（宇治書店、二〇一一年）

＊12　松田茂樹「西浜御殿と養翠園」（『きのくに文化財』十四号、一九八〇年）

の表門、北方に蔵などが並び、北西方に茶室の涵翠亭《かんすい》・野沃亭《のよう》が、南方には庭園を臨むように表座敷・大書院・玄関、そして南東方に織殿《おりどの》・陶製所（偕楽園《かいらくえん》）と茶室の翔燕亭《しょうえん》が池の畔に建ち、南西方に馬場・田の文字が見える。また、北から東と西側の中程までの堀に架かる木橋も描かれ、表門から御殿の南端までは矢来垣《やらいがき》（竹藪）で囲み、外からは見えない防御施設を施した南北二六六×東西二〇〇余メートルの、南北にやや長い矩形の広大な隠居所であった。

治宝はここに、紀州御庭焼のひとつ偕楽園焼や御庭織・御庭塗などの工房を設け、上方《かみがた》の名匠を招いて製作するなど、紀州藩の文化拠点とする一方で、当御殿での隠居生活後もなお、藩政に深く関与した。

嘉永五年（一八二四）十二月に、治宝が没すると、まもなく御殿は破却され、全域が畑地となってしまった。そのため、御殿は現在も詳細が不明のままである。なお、県立和歌山工業高校の体育館や校舎の建て替えられたときにも、それに関わる遺構や遺物は確認されなかったという。

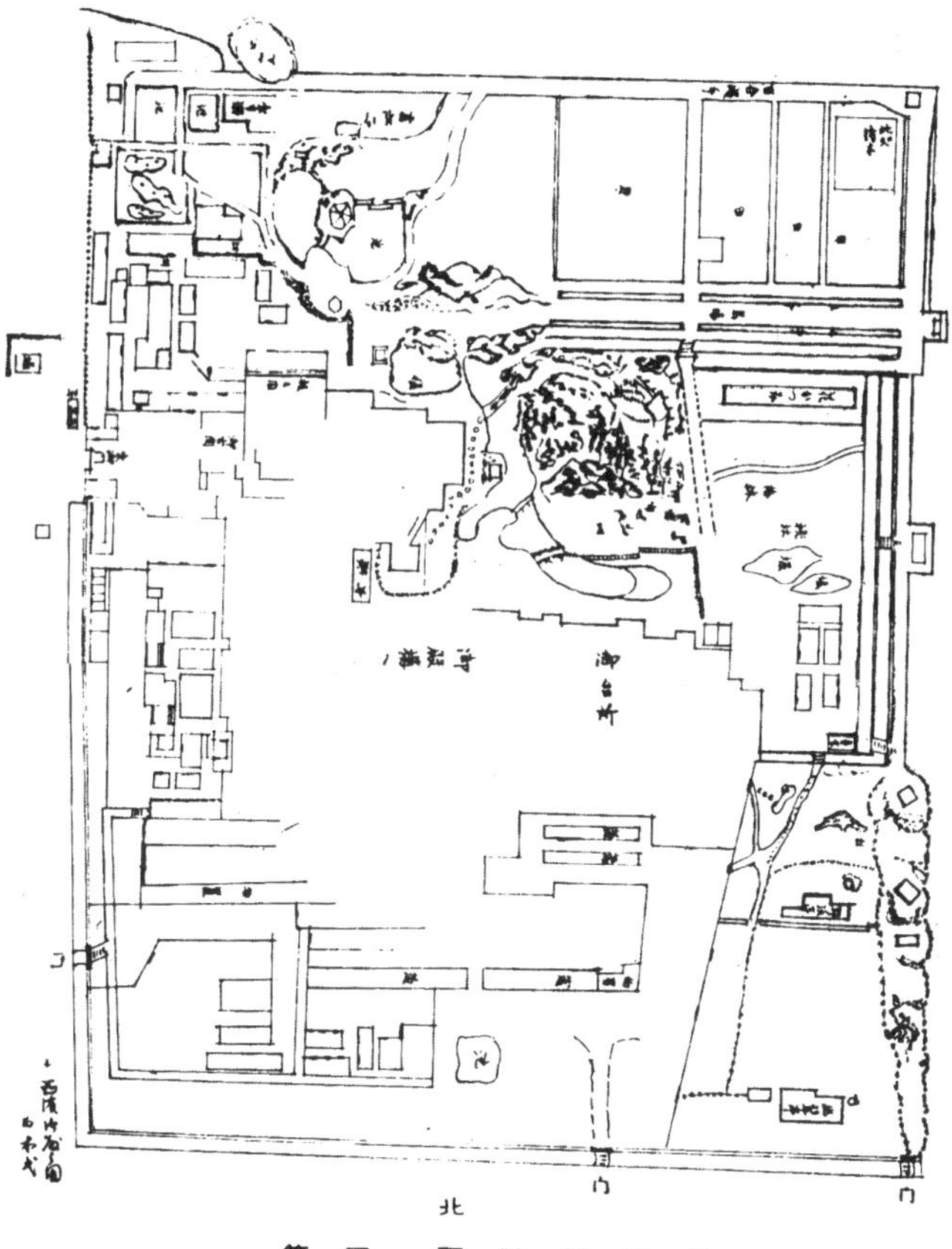

第一図　西浜御殿絵図

〈図６〉西浜御殿図

10 山口御殿《やまぐちごてん》

所在：和歌山市里／現状：山口小学校・住宅
遺構：水堀・石垣の一部、井戸、石橋
標高一二m、比高〇m／使用者：徳川氏

徳川家の御殿のうち、唯一の公的施設であったにも関わらず、造営年は嘉永十一年（一六三四）前後ということ以外、わかっていない。

天正十五年（一五八五）、浅野氏の家臣・易井喜内秀明の屋敷が山口荘の里村（和歌山市里）に完成した。易井氏は、のちに同族であった山口氏と養子縁組をして、屋敷を重安《しげやす》に継がせて、山口喜内重安と改姓。山口喜内は、和歌山城主浅野幸長から当地の代官に任ぜられ、以後、山口荘の領主となった人物である。

屋敷は、周囲に堀を巡らし、南に表門、東に裏門を構えた館で、淡路《あわじ》街道や雄ノ山《おのやま》峠などへの交通に便利な位置にあった。主要道の交差点に近い地理的条件に目を付けた紀州徳川家は、参勤交代などの折りに使用するのにも便利として、山口喜内の館を改修して御殿を造営した。『紀伊続風土記』に、「龍祖（徳川頼宣）の御時修築ありしならん歴世御帰国御参府には必ず当殿に御休憩を例とし又、幕府よりの上使入国の時は往来共爰（ここ）に休憩す」と、ほかの私的御殿との違いが記されている。

御殿の平面図[*13]（図7）によると、四方を水堀と垣（竹垣・生垣・藪）で囲み、表門（外御門）をくぐって直進した所に番所と中御門がある。その奥が御殿で、東・西御供部屋、遠侍、台所、湯殿、広間などが並び、西に御座間が描かれている。この配列について、現在の和歌山城天守設計者の藤岡通夫氏は、「巌出御殿の一部として残る臨春閣（巌出御殿参照）の第二屋の底面図と極めてよく似ており[*14]（以下略）」と述べている。

＊13　『和歌山市立山口小学校創立一〇〇周年記念誌』に「本校創立当時下賜された旧御殿平面図」として掲載された、松田茂樹氏が1／2に縮尺して写した図　個人蔵

＊14　「三渓園臨春閣の所以とその前身建物」（『近世建築史論集』、中央公論美術出版、一九六九年）

山口御殿跡は、東西約九〇×南北約一〇〇メートルと広大な敷地に、最大幅約五メートル（発掘調査による）の水堀が周回し、内側は竹藪で覆われていた。御殿跡の発掘は数回実施され、井戸の底に石が敷かれ、掃除しやすい構造であったことや、建物の雨落ち溝に敷かれていた平瓦の列、北側の堀跡などが確認されている。

表門は南側（現在の山口小学校正門）に開かれ、裏門（通用門）は東側（現在の山口幼稚園正門付近）に設けられていた。表門跡の山口小学校正門前に架かるコンクリートの橋下には、

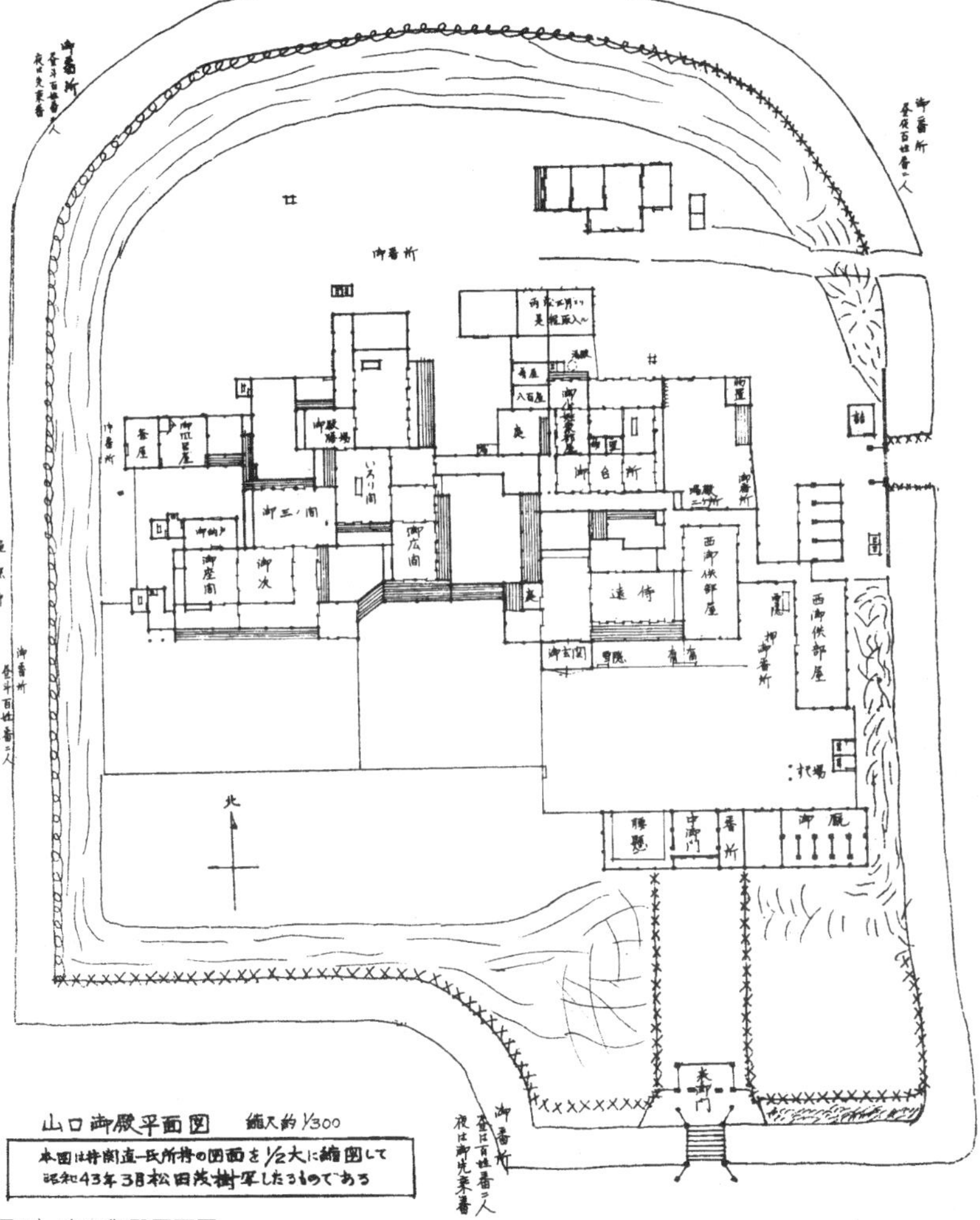

〈図7〉山口御殿平面図

〈写真 13〉山口御殿表門橋台石垣

〈写真 14〉山口御殿跡の石垣の一部

三種類の石質で積まれた橋台の石垣（写真13）が残されている。その橋下を流れる小川は水堀の一部で、『紀伊国名所図会』掲載の「山口御殿図」（絵図1）に描かれた堀の屈曲部分と類似する。

　また、石垣の一部が、東に迂回する堀の幼稚園正門脇に見られ（写真14）、同図に描かれた御殿表門の一本道も、その通り小学校正門前にある。いわゆる大手道にあたるもので、正門とズラした位置にあることが、城の大手門と大手道との関係に等しく、興味深い構造である。

　この構造は、旧町並みの南・北の入り口にも採用されていた。いずれも小川をまたいで鍵型の折れ道となり、まっすぐに入れない構造となっている。その道は直角に折れて現在もそのまま残るが、北側は新しく住宅が建った際、新しく道が敷設されたため、四つ辻になってしまった。

　『紀伊続風土記』に、旧山口村は「若山より京都へ出る官道にて北東三里にて在て驛の始とす」とあるように、もとは山口宿で、現在も南北に軒を並べた旧在所に、当時の旅人や御殿の人も使

＊15　谷口健太郎『旧山口風土記』（私家版、一九七〇年）

用したと伝わる井戸が、現在も御殿跡近くに残されるなど、往時の面影を漂わせている。

町並みの北方出入り口に架かる小橋を「やけ橋」、その南の小丘を「どんど山」と呼んでいるが、その由来はよくわからない。ただ、「やけ橋」については、かつて、この付近に宿が数件あって、往来客で賑わっていたことに由来し、この橋で距離を「計る也（はかるなり）」で「也計（やけい）橋」、あるいは、宿で銭を「計る也」から生じたのではないかとする説[*15]があるが、これも確証はない。関連して、山口宿にあったという一里塚《いちりづか》は、小橋の東詰め付近ではないかと推測されて案内板が立てられている。一方、橋の南側にあった「どんど山」は、現在は住宅が建ち、かつての面影はないが、周囲よりわずかに高くなっているので、丘であったことが想像できる。

この「やけ橋」と「どんど山」は、御殿に由来する名称ではないかと考える。なお、「どんど」とは、たき火のことである。要するに、「やけ橋」は「夜警橋」（やけい橋）が転じて「やけ橋」となり、「どんど山」は、夜警時のかがり火代わりに、たき火（どんど）をしたことに由来すると考えている。

中島義一氏の論考に、「御殿平面図（前出）による御殿の敷地に三ヵ所、外側に四ヵ所の御番所が描かれていて、厳重な警備態勢が推察できる。堀の外側の御番所については、西北・西・南側の三ヵ所には百姓番二人、夜は御先乗番、東北部のものは昼夜百姓番二人と記されている。先乗番ということからしてもこれは平常の警備を示したものではなく、藩主（または上使）宿泊時のものを示したものである。昼より夜の警備が厳重なのもその為であろう。西・南が厳重で東側が手薄なのは御座の間が御殿の西側に配置されていることによると思われる。この場合も御殿警備に藩士のほか百姓

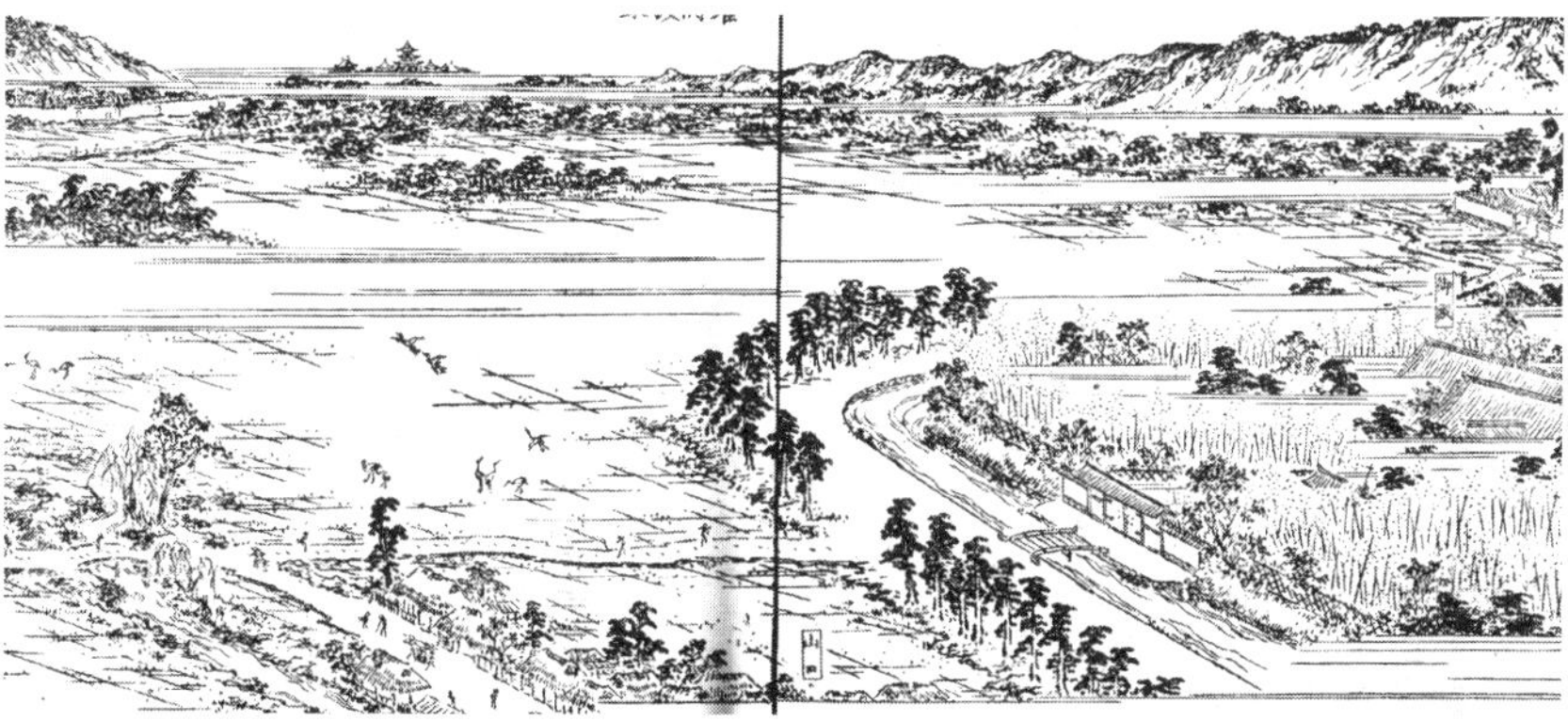

〈絵図１〉『紀伊国名所図会』（部分）に描かれた山口御殿

が動員されて居り、山口に限らず御殿在所の村人達はいろいろの労役を負担していたことと思われる」[＊16]とある。

明治になって御殿が廃墟になったとき、御殿警固の労役に感謝したのだろうか、周辺の人々に残品を持ち帰ることを許したという。周辺の個人宅には、葵紋入りの火ばさみや火鉢、また、近くの寺院には、御殿の仏間に安置されていたという仏像も伝えられている。屋根に葵の紋が入った瓦を乗せた家も珍しくない。

御殿の建物の一部は、しばらく学校の校舎に使用された時期もあったようだが、その校舎も時代とともに近代化され、現在は小学校の前庭池に、「御殿跡」の石碑と石橋が名残りとして伝え残されているにすぎない。ただ、この石橋は御殿表門に架かっていたといわれているが、『紀伊国名所図会』（絵図1）や『南紀徳川史』などに描かれた橋は、いずれも木橋である。おそらく、明治になって跡地が学校として使用された際、安全のため裏門か御殿内に使用されていた石橋を正門前に移して使用したものと思われる。また、隣接する幼稚園の裏（北側）に井戸が残り（写真15）、小学校には葵紋入りの瓦（写真16）が保管されている。

校歌にも御殿が歌われ、校章にも葵紋が使用されるなど、山口御殿を伝えているものの、最近では地元でも語られることが少なくなったような気がする。

11 北《きた》島《じま》御《ご》殿《てん》

所在：和歌山市北島／関連地名：邸内／遺構：百間堤
標高等：標高九m、比高〇m
使用者：徳川氏

〈写真15〉幼稚園の裏に残る井戸

〈写真16〉小学校に保管されている瓦

二代藩主光貞の頃に築かれた御殿で、『紀伊続風土記』に「村の南、公の別殿あり北島殿と云ふ」とある。この記述について、『南紀徳川史』は「此段寛文八年ハ申年造営と云　邸地川に沿て一郭をなし内に池沼あつて雁鴨群をなし歴世猟遊の別邸たり」とする。造営地は紀ノ川に架かる北島橋から河西橋間の右岸周辺で、現在は市営住宅や商業施設が建つ。

松下由佳氏によれば、*17 昭和十五年の小字図には、北島御殿の推測地に「邸内」とあり、同御殿唯一の名残りを伝えるものとして、干潮時のみ現れる百間堤の石垣をあげている。

12 溝《みぞ》ノ《の》口《くち》御殿《ごてん》

所在：海南市黒沢／別名：萩原御殿／現状：牧場
遺構：なし／標高等：標高三九〇m、比高二三〇m
使用者：初代藩主徳川頼宣

黒沢山《くろさわやま》の峰から西南に、御殿跡といわれる約八〇平方メートルの平坦地がある。『紀伊続風土記』には、「南北一町東西四十間許山上平坦の地　溝ノ口領にあり　溝口村はこれより北三十町ばかりなり　礎石今尚残れり　南龍公御遊休憩の處とし給うという　山上に在りて眺望最も宜し」とある。

『南紀徳川史』には、村老山本孝次郎の話として、南龍院（徳川頼宣）様が御殿に滞留中のある日、村民が当村は猪や鹿が多く、田畑を荒らし、ことのほか迷惑している。このことで、御高四百石のうち、米百石を諸役ご免被りたいと願い出て、認められた旨が記されている。以後、村民は三月十日には、白木綿を一反を携えて長保寺《ちょうほうじ》へ参詣したと、頼宣の名君ぶりを付記している。

---

*16 「紀州藩御殿の歴史地理的考察」（『駒澤大学文学部研究紀要』第四十号、一九八二年）

*17 「北島御殿跡を探す」（『和歌山県立文書館だより』第三十四号、二〇一二月）

13 椒《はじかみ》御《ご》殿《てん》

所在：海南市初島町浜／別名：城の内・御殿山
現状：工場／遺構：なし／標高等：標高七m、比高〇m
使用者：初代藩主徳川頼宣

下津町《しもつちょう》との境の丘陵北端を「御殿山」と呼ぶ。その南麓の平地を「城の内」といい、御殿は城の内にあったという。個人蔵の御殿の図二枚（図8・9）が伝えられている。[＊18] それによれば、御殿山を借景として、西の防潮松林の合間から広がる海が見える、風光明媚な地であったことがわかる。

現在は、東亜燃料工業株式会社の石油精油工場になり、銀盤の大型タンクが立ち並んでいるため、御殿の名残りはまったくない。

＊18　玉木弘種「椒御殿跡図について」（『有田文化』第四号、一九八〇年）

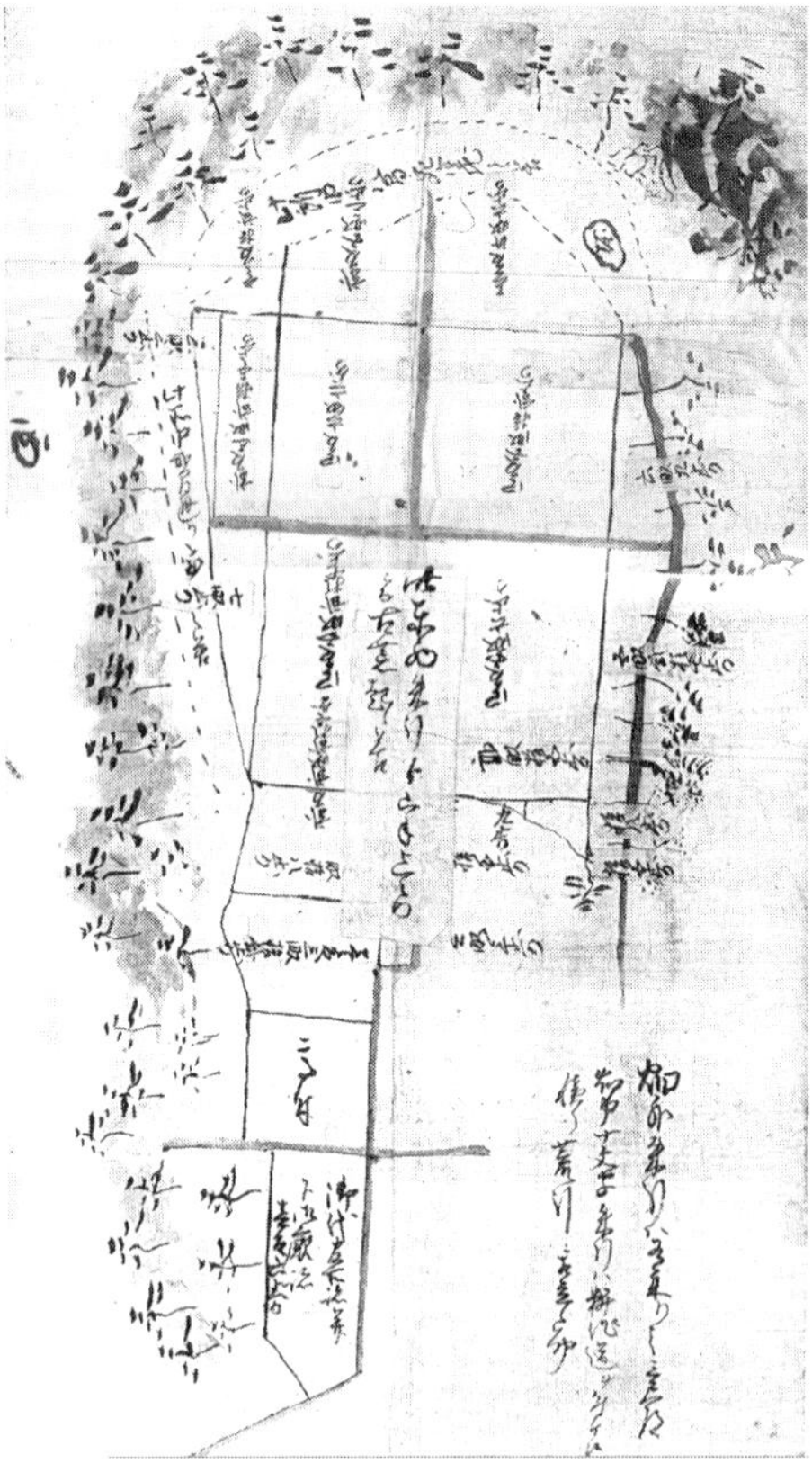

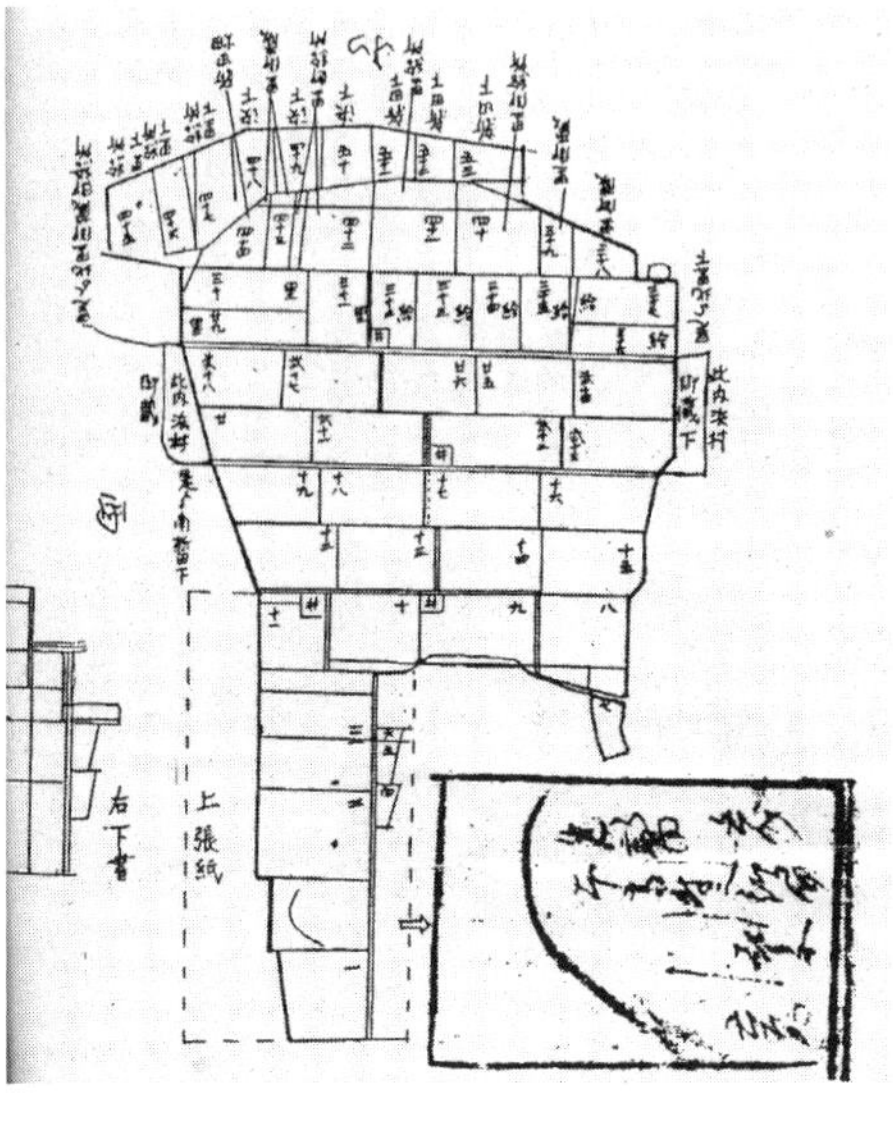

上・下〈図8・9〉御殿の図
提供：玉木弘種

14 広《ひろ》御《ご》殿《てん》

所在：有田郡広川町広／現状：寺院
遺構：堀・石垣／標高等：標高三m、比高〇m
使用者：初代藩主徳川頼宣

『南紀徳川史』に、養源寺《ようげんじ》（写真17）が御殿の跡だと記載されている。『紀伊続風土記』には、「寛正の頃畠山尾張守政長当国を領し、此の処に屋形を建て、長男卜山居住す。卜山没落の後荒れ地となりしに、南龍公（頼宣）御殿を建てさせられ、後他に移し給いて新畑となりし。正徳元年、有徳公の命ありて広村にありし南龍公の御殿跡の旧跡を養源寺に賜り、寛徳夫人の御殿も賜り其の木材を以て本堂及び諸宇を建てしめ給う」とある。

上〈写真 17-1〉養源寺山門と本堂（奥）
下〈写真 17-2〉養源寺近くの水堀　石垣は伝畠山館跡
写真提供：松本崇秀（3枚とも）

寛徳夫人は有徳公の御廉中であると『南紀徳川史』に註があり、南龍公（頼宣）が御殿を建てた折、広村の西出崎と和田村の波頭を初めて築き、長さ百二十間、根敷二十間だが、寛永年中に高波のため破却し、修復したとある。

〈写真17-3〉養源寺本堂

15　網代御殿《あじろごてん》

寛文六年（一六六六）、徳川頼宣が当地が風光明媚であることを気に入り、滞在の折に使用する別館を建て、網代御殿と称したといわれている。のち、八代重倫も滞在したと言われている。重倫は気の荒い性分で、早くに隠居を申しつけられ、当御殿に移り住み、遊覧船を建造して、夏の納涼や釣りをして余生を送ったという。*19 当時使用されていた井戸は、たいへんよく水が湧き、昭和三十年頃まで地元の人々も使用していたといい、現在も「御殿井戸」と称して残されている。

所在：日高郡由良町網代／現状：住宅地／遺構：井戸
標高等：標高三m、比高〇m
使用者：初代藩主徳川頼宣・八代重倫

16　薗御殿《そのごてん》

小竹《しの》八幡神社（写真18）が御殿跡である。『紀伊続風土記』には、「元和の頃、南龍公此の地に御殿を建てさせられ新町の諸役を免許せらる後、延享六年村の北十町にある八幡宮を右御殿へ遷す。則ち薗八幡これなり」とある。現在、境内周辺に御殿の名残りは見当たらない。

所在：御坊市薗／現状：神社／遺構：なし
標高等：標高四m、比高〇m
使用者：初代藩主徳川頼宣

17　瀬戸御殿《せとごてん》

白浜の名勝円月島《えんげつとう》が望める瀬戸の桔梗《ききょう》平《だいら》に、徳川頼宣が別館を建てた。以後、頼宣は八回に

所在：西牟婁郡白浜町瀬戸／現状：民家など
遺構：なし／標高等：標高七m、比高〇m／使用者：徳川頼宣・二代光貞・三代綱教・四代頼職・五代吉宗・八代重倫・十代治宝

*19　岩崎芳孝『由良今昔物語』（私家版、一九七八年）
*20　『白浜温泉史』（白浜町役場、一九六一年）

〈写真18〉小竹八幡神社

わたって湯治を楽しむため足を運んで、以降の藩主も、湯治のために利用したという。[*20]

かつて、御殿井戸と称した位置に、鉄板で蓋をした井戸が伝わっていたが、現在はまったくわからなくなっている。

18 松江御殿《まつえごてん》

所在：和歌山市松江東一丁目／別名：御殿山
現状：不明／遺構：なし
標高等：標高二一m、比高七m／使用者：久野氏

和歌山市松江に、「御殿山」と呼ばれる丘がある。『南紀徳川史』や『紀伊続風土記』にその名は見えないが、徳川家の御殿の存在は確認されていないものの、「松江御殿前」の地名まである。『紀伊続風土記』には、「村（東松江村）の東の端に和田殿松と稱する松一株あり。國老久野氏の別荘中にあり　然れば今の東松江の邊　古の和田浦の地ならん」、また、中松江の項にある「東松江の西二町、西松江との界に御殿山と唱うる観月楼の跡あり」とあるのは、この別邸のことを指し、その豪華さから御殿と呼びならわし、それが字名となった可能性もある。現在、御殿山の正確な位置は不明である。

19 堺《さかい》御《ご》殿《てん》

みなべ町堺は、鯉のぼりをあげない地区として知られる。これは、源平合戦に敗れた平家一党が当地区に身を潜めて暮らしていたが、男の子が誕生した際に鯉のぼりをあげて祝ったところ、沖ゆく源氏の船に見つかり、皆殺しにあったという伝承に基づくという。国道脇にある「平家塚」の碑がそれを伝えるが、もとの平家塚は、国道の拡幅工事で消滅している。このとき発掘をしたが、何も出土しなかったという。

所在：日高郡みなべ町堺／別名：堺別館／現状：国道42号
遺構：なし／標高等：標高五m、比高〇m
使用者：初代藩主徳川頼宣

〈写真20〉堺別館跡と思われる土盛り（昭和50年代）

もとの塚は「南龍塚」と呼ばれていたそうで、長さ約九×幅約三メートルの竹藪の中に、周辺の畑地よりわずかに高い土盛りがあった。[*21] 昔から、「南龍塚」の一木一枝を切ったりすると災いが生じると教えられたという地元の話がある。昭和三十五年に、地元の常福寺《じょうふくじ》住職畑崎龍定氏が撮影した当時の塚の写真が三枚（写真19）ある。

「南龍塚」の「南龍」は、紀伊徳川家初代頼宣の諡《おくりな》（戒名）「南龍」のことと思われ、地元では「なんりゅうさん」や「なんりょうさん」と、親しげに呼ばれている。やがて、この土盛りに「平家ゆかりの古跡」と書いた標柱が立てられ、「南龍塚」は「平家塚」に定着してしまったらしい（写真20）。

＊21 『南部町史』史料編（南部町史編さん委員会、一九九一年）

この「南龍塚」こそ、堺別館の土塁であったと考えるが、記録に乏しいので地元でも語られることはない。わずかに、『紀南郷導記』[*22]堺の項に「此浜ニ先君（頼宣）ノ御殿有リシガ今ハ廃セラル」とあり、『日高郡誌』は「堺別館」と称して、『紀南郷導記』の内容を引用掲載し、「里人モ伝へいえど、其ノ位置今定かならず」と追記している。

当御殿は、紀伊最南端に造築された白浜瀬戸御殿へ行く際の、休憩あるいは宿泊のために造られた可能性が考えられる。当地方に鉄道が敷かれていない頃、堺から船で瀬戸に渡っていた。江戸時代に瀬戸御殿へ湯治に出かける際も、ここ堺から船出をしたのだろう。堺から瀬戸は、正面に見える距離にある。

〈写真 19〉昭和 35 年当時の塚　写真提供：畑崎龍定

＊22　児玉荘左衛門『紀南郷導記』（紀南文化財研究会、一九六七年）

紀州藩家老の居館（下屋敷）。紀州藩の四大重臣といえば、安藤・水野・三浦・久野の四家である。ともに一万石以上で、藩外では「紀伊殿家老」と把握される。藩内においては安藤家・水野家と三浦家・久野家は区別されていたようである。それぞれ城下町の外に領地を持ち、統治や城下町への街道を監視するための居館が築かれていた。呼び名はそれぞれだが、存在したことすら忘れられている現状がある。せめて、ここでは所在地と若干の情報だけでも記しておきたい。

20 貴《き》志《し》城《じょう》

所在：紀の川市貴志川町上野山／関連地名：城山
現状：学校／遺構：なし
標高等：標高四五m、比高〇m／居住者：三浦為春

紀ノ川と貴志川の合流地点に築かれた城館で、「矢田文書」[*23]に「築城は元和五年（一六一九）三浦長門守為春、野口次郎兵衛貴志城留守居役」とある。紀ノ川は和歌山城下を守る天然の堀で、大切な水資源でもあった。この大河と沿う和歌山城下への街道沿いに、家老職が館を築いて見張りをしていたようである。貴志城の西約七キロの和歌山市岩橋《いわせ》には付家老の安藤氏が、その対岸の同市直川《のうがわ》には同水野氏の館（推測）が築かれ、さらにその東約五キロに山口御殿（前出）が築かれていた。

貴志城跡は現在、市立貴志川中学校の敷地で、唯一の遺構だった堀跡は自転車置き場となって面影はない。「城山」の地名も語られなくなっている。

21 安藤氏居館伝承地《あんどうしきょかんでんしょうち》

所在：和歌山市岩橋／現状：空き地／遺構：なし
標高等：標高四六m、比高二〇m
居住者：安藤氏

＊23　「矢田文書」（『貴志川町史』第三巻、貴志川町史編集委員会、一九七七年）

「紀伊風土記の丘」の西端に、安藤氏館と伝承される丘がある。紀ノ川の南岸の岩橋《いわせ》は、付家老安藤氏の領地であった。『歴史と緑の小径―伝説説話収集結果報告』[＊24]に「田辺藩主城跡　現在、廃屋が残っている辺り一帯に江戸時代田辺藩主安藤氏が自分の領地を管理するため砦を築いておった様子です。今のところ遺構等は見つかっていません（六地蔵迂回コース）」と紹介がある。園内のコース案内板にも位置が記されているが、風土記の丘の指定範囲外のため、整備もされていない。おそらく、自領監視の目的と和歌山の城下へ入る街道の監視に当たっていた場所だろう。

22 水野氏居館推定地《みずのしきょかんすいていち》

所在：和歌山市直川／現状：田地／遺構：なし
標高等：標高二〇m、比高一〇m
居住者：水野氏（推定）

〈写真21〉「殿芝」と呼ばれる田

直川《のうがわ》地区の地籍図に「殿芝」の文字があり、現在も殿芝と呼ばれる約一一〇メートル四方の田（写真21）がある。その北方の旧全正寺《ぜんしょうじ》境内に、紀州藩の付家老で三万五千石の新宮領主初代水野重仲の墓がある。当地は新宮水野氏の領地で、同じ付家老安藤氏の領地であった岩橋《いわせ》とは、紀ノ川の対岸の位置にあたる。「殿芝」に水野氏の館があったという記録はないが、舌状台地に所在し、東西はかつて池があった谷で挟まれている。池はのちに埋め立てられ、東を「來田池潰《ころだいけつぶし》」、西を「細部池潰」という。もし、ここに水野氏の館（見張所）が置かれていたとすれば、自領監視はもちろん、和歌山城下への道を監視する役目も担っていたと思われる。

＊24　紀伊風土記の丘事務所刊、一九八七年

［参考文献］　水島大二「殿芝と中尾城山」（『あかね』第二十九号、御坊文化財、二〇〇三年）が詳しい。

第五部　台場跡

はじめに

嘉永六年（一八五三）、ペリーの来航は全国に海防の必要性を漂わせた。その翌年九月、大坂の天保山《てんぽうざん》に入港するロシアの軍艦が紀州沖に停泊する事件が起き、紀州藩ではさらに海防論が強まった。その頃、和歌山沿岸に構築されていた台場構造と規模を、藩が岩橋藤茂《ふじしげ》と小嶋備源《びげん》に命じて絵師野際葵眞《きしん》に彩色で描かせた『異船記《いせんき》』（和歌山県立図書館蔵）が伝え残されている。

『異船記』は、安政元年（一八五四）から三年かけて作成されたもので、その後も海防計画は進められ、台場は構築されている。同年十二月二十八日に幕府より、紀伊殿領分の紀州西田浦辺は大坂湊の要所であるので、最寄りの要害地等に台場を築くように通達があったと、『南紀徳川史』＊1にある。さらに安政二年五月二十五日には、友ヶ島《ともがしま》へ台場を築くことを大砲家佐々木浦右衛門に命じたとある。

このように、大阪湾の守備を目的として和歌山市加太の沿岸とその沖合の友ヶ島（沖ノ島、地ノ島）、そして城下の沿岸部、さらに南、現在の海南市下津町大崎までの沿岸部を併せて、三十数ヶ所に台場が構築され、藩の家老クラスの家臣が築造と守備を命じられた。

文久三年（一八六三）、将軍徳川家茂が自ら大坂湾の海防状況を視察に訪れ、七月二日には加太浦に到着して視察した。その報告によると、淡路島のほうは工事が進展しているのに、紀州のほうは進んでいないとある。これに対し、勝海舟《かつかいしゅう》は「急なことで予算のかさむことゆえ、やむをえないのでは」と答えたという逸話がある。

紀中《きちゅう》の有田や日高地方が候補地として取り上げられ、その中から地形的に適した数ヵ所に絞られたが、構築された記録はない。紀南地方では、田辺領がいち早く台場構築を計画し、試射台場から本格的な台場が構築され、近隣の南部（みなべ町）、上富田《とんだ》（上富田町）にも台場を置くなど、

＊1　明治二十八年（一八八八）に紀州徳川家当主・茂承の命により編纂を始め、同三十四年に完成。編纂者は堀内信。

＊2　「『海防図』を読む―幕末和歌山藩の御台場と海防―」（『和歌山市立博物館研究紀要』三号、一九八八年）

＊3　「資料紹介・御台場普請に関する資料について―友ヶ嶋の御台場を中心に―」（『和歌山市立博物館研究紀要』二十六号、二〇一一年）

＊4　『和歌山縣下砲臺景況書』（アジア歴史資料センター所収）は、明治九年の工兵第四方面（大阪鎮台に所属）による紀州藩台場跡地の実地検分と測量を行った結果調査報告書で、角田誠氏の報告による。掲載の図も和歌山城郭調査研究会機関誌『和歌山城郭研究』に発表したものを転載した。

独自の海防防備に力を入れていた。田辺より以南は、紀中地方同様、『南紀徳川史』に構築場所として記載されているが、実際に構築された台場があったのかどうかは明らかでない。

なお、和歌山県の台場研究は、構造は『異船記』をもとに進められ、角田誠氏の現地調査を含め、勢力的な研究を行ってきた。また、武内喜信氏の研究論文[*2]（以下、「海防図を読む」と記す）は、文献上からの検討で、それぞれの構築年代などを詳細に論じている。さらに、それを受けて高橋克伸氏が『海防図』などの史料で台場と海防の変遷を読み解いている。[*3] これらは、台場研究に欠かせない資料である。

これらの資料や、角田氏の詳細かつ信頼性ある鮮明な図と報告の一部を引用しながら、和歌山県下の幕末に築かれた台場を紹介する。なお、文中の資料『和歌山縣下砲臺景況書』[*4]（以下、『景況書』と記す）は、角田氏の調査報告によるもので、彼への追悼の意をこめて図とともに多様した。

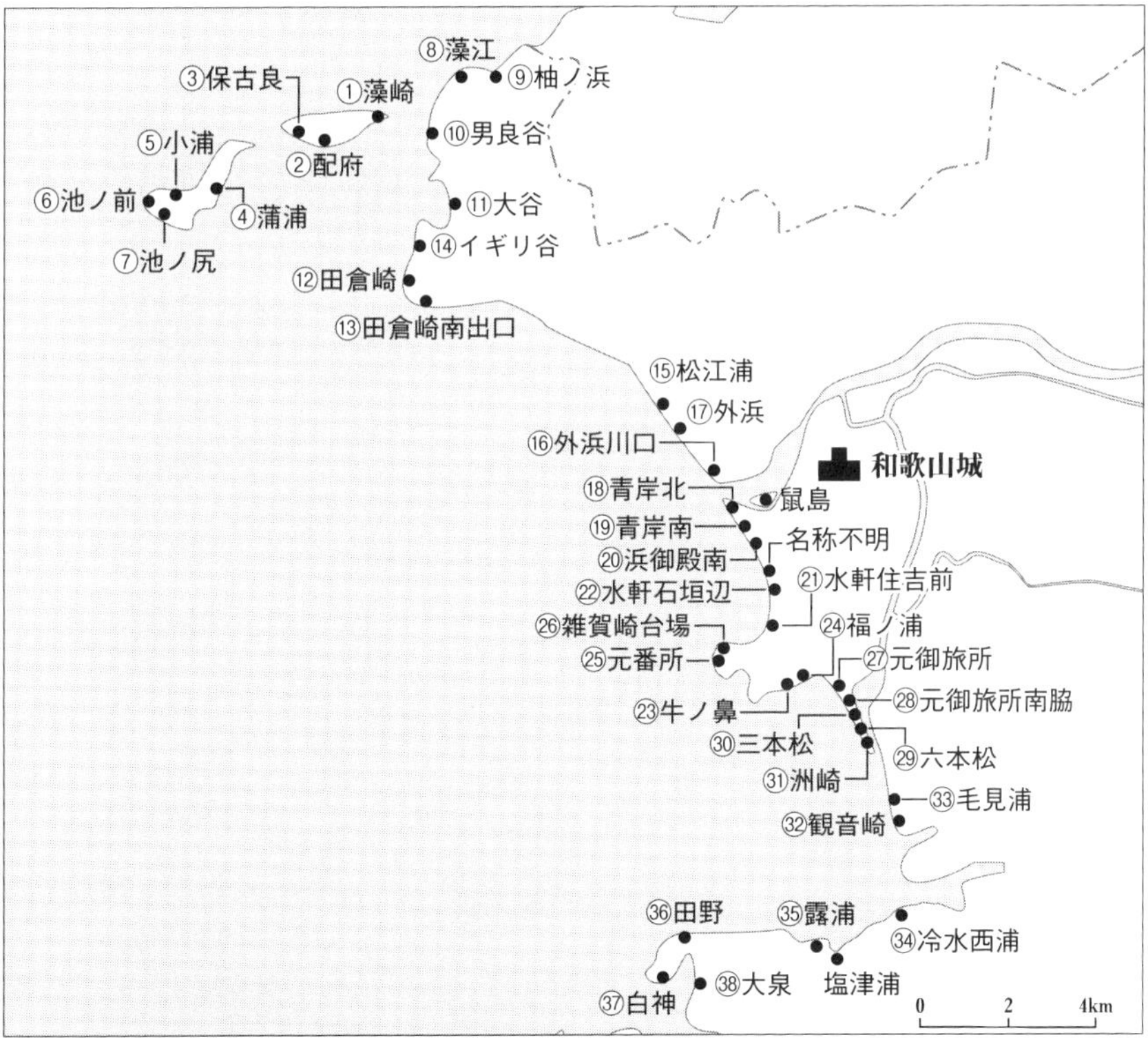

和歌山市周辺の台場配置図

友ヶ島の台場[*1]――水野丹後守持ち場

①藻崎《もざき》台場（地ノ島）　島の東端・藻崎（茂崎）に構築された台場で、仁井田源一郎の「海防雑策」[*2]に、「藻崎に是非御台場出来立候事」と、藻崎に台場の構築を願い出たとある。また、田中敬忠氏によると、「地ノ島の東端、藻崎は俗に『牛の首』といわれ、標高四〇メートルで眺望頗るよい要害地で、現在藻崎灯台が建設されている。旧藩時代の文久三年（一八六三）頃には、藻崎浦に台場があって今でも当時の土塁が残っているが（中略）藻崎浦の北岸の土塁が昭和三十四年九月二十七日の台風十五号で破壊した」[*3]とされる。

和歌山県立図書館蔵『御領分総海丵《かいぼう》繪図』（以下、『海防図』と記す）には、台場が置かれていたことを示す「藻崎」の文字が見える。なお、藻崎はかつて孤島であったが、土砂の打ち上げと地盤の隆起によって、現在は陸続きになっているともある。

②配布《はいふ》（府）台場（地ノ島）　島の南岸中央部に所在。『和歌山縣史蹟名勝天然記念物調査報告書』[*4]（以下、『報告書』と記す）は「土塁は三つに屈折」と記し、『異船記』の「長四十六間、高一間、厚三間」と同規模で記されている。八門の砲門を開いた三折れの胸墻《きょうしょう》土塁が描かれ、『景況書』には、砲台敷地とその左翼に陣屋、右翼に火薬庫が描かれているという（絵図1・図1）。

③保古良《ほこら》台場（地ノ島）『異船記』に「長十七間、高七尺、厚二間半」とあり、五門の砲門を開いた胸墻土塁が描かれる。『景況書』には「積二百六十壱坪」、「長さ二十七間で、三門の砲門を開口した胸墻土塁を描き、台場敷地の左辺十五間、右辺十四間、背面九間」としている。平成八年に角田誠氏が調査した報告に、[*5]胸墻土塁は長年の海食で崩壊が進み、なだらかな丘陵となって堆積物が堆積している。丘陵の高さは二・五メートル、天幅三メートル、長さ二二メートルで、

＊1　友ヶ島　地ノ島・沖ノ島・虎島を併せて友ヶ島という。地ノ島は無人島で、現時点では上陸手段はない。○内の数字は配置図番号に同じ。持場の名称は『異船記』の記載に基づく。

＊2　嘉永六年（一八五三）十二月条（『南紀徳川史』所収）

＊3　田中敬忠「友ヶ島とその史跡」（『紀州今昔―和歌山県の歴史と民俗』、帯伊書店、一九七九年）

＊4　大正十一年（一九二二）から昭和二十五年にかけて刊行された。

＊5　角田誠「和歌山市河北に所在する幕末の台場群」（『和歌山城郭研究』十三号、和歌山城郭調査研究会、二〇一四年）

胸墻土塁の左翼が崩落消滅していることを考慮すると、胸墻土塁と一致するとある（図２）。

④蒲浦《がまうら》台場（沖ノ島）『異船記』によれば、「左側・長三十間、高七尺五寸、厚一間半　右側・長三十五間、高前六尺後八尺五寸、厚三間五尺六寸」とあり、左翼部に七門、右翼部に三門の砲門が開かれ、胸墻部に石垣と土塁が描かれている。『報告書』には「長さ三十五間、高さ前方は六尺、後方は八尺五寸、厚さ三間五尺八寸」とある。

また、『景況書』には「積二千二百十七坪五合、内五十七坪五合火薬跡」で、長さ百三十五間に八門の砲門を開口し、胸墻土塁と背後の左右に弾薬庫と思われる土段、さらに十三間、二間、十間、八間の火薬庫が土塁の右翼背後に描かれているという。昭和五十八年当時には、長さ約六〇メートルの右翼胸墻土塁が残っていたという（図３）。

⑤小浦《こうら》台場（沖ノ島）後述の池ノ前台場の近くに所在する。『異船記』に「長二十一間、高七尺五寸、厚五尺八寸」の規模とあり、前面に五門の砲門を開いた胸墻塁の下部に石垣が積まれた様子が描かれている。一方、『景況書』では「積四百六十四坪、火薬庫共」とあって、長さ十九間、二門の砲門を開口する前面土塁、食い違い虎口を有する背面土塁を有する台場部分、および十五間、十八間、三十間の火薬庫が描かれているという。台場跡の上に盛り土

〈絵図１〉②配府台場　『異船記』　和歌山県立図書館蔵（以下、同）

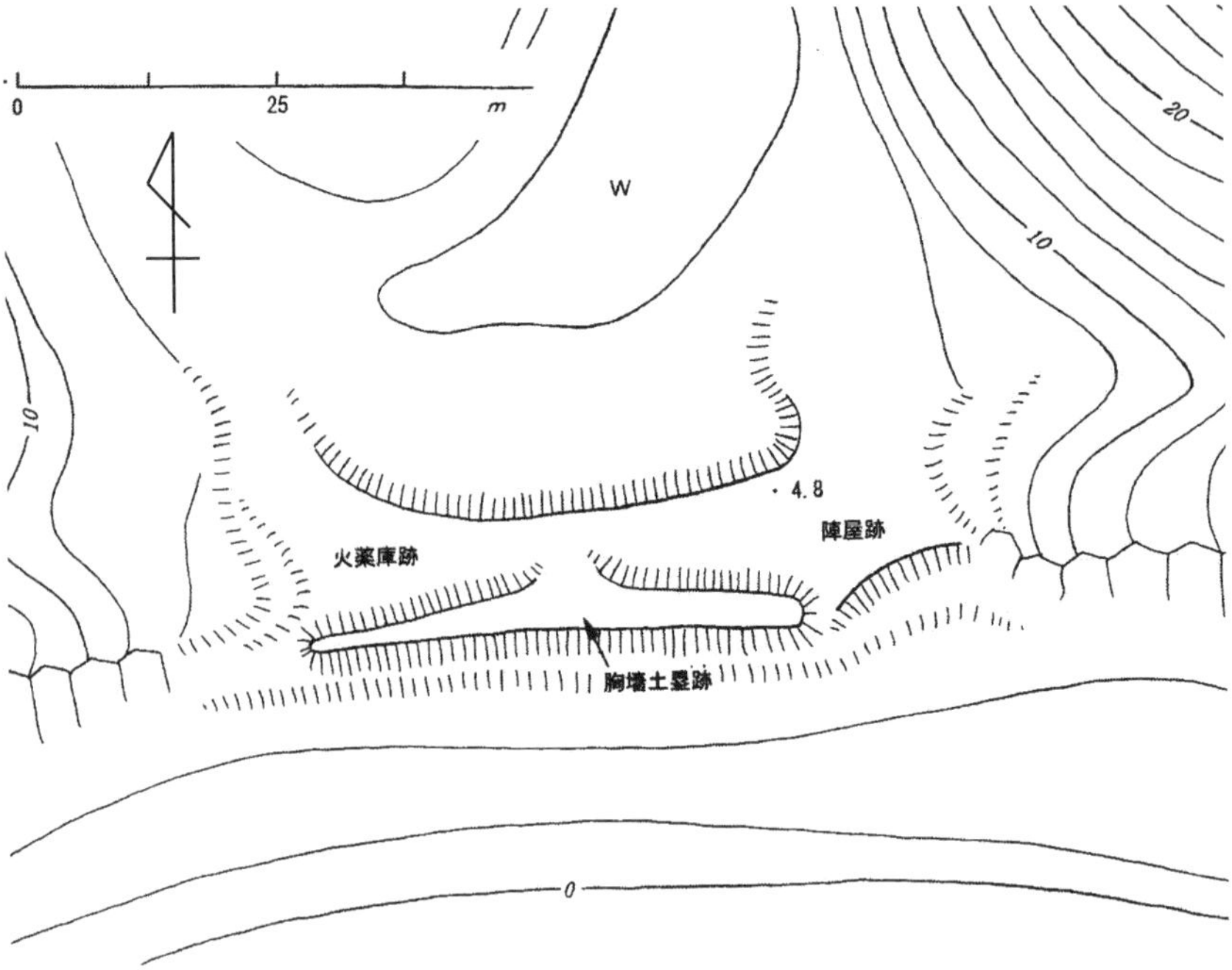

〈図１〉②配府台場　作図：角田誠

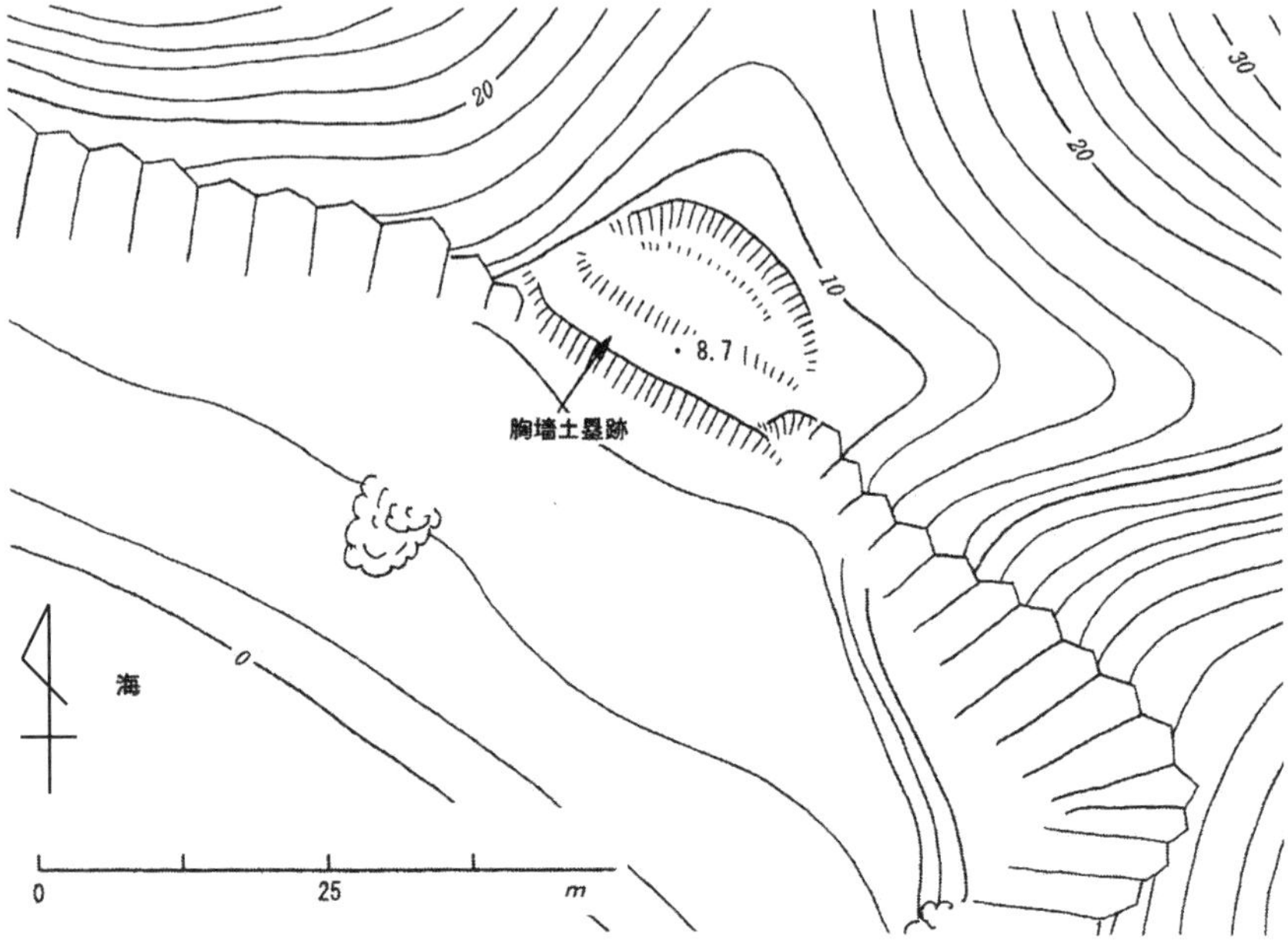

〈図２〉③保古良台場　作図：角田誠

をして、旧陸軍の軍用道路を敷設したので土塁は埋没しているが、残存の石垣は約一五メートル余り、道からかなり下方に見える（写真1）。かつて道の山側には、食い違い土塁と中央に井戸が見られた。この土塁の形状は『異船記』と異なり、『景況書』と一致するとの角田氏の報告がある。二〇〇四年当時、食い違い土塁の存在は確認できたが、井戸跡は確認できなかった。（絵図2・図4）

⑥池《いけ》ノ前《まえ》台場（沖ノ島）

旧陸軍友ヶ島第二砲台（現状は崩壊）の脇にある。火薬庫などは当砲台築造時に壊されているが、左翼の胸墻土塁と下部の石垣が約二五メートル残っている。『報告書』に「右

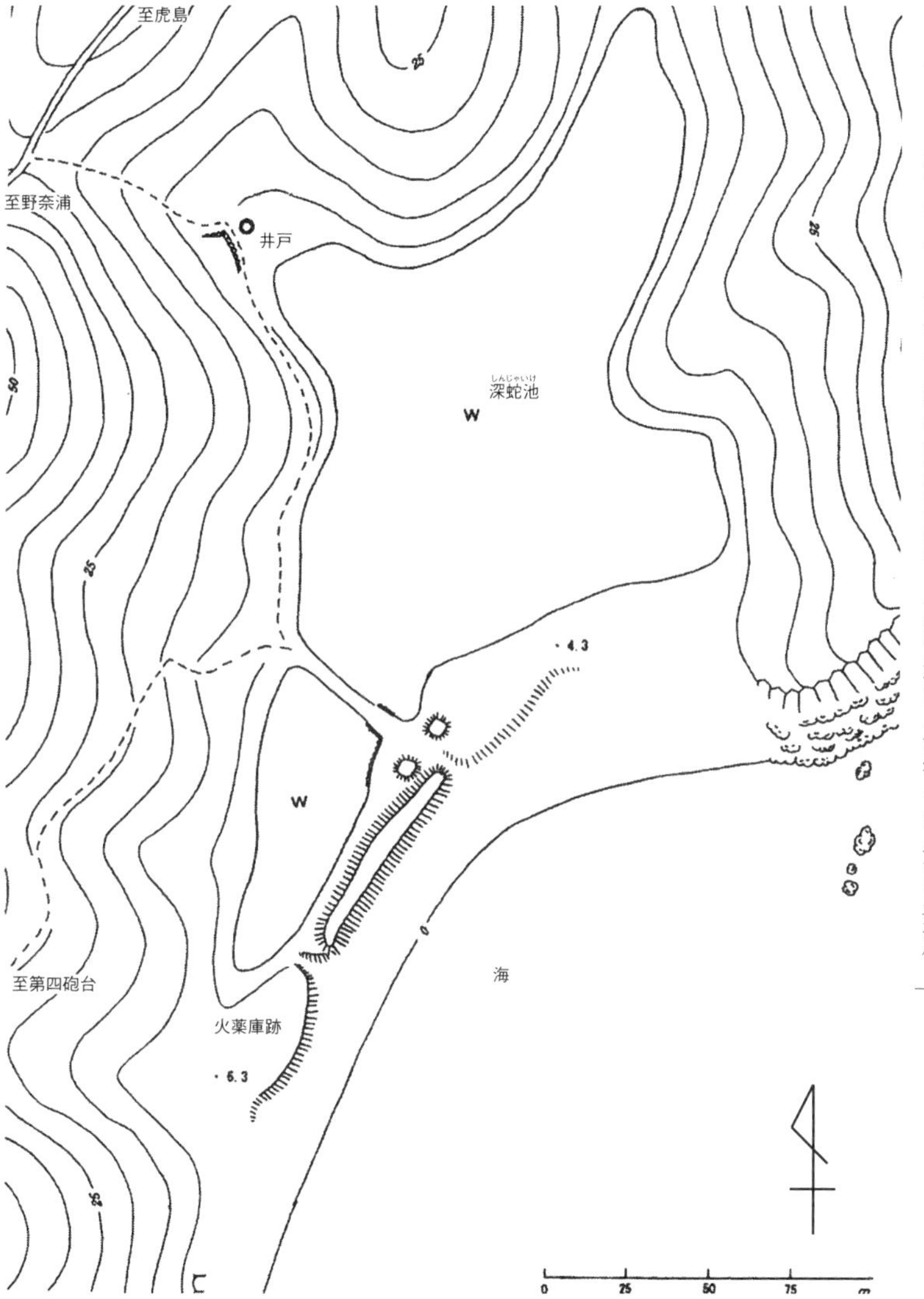

〈図3〉④蒲浦台場現状図　作図：角田誠

後方の長さ二十一間、高さ七尺五寸、厚さ一間五尺八寸」、『異船記』に、左翼は「長二十間、高七尺、厚三間半」、右翼は「長二十一間、高七尺五寸、厚三間五尺八寸」とある。

二つの台場を接続させたような構造で、共に胸墻土塁が描かれ、左翼の鍵型側に三門、右翼側に四門の砲門が開口している。土塁の下部は石垣で（写真2）、『景況書』には「積千八百六坪、火薬庫共」、左右の土塁の総延長が「平均九十二間」、奥行きが左翼で「十八間」、右翼で「九間」とある。砲門の開口はなく、台場内部に三個の砲座がある。火薬庫は左翼の背後にあった。また、「三個ノ胸壁ヲ付セリ其后部ニ旧陣屋之址アリ地積凡百九十坪余又火薬庫之痕跡アリ地積凡七十九坪

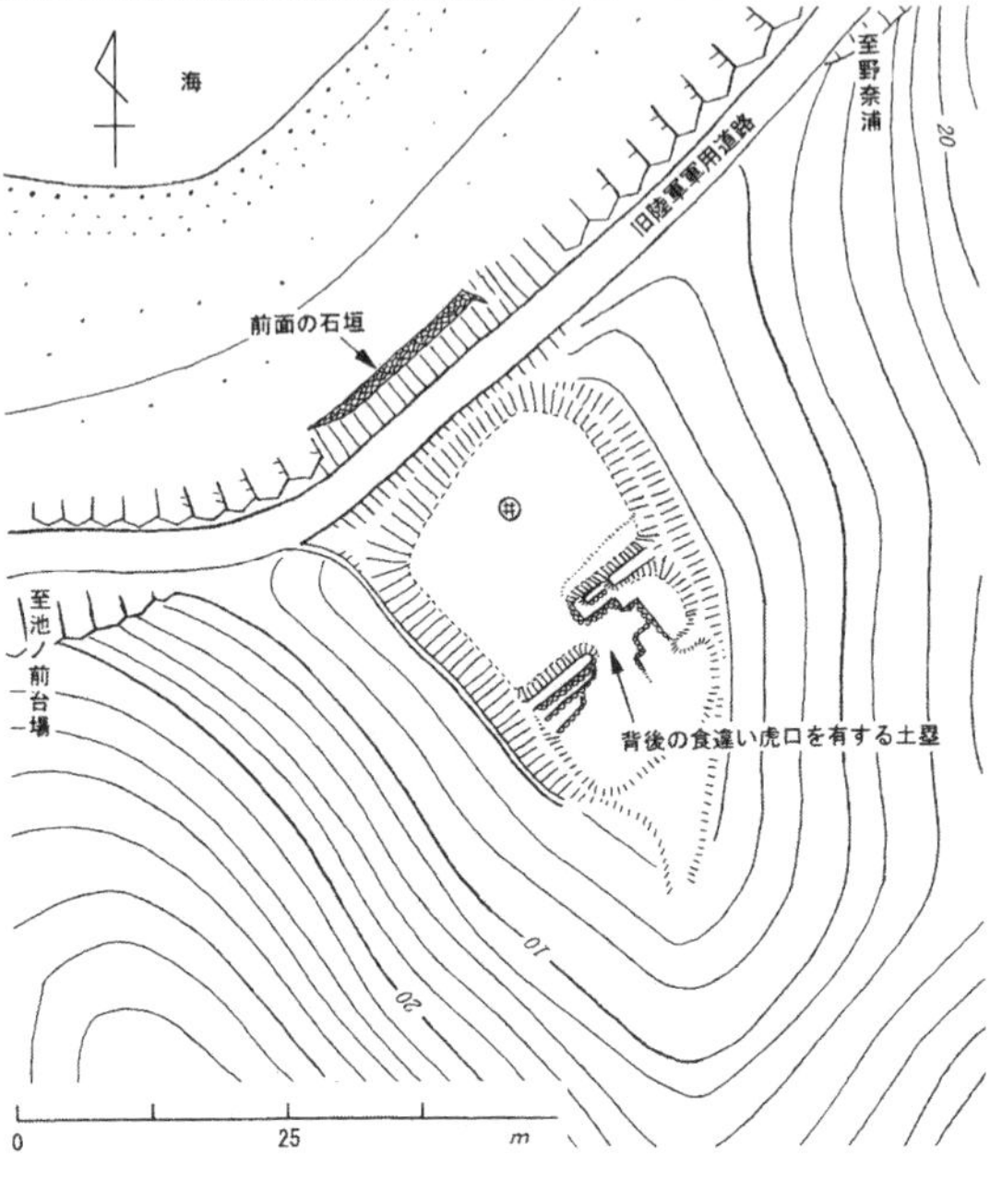

上〈写真1〉⑤小浦台場跡　二〇〇四年撮影
中〈絵図2〉⑤小浦台場『異船記』
下〈図4〉⑤小浦台場現状図　作図：角田誠

余」と記されているという。（絵図３・図５）

⑦池尻《いけじり》台場（沖ノ島）島の南、池の背後に構築された無人の台場である。『異船記』に「長十二間、高一間二尺」規模とあるが、「沖ノ島の西端にあり、北西に面して低地上に土塁を設く　其の長さ十二間半、高さ二間、厚さ不詳」とも見える。『景況書』には、当台場の記載はないという。土塁の一部が約三五メートル残るが、砲門の開口はなく、一見すると堤防のようである。太洋戦争中に兵舎などの施設が建っており、台場跡はかなり改変された可能性がある。田中

〈写真２〉⑥池ノ前台場跡　石垣と土塁

〈絵図３〉⑥池ノ前台場　『異船記』

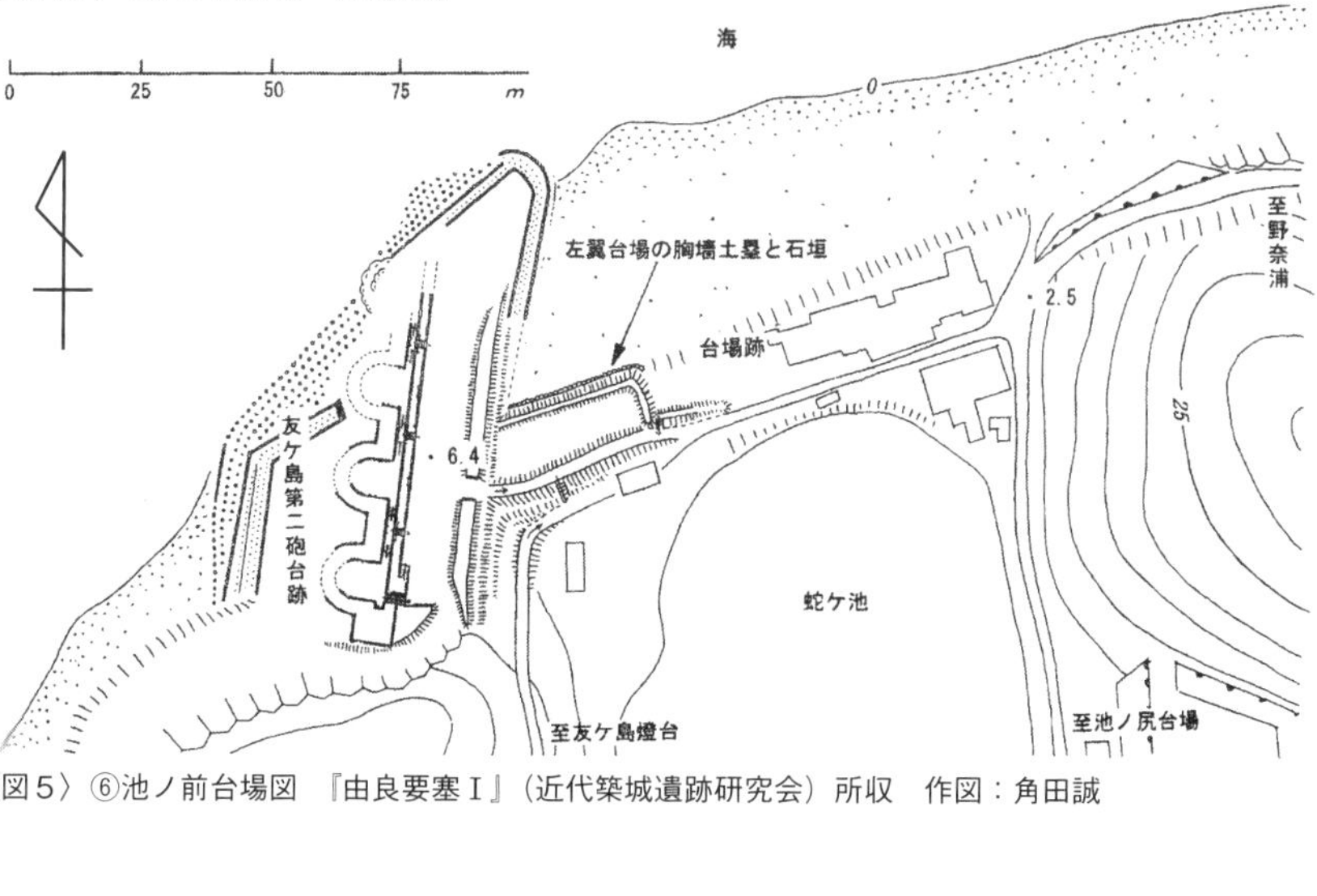

〈図５〉⑥池ノ前台場図　『由良要塞Ⅰ』（近代築城遺跡研究会）所収　作図：角田誠

敬忠氏が、沖ノ島東端、亀ヶ崎地点の南岸渓谷に台地があって台場跡となり、井戸も現存しているとするのは[*6]、当台場のことと思われる。その井戸は、『異船記』と一致する場所に残る（絵図3・図6）。

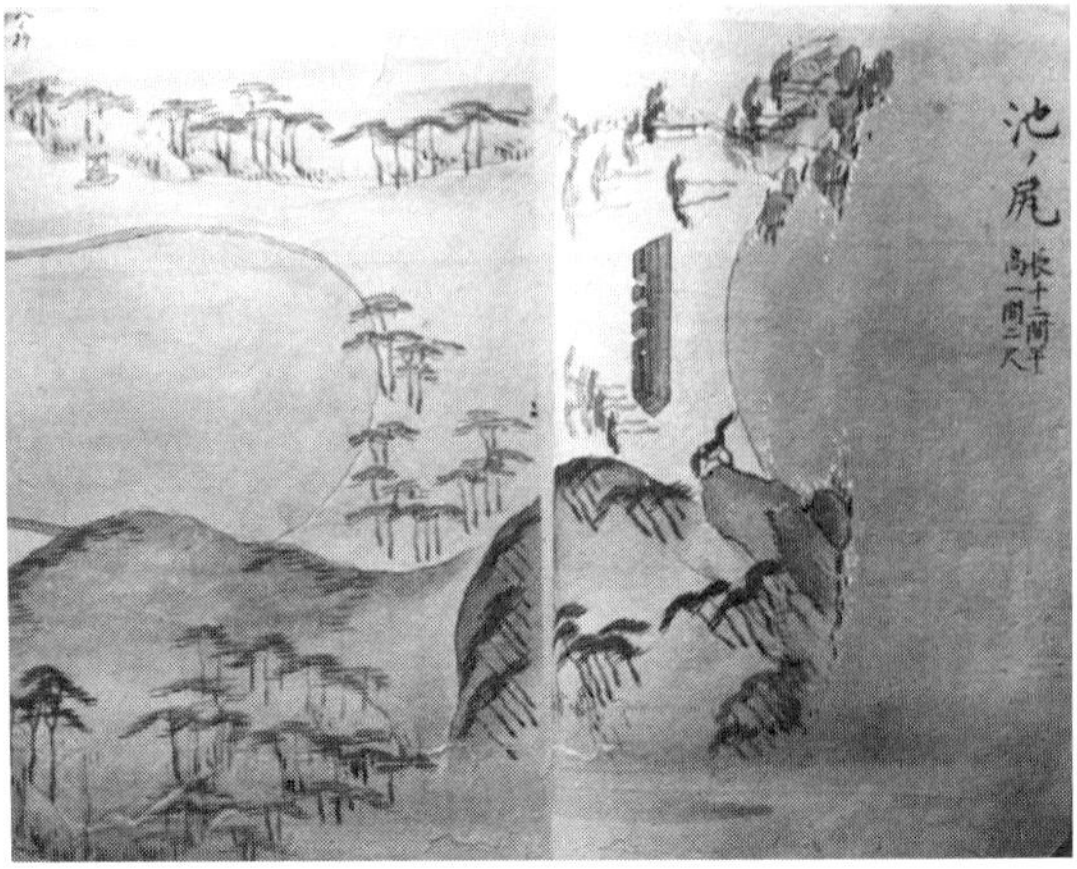

〈絵図3〉⑦池ノ尻台場　『異船記』

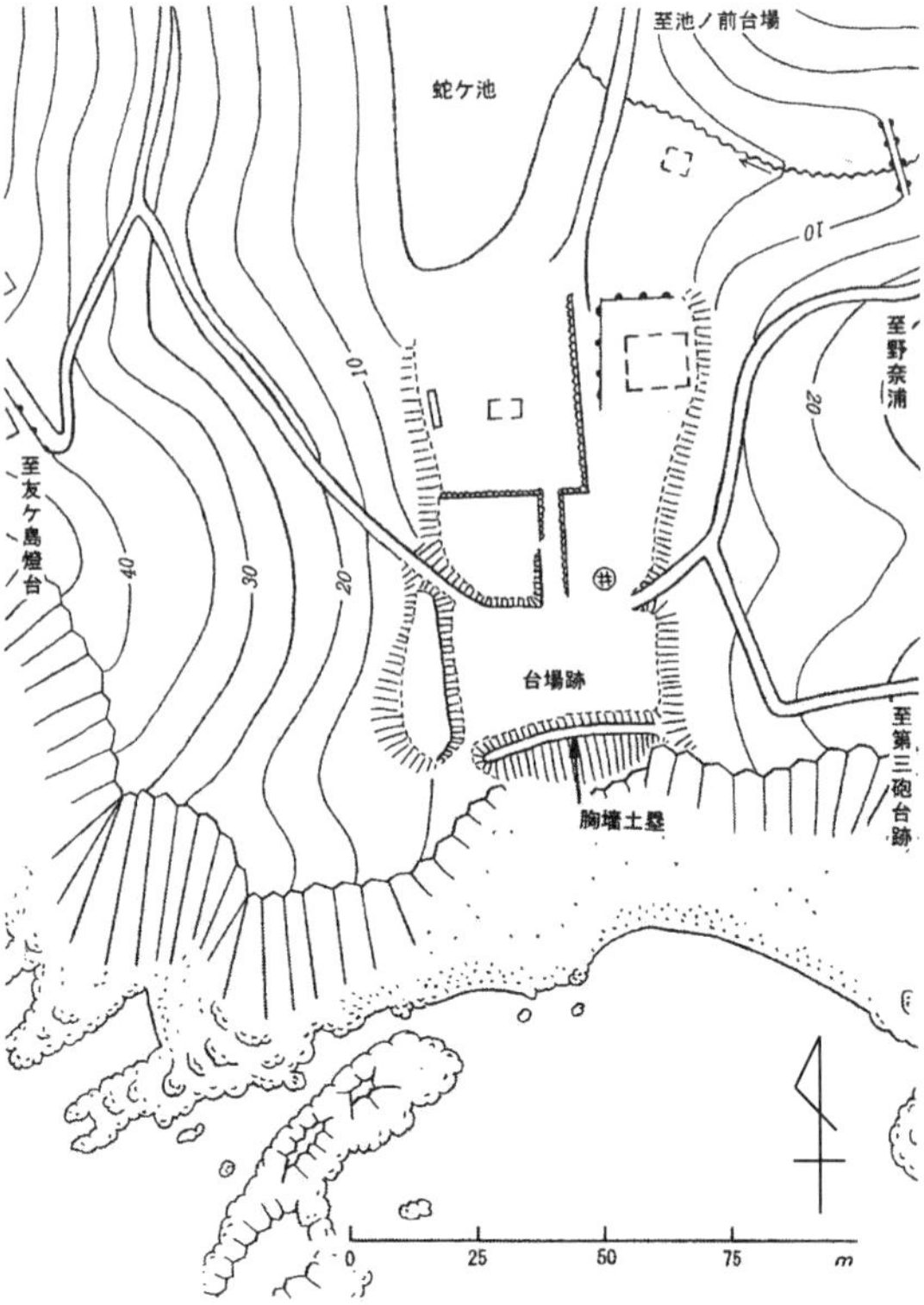

〈図6〉⑦池ノ尻台場　作図：角田誠

和歌山市沿岸の台場――水野丹後守持ち場

⑧藻江《もえ》（茂）台場（大川）『異船記』は、長四十八間、高七尺五寸、厚三間」と記し、正面に八門の砲門を開いた胸墻土塁と左に横墻、砲門の背後に砲座のような土盛りを描く。さらに、胸墻土塁の

＊6　「友ヶ島とその史跡」（『紀州今昔』、帯伊書店、一九七九年）

前に二重塀と石垣が描かれている。

台場の背後は柵を巡らし、内部に井戸と平屋の家屋を描く。『景況書』には「積千三百七十坪」とあって、四門の砲門を開口する長さ七十三間の胸墻土塁と、それぞれの砲門の背後に砲座か背墻と思われる土盛りが描かれているという。『報告書』には、昭和七年頃には「前面の長さ二十四間、高さ七尺五寸、厚さ二列を加えて三間」が残存していたように記録されている。

台場跡は灌木が生い茂り、踏査は困難であるが、残存状況は良さそうに見える。*7 現在、胸墻土塁とその下部の石垣が約二五メートル残っている（写真1・絵図1・図1）。

〈写真１〉⑧藻江台場胸墻土塁と石垣

〈絵図１〉⑧藻江台場跡　『異船記』

＊7　和歌山城郭調査研究会（『和歌山城郭研究』十三号、二〇一四年）に、角田誠氏の詳細な調査報告がある。

⑨柚《ゆず》（袖）ノ《の》浜《はま》台場（大川）

『異船記』によれば、浜手と崖上の二ヵ所に構築され、浜手は「長二十間、高四尺五寸、厚六尺五寸」とあり、正面に砲門が四門、右に折れて三門開口し、四方に土塁を巡らしている。正面と右側土塁の下部に石垣が描かれている。

一方、崖上の台場は「長折曲十二間、高四尺五寸、厚六尺五寸」で、正面に砲門二門、左に一門を開いた胸墻土塁が描かれている。『報告書』には、「低地上のものは石垣の上に土塁を設けている。其の長さ二十間、高さ六尺五寸、厚さ一丈三尺あり。又、高地のものは、長さ十二間、高さ四尺五寸、厚さ六尺五寸ある」と、

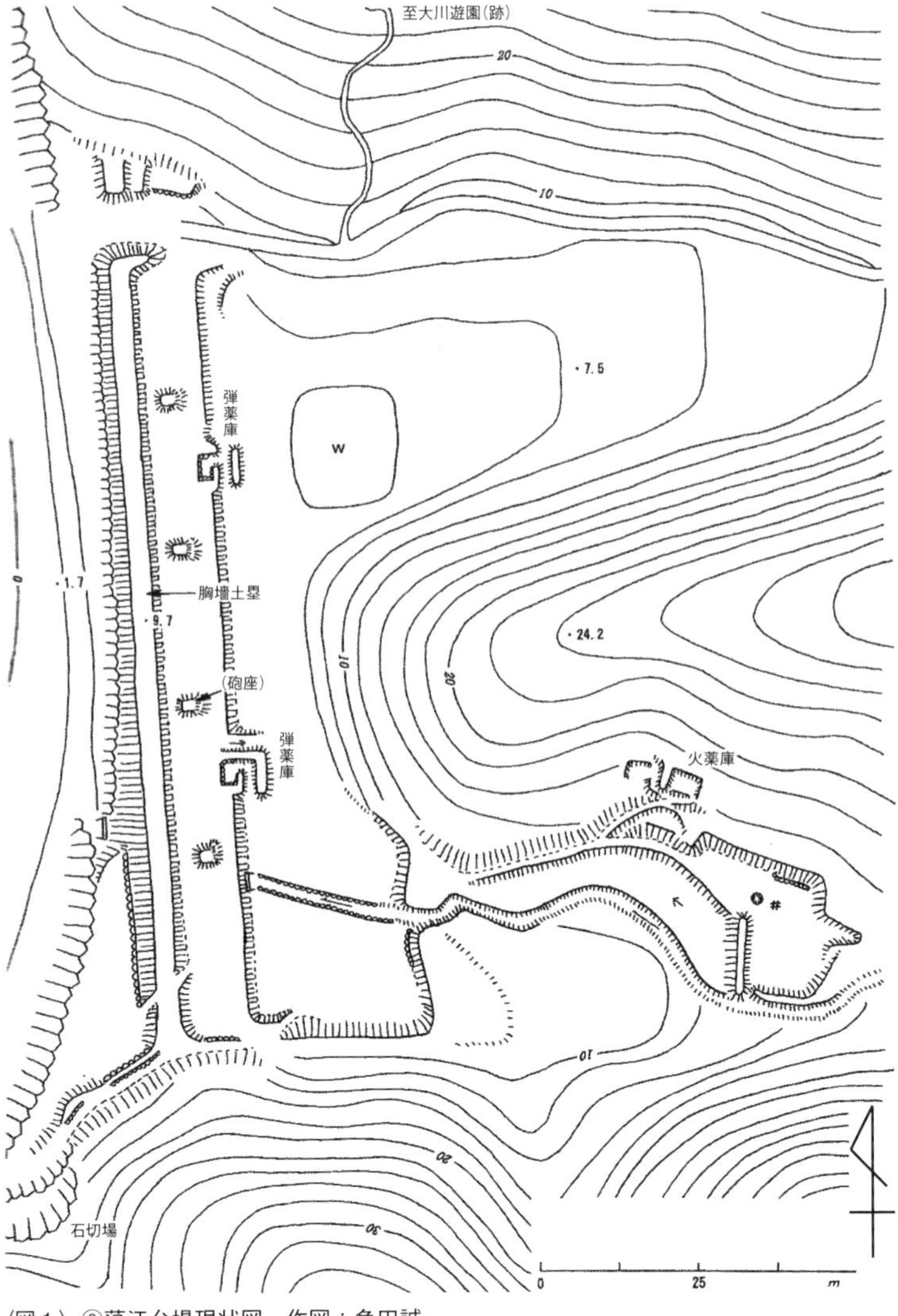

〈図１〉⑧藻江台場現状図　作図：角田誠

昭和七年当時の様子が報告されている。昭和五十七年頃にミカン畑となっていたが、その後の道路拡幅工事や土取りにより、遺構は完全に消滅した。同六十三年から平成元年度に、「大川西方遺跡」として発掘調査が行われた際、台場の石垣の一部が検出されたという。*8

⑩男良《おとこら》（雄）台場（加太）　男良谷《おらだに》台場ともいい、加太国民休暇村の脇を下った海岸に跡地がある。その位置と思われる場所に大砲を並べた絵が『南紀徳川史』に掲載されて、「男良」と表記している。ただ、『異船記』に記載がないところをみると、『異船記』が書かれた以降の築造と考えられる。

　明治九年調査の『景況書』には、「積五百八十坪、内百十五坪陣屋跡」の報告があり、長さ三十五間の胸墻土塁、奥行き十八間から二十間の台場敷地と、その背後に正面の長さ十二間、奥行き十一間、背面の長さ八間の陣屋敷地が描かれているという。明治時代に旧海軍の水雷《すいらい》が建設されたため、遺構はない。要塞遺構の手前にある平地が、陣屋のあった辺りと推測されている。

⑪大谷《おおたに》台場（加太）　大谷川台場、海髪《うみがみ》台場ともいう。県道7号線を加太の集落北方から加太港へ入る三叉路付近にあり、駐車場西側に土塁が残存していたと角田氏は伝えているが、現在は整地されて、痕跡をとどめていない。

　『報告書』は「土塁は四つに屈折しW字形をなしている」と記し、規模は『異船記』と同様「長五十二間、高四尺八寸、厚二間」で、昭和初期にはほぼ原型通り残存していたようである。『異船記』には、十一門の砲門を開口し、石垣上にW型の胸墻土塁を築き、周囲を柵で囲んだ様子が描かれている。その南北に出入口を設けて、中央には前面に蔀《しとみ》土塁、後方に火薬庫と思われる家屋が描かれている。台場の前面と左側は石垣で、右側の石垣下に小川があり、その両岸に井戸が設けられて

*8　『和歌山市埋蔵文化財発掘調査年報』1（和歌山市文化体育振興事業団、一九九二年）

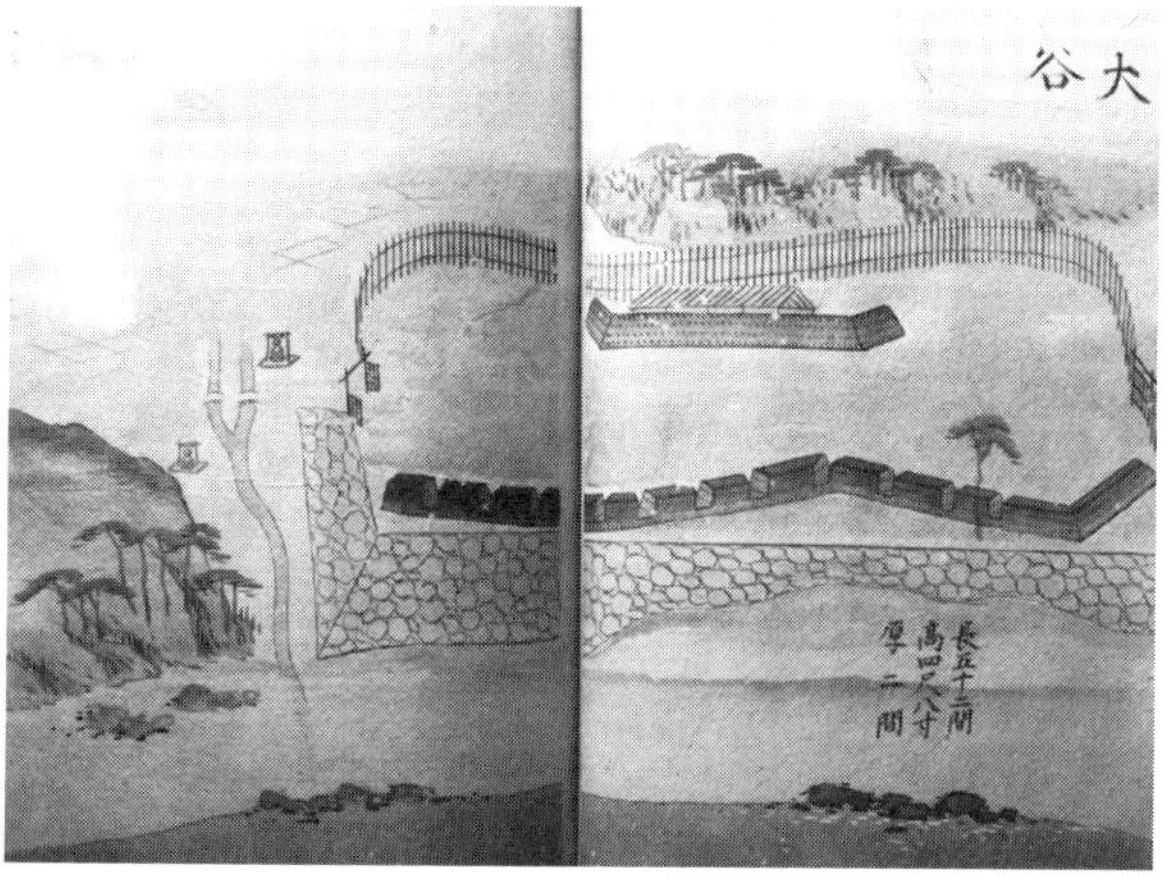

〈絵図2〉⑪大谷台場跡　『異船記』

いる。小川は、現在も流れている。

一方、『景況書』には海髪台場と記され、「積百六十二坪五合」とあって、前面に長さ三十五間の土塁を設けた奥行き六間から七間、背面の長さ二十四間の台場が描かれているという。水野家の持ち場であった十一ヶ所の台場のうち、中心的な台場であったと思われる（絵図2）。

⑫田倉崎《たぐらざき》台場（加太）『異船記』は「長五十間、高八尺、厚三間」と記し、五門の砲門を開き、胸墻土塁の下に土塁、背後に砲座か背墻と思われる土盛が描かれている。『景況書』には「積四百三十二坪」とあって、長さ六門の砲門を開口した胸墻土塁が描かれているという。台場の敷地は奥行き八間から十間、背面の長さは四十五間。その内部に四本の松が描かれている（絵図3）。

昭和初期の様子を伝える『報告書』には、「田倉崎の磯にあり。西に面して築かれた石垣の上に土塁を二列設けている。前面の長さ約二十五間、高さ八尺、厚さ二列を加えて三間という」とある。現在、台場跡の平地以外は痕跡は残っていない。

その南側に、当台場から出張して守備に当たっていたと思われる「⑬田倉崎南《たくらざきみなみ》台場」があったようで、『異船記』に、「長十一間、高四尺五寸、一間四尺」で三門の砲門を開き、胸墻土塁とその下部の石垣が描かれている。『報告書』には、田倉南出口台場として『異船記』同様の規模が記されている。仁井田源一郎の「海防雑策」に、「大谷台場を廃し淡嶋之神幸所へ移し、田倉御台場も神幸所より出帳に致し藻江之御台場も廃し可然奉存候」とあり、加太淡島神社西の浜に「⑭イギリ谷台場」の構築計画が記されている。

しかし、明治九年調査の『景況書』に記載はなく、計画されたが構築されなかった可能性がある。

〈絵図3〉⑫田倉台場跡　『異船記』

林角之右衛門台場と田倉崎までの間は、どの『海防図』にも一様に駒木根又市弟子と南条小右衛門弟子の遊軍が御備する旨の張り紙があると、武内喜信氏の「海防図を読む」にある。この林角之右衛門台場は、⑮松江浦《まつえうら》台場（和歌山市松江）のことと思われるが、どの『海防図』にも一様に林台場とある。新和歌浦の個人宅に伝わる『海防図』（写）にも、松江浦に「林」と書かれている。

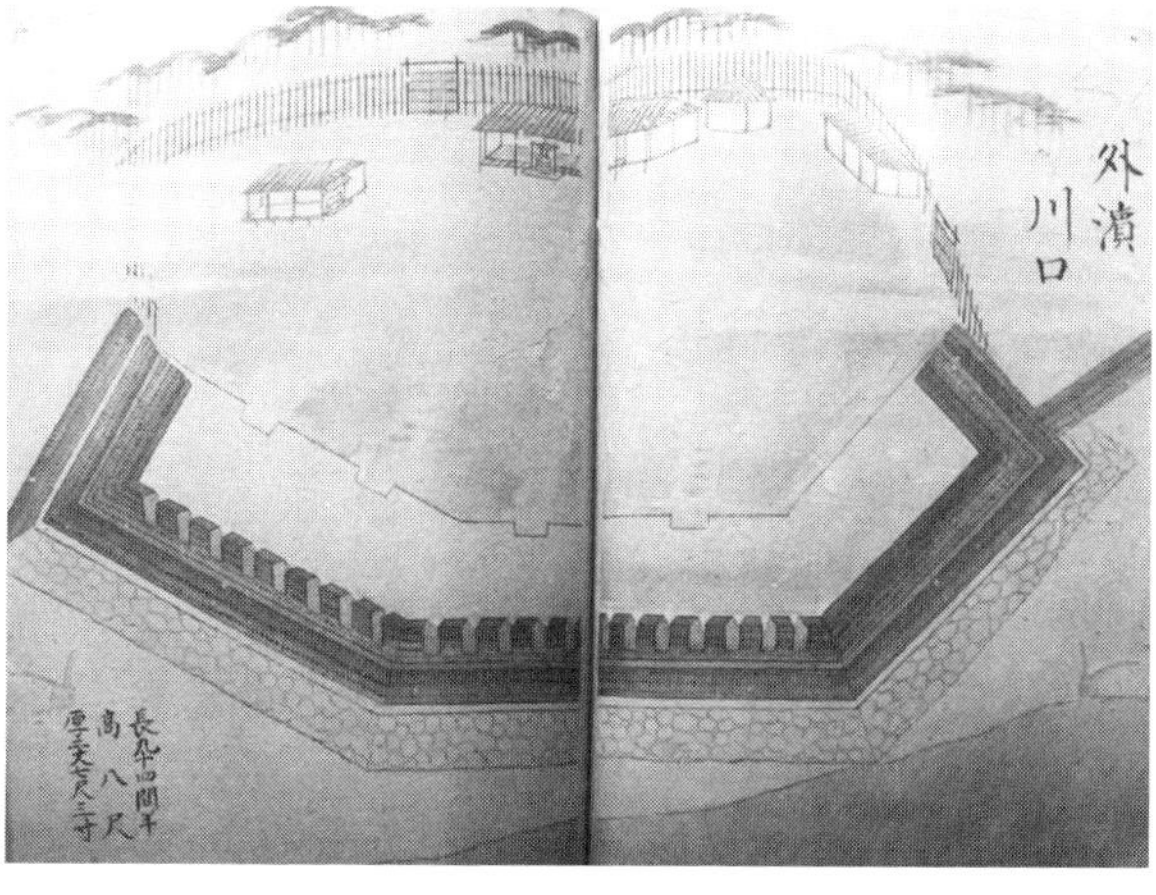

〈絵図４〉⑯外浜川台場　『異船記』

和歌山市沿岸の台場——金森孫右衛門持ち場

⑯外浜川口《そとはまかわぐち》台場（湊）　紀ノ川右岸の河口に構築され、湊領内外浜台場・湊川口台場とも呼ばれた。『報告書』に「其の形状は最も巧妙で、後の一面欠除した六角形をなしている」とある。周辺に築かれた台場の中でも最大規模で、戦前までは遺構が存在していたという。現在、花王株式会社の工場敷地内にあり、確認はできないが、遺構は消滅していると思われる。

『異船記』に、「長九十四間、高八尺、厚二丈七尺三寸」とあって、正面に十二門の砲門、その右に八門の砲門が開かれている。左は胸墻土塁のみである。胸墻土塁は左右直角に折れ曲がって、横墻を形成しているが、ともに土塁の下部は石垣である。胸墻の内部は、一段高く造られた所に砲座が置かれていた。台場の内部には、弾薬庫と思われる建物や、平屋家屋が四棟と井戸など、生活空間をともなった周辺の台場の拠点的施設であったと考えられる。『景況書』では、「積千五百十九坪五合」とあり、土塁が描かれ、「土段の長さは平均百壱間三分、幅は平均十五間」とあるのみという。太平洋戦争末期には、本土防衛のために再利用されたという（絵図４）。

工場敷地内には、もう一ヵ所、外浜川口台場から出張して守備に当たっていた⑰外浜《そとはま》台場があった。『異船記』は、「長十七間、高約七尺七寸余、厚一丈八尺二寸余」の規模とし、正面に五門の砲門を開き、両端が「への字」に曲がった土塁が描かれている。また、内部に「コの字」状に土塁で囲った家屋二棟がある。おそらく火薬庫であろう。『景況書』には、「積千二百七十五坪二合五夕」で長さは正面五十二間、右側面二十四間、左側面二重七間とあるという。いずれも遺構の存在はわからない。

⑱青岸北《あおぎしきた》台場（湊）　外浜川口台場と対峙して構築され、下地川口台場ともいう。昭和二十一年の「旧薬種畑《やくしばた》の圖」には、紀ノ川河口を見下ろす丘の上に、台場の表記がある。規模も、『異船記』が記す「長九十六間半、高八尺、厚二丈五尺三寸余」とほぼ同じ大きさが記され、台場内の左右端に二本の径を描く。中央に線が描かれているので、二つの台場を接続したような構造で、しかも出入り口が別々であったように描かれている、左右それぞれ七門の砲門があり、胸墻土塁の下に石垣が描かれている。建物は、広い空間に小さな平屋家屋が一棟端に描かれているのみである（絵図5）。

当所から東の鼠島《ねずみじま》に、名称不明の台場が構築されたという記録があるが、詳細は不明。

和歌山市沿岸の台場——岡野平太持ち場

⑲青岸南《あおぎしみなみ》台場（湊）　青岸北台場から南に続く尾根に構築され、薬種畑右台場ともいう。『異船記』に「長六十五間、高七尺五寸、厚二間四尺」とあり、『報告書』には「一直線上に土塁を設けた」構造とある。胸墻土塁に十一門の砲門が開かれて、その下には石垣に代わる土嚢が積まれている

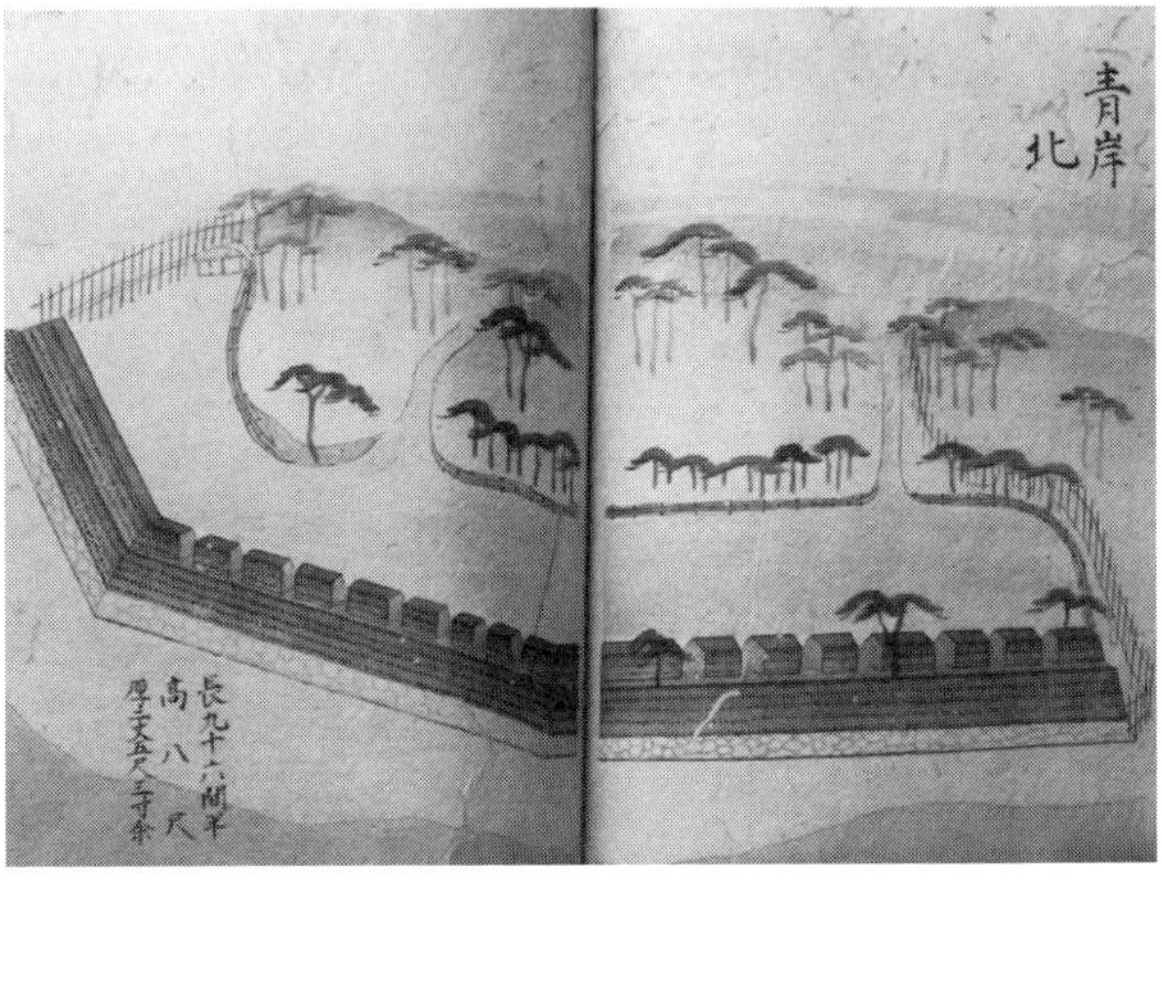

〈絵図5〉⑱青岸北台場　『異船記』

ように描く。家屋などの施設は存在しない、無人の台場だったと思われる。現在、遺構の痕跡はない（絵図6）。

また、青岸南台場の北方尾根続きに、薬種畑左台場も構築されていた。⑳浜御殿南《はまごてんみなみ》台場（薬種畑）と記されたものが多い。『異船記』に「長五十七間四尺、高七尺、厚二間」とあり、左右が内側へ「への字」に折れた胸墻土塁に六門の砲門が、その後方に五ヵ所の砲座と思われるような土塁が描かれている。さらに、後方に池状に掘られた薄い線も引かれているが、構造は不明である。花王株式会社の工場敷地内にあたり、現状はわからない（絵図7）。

㉑水軒住吉前《すいけんすみよしまえ》台場（水軒）　江戸時代に築かれた、波よけの水軒堤防石垣上に構築された。『異船記』によると、「長四十五間、高七尺、厚二間半」の土塁に二十ヵ所の切れ目が描かれているが、家屋などは描かれていない。『景況書』には掲載されていない。現在、住吉神社の背後（西側）に、長さ約三〇メートル×高さ最大一・五メートル、厚さ約六メートル（底辺部）の土塁が残っている。現状図のa・b・cが、土塁の切れ目である（写真2・図2）。

水軒堤防石垣の北端に、㉒水軒石垣辺《すいけんいしがきあたり》

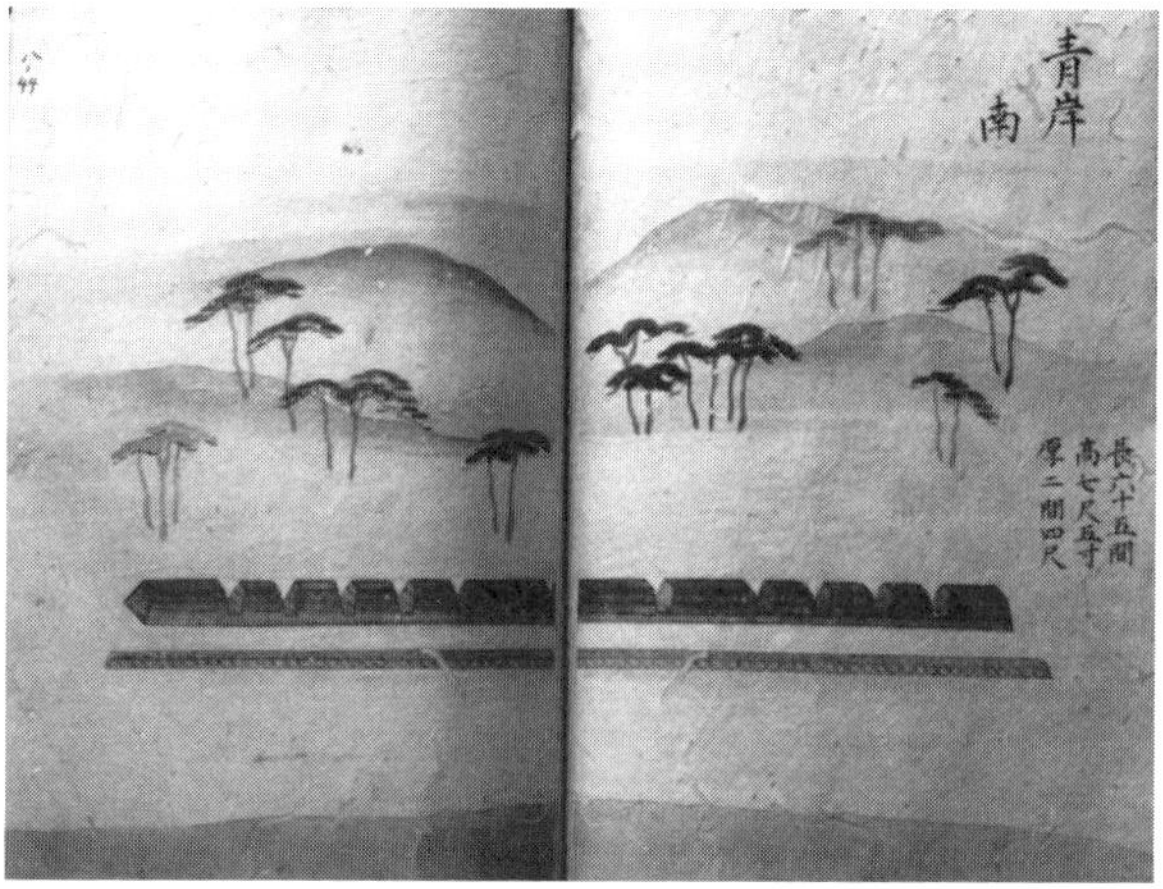

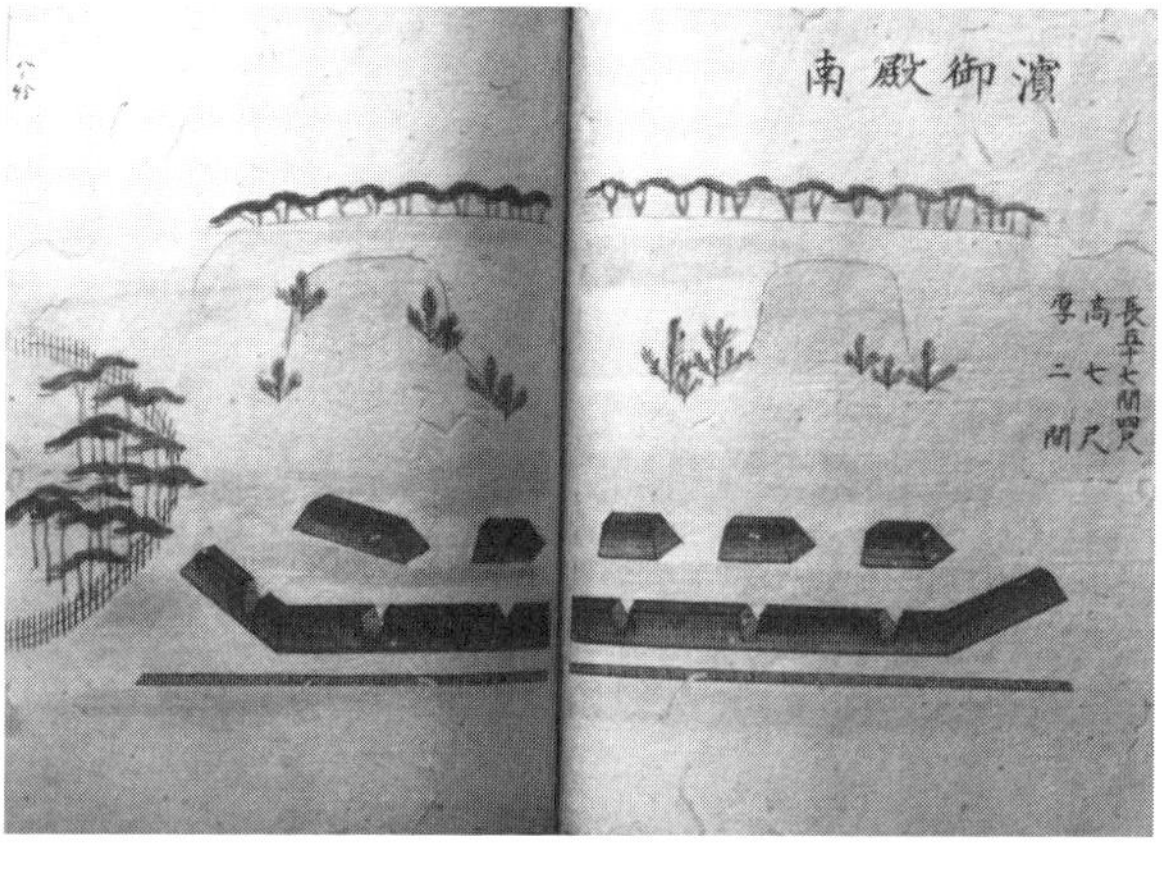

上〈絵図6〉⑲青岸南台場　『異船記』
下〈絵図7〉⑳浜御殿南台場『異船記』

〈写真２〉㉑水軒住吉前台場跡に残る土塁の一部

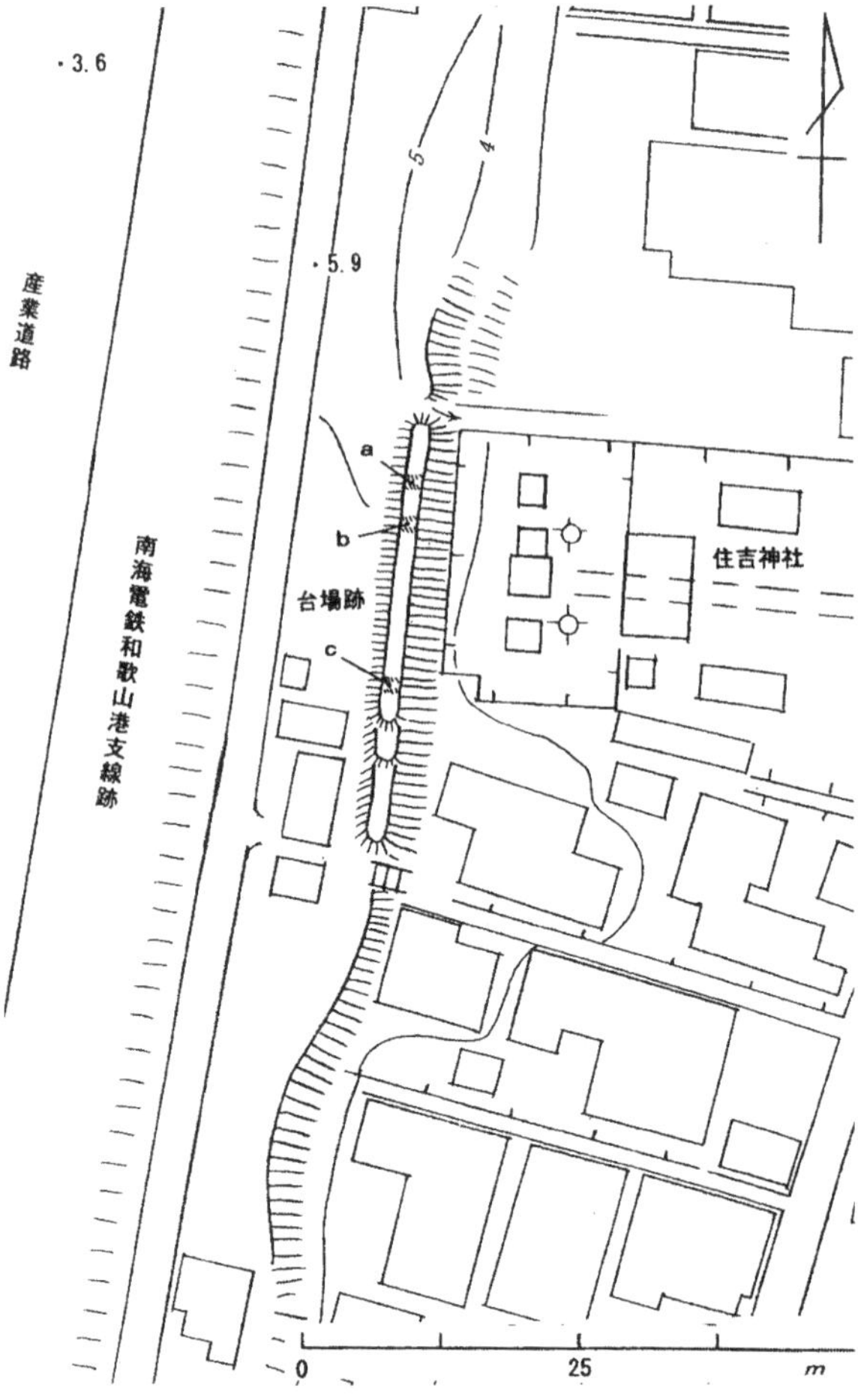

〈図２〉㉑水軒住吉前台場現状図　作図：角田誠

台場（西浜）も『異船記』に描かれている。周辺に築かれた一連の台場の中で最も小規模で、「中・長一間六寸、高四尺二寸、厚二尺四寸、両脇・長一間、高三尺、厚二尺四寸」とある。両脇とは、簡素な休息テントらしき前面の、同じ大きさの土盛りらしきものをわずかな間隔で左右に造られた土俵を指しているようだが、その構造は理解しがたい。胸墻土塁はなく、石垣もない。前面に低い柵があるのみの不可解な台場で、『報告書』には『異船記』同様の規模が記されたあとに、「前面に土俵二個並びその後方にも土俵を積み上げてある。其の形状最も簡単である」とあるのみで、詳細な場所等は不明である。

和歌山市沿岸の台場――三浦長門守持ち場

㉓牛ノ鼻《うしのはな》台場・㉔福ノ浦《ふくのうら》台場（和歌浦）　牛ノ鼻と福ノ浦の両台場は、高台場と低台場のセットと考えられる。牛ノ鼻台場は、海に突き出した丘陵の先端に築かれた方形の高地台場で、『異船記』に「長十二間二尺、高五尺五寸、厚二間五尺」と記されている。正面（西方）の海側の土塁に砲門はなく、南北の土塁にそれぞれ三門の砲門が開かれている。台場内は平地のみで、何も描かれていない。無人の台場だったと見られる。

一方、牛ノ鼻台場の東麓に構築された福ノ浦台場は、『異船記』に「長三十間、高七尺、厚一間四尺」とある。前面の土塁に五門の砲門が開かれ、そのすぐ後方に前方の砲門と互い違いになるように土塁が築かれ、四門の砲座と思われる空間が描かれている。周囲を柵で巡らしている中に井戸が描かれているが、家屋はない。『報告書』に「砂浜の上に南に面して土塁がある」としている。

㉕元番所《もとばんしょ》台場（雑賀崎）　現在の「番所庭園《ばんどこ》」がその跡で、海に突き出した舌状台地の先端近くに構築されていた。『異船記』に「三浦長門守持場　雑賀崎元番所　御台場付鉄砲、長折曲四十九間一尺、高七尺、厚二間一尺」とある。現・庭園先端部の芝生広場

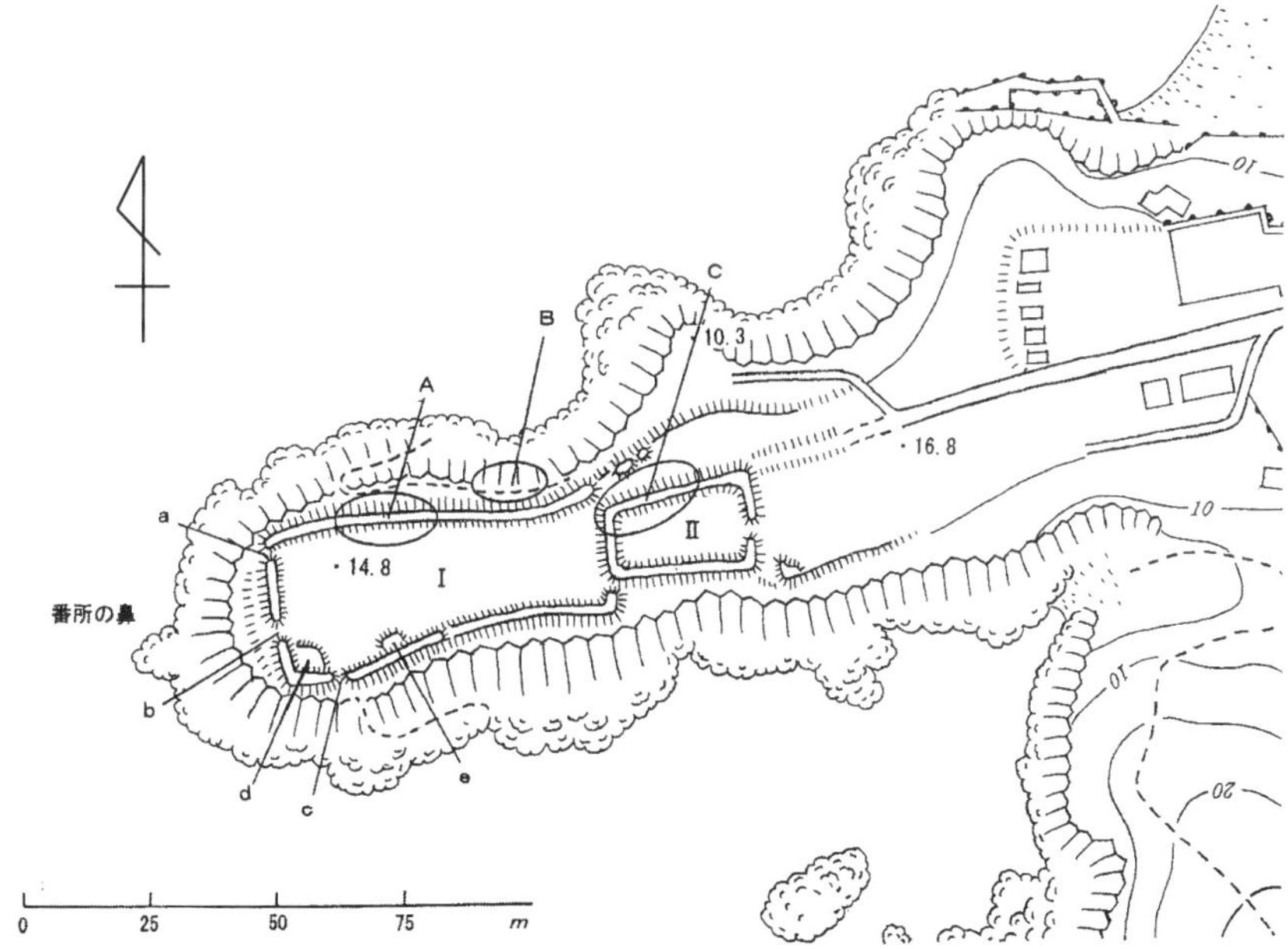

〈図３〉元番所台場現状図　作図：角田誠

南寄りが台場本体の跡で、「元番所台場跡」の碑がある。日本庭園から芝生広場への地形など、『異船記』の図と一致する部分が多く、それらしい土塁が見られる。台場との関係は不明であるが、台場跡図3のⅠは東西六五×南北二〇メートル、同Ⅱは東西二七×南北一五メートルで、いずれも土塁が四方を囲み、同図のa・b・cは砲門開口部、d・eは砲床土段と見られ（図3）、現状の土塁は、台場の土塁と見てよいと判断している。

『異船記』収録の絵には、方形に土塁が築かれ、北に四門、南に四門、西に一門の砲門が開かれる。また、西側に柵が設けられて、出入り口が描かれている。その脇の下った所に北に突き出した平地がある。この台地の形状が『異船記』の絵と一致する。

台場入り口に至るまで、細長い台地上の径が続くが、この径の手前にも柵で囲まれた空間がある。現在の庭園駐車場と場所がほぼ一致する。その南西下に小屋と井戸への径が描かれている。この井戸は現存し、水が湧いている。戦前まで地元で使われていたという。絵には、さらに下った海に近い辺りにも小屋が描かれている。台場跡の北に対峙する半島が、県指定の雑賀崎《さいかざき》台場の

上〈写真3〉㉕元番所台場跡（現・番所＝番所庭園）
下〈絵図8〉㉕元番所台場　『異船記』

＊9　『南紀徳川史』所収

跡で、土塁や石垣が望める（写真3・絵図8・図3）。

㉖雑賀崎《さいかざき》台場（雑賀崎・写真4・絵図9）　県指定を受けるまでは、「カゴバ台場」と呼ばれていた。カゴバは「漁の駕籠を置く場」の意味とされる。遺構の状態の良さに比べて記録に乏しく、「台場ノ鼻」とか「トンガ（鍬のこと）の鼻」と呼ばれる岬の先端に構築された台場跡は、県内一の現存状態を残し、和歌山県史跡指定を受けた遺跡である（コラム⑤参照）。嘉永六年（一八五三）十二月の「海防雑策」[*9]に、「若山の御守は湊之御備と雑賀崎大島之御備厳重に相立」との記録がある。このときにカゴバの岬に構築されたのが、雑賀崎台場ではないかと思われる。大島は雑賀崎沖にある島で、雑賀崎台場からもすぐ近くにあたる。

『報告書』によると、岬角の突端部を平坦にし、東西の両側および北の前面には三尺（約一〇メートル）から八尺（約二六メートル）の高さに石垣を設け、その上に土塁を続けていることは、湊川口台場と似ているが、形状や大きさの違いを記述し、その原型を完全に残していることを伝えている。

平成十九年度の発掘調査[*10]により、台場の南側と東側では、台場構築時における整地土上部と岩盤直上に基底石が置かれていた

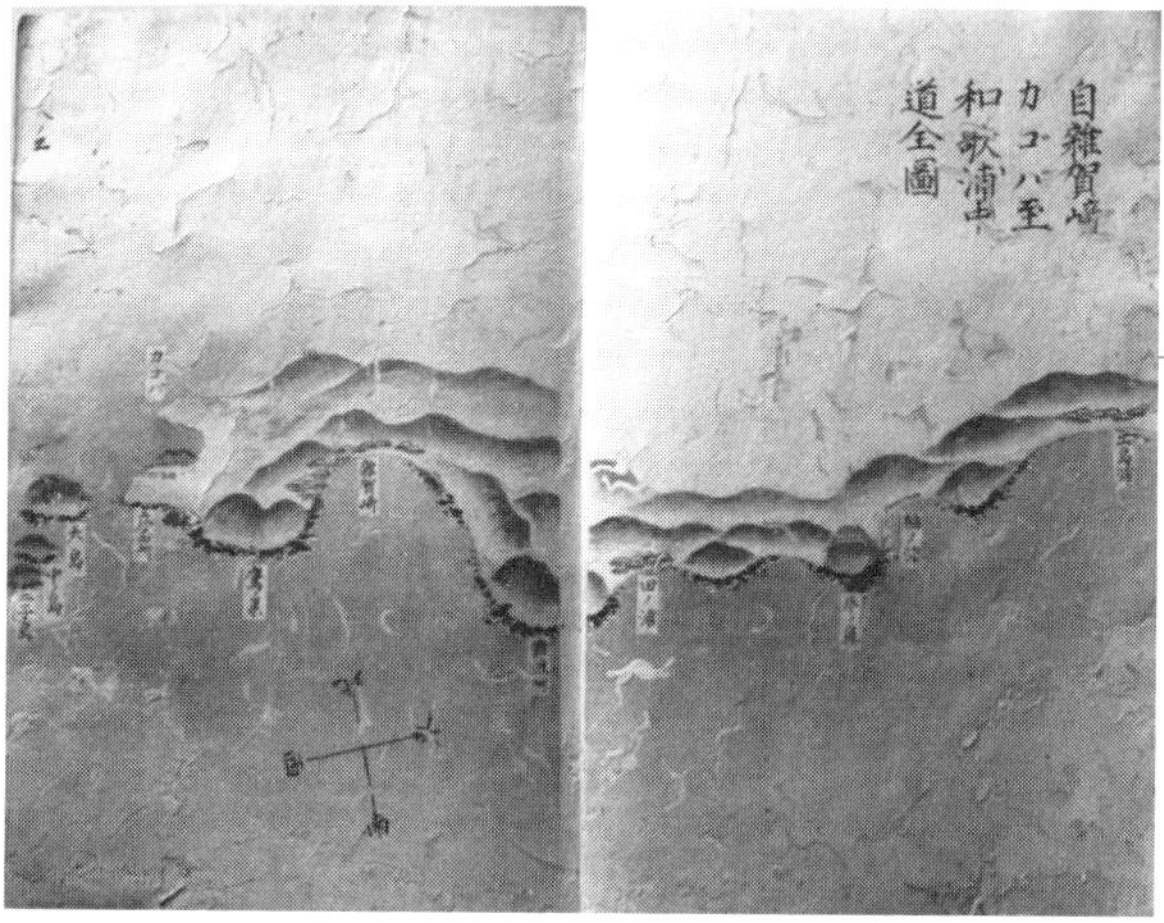

上〈写真4〉元番所台場跡から雑賀崎台場跡を望む　山上に土塁が見える

下〈絵図9〉持場図（雑賀崎）『異船記』

＊10『和歌山市内発掘調査概報』（和歌山市教育委員会、二〇〇九年）

ことが確認され、さらに北向きのV字状の石積みも発掘された。当時は、発掘された石積みより高かったと推定されている。当地から江戸時代の平瓦が出土しているので、この石積み遺構には屋根があった可能性が指摘されている。しかし、全国的に類を見ない構造なので、その真意は明らかでない。角田誠氏は、方向が左右、上下に動く小型の大砲類が置かれていたのかもしれないと推測されている。*11

発掘調査報告書によれば、構築時の平地土から、一八世紀後半から一九世紀前半と考えられる肥前系染付碗や鉢、瀬戸・美濃系陶磁器、堺焼擂鉢、萩焼碗片などが見つかったことから、台場は一八世紀以降の構築とされた。また、『海防図』にはカゴバと書かれ、「のろし」と「番所」を示す印が記入されている。現在、狼煙や番所の位置は確認できないが、台場跡に関連すると思われる遺構が二ヵ所に見られる。

図4のⅠが台場跡、Ⅱは関連遺構で建物跡が確認されていることから、兵屯部跡か火薬庫跡のいずれかが想定されている。台場跡から東へ約六〇メートルに、海側に長さ約一七×高さ一・八メートルの大きな直線土塁を伴った空間部がある。土塁は腰巻き石垣の上に築かれているが、この構造は、さらに下方部に石垣が築かれた上に置かれている。南西角の石積みは、地元産の緑泥（色）片岩を算木積みにしている。現在も残存するが、足場が大雨等でなくなってしまい、下方から臨むことはできない（写真5）。この空間が何であったかは記録になく、詳細は不明だが、確認調査により建物の跡が見つかっている。土塁は、海上から内部が見えない役割以外に、火薬庫などが存在していたことを示すのかもしれない。

図4のａ・ｂは砲門開口部、ｃは砲床土段、ｄ・ｅには弾薬庫や砲具庫などが置かれていたと思われる。さらに、Ⅲからは和歌山城が直視できるので、現在は「お城の見える丘」と称した

＊11　藤藪勝則氏が「雑賀崎台場の構築とその背景―紀州藩台場の一事例」と題して、当台場跡の発掘調査の結果を詳細に『和歌山市立博物館研究紀要』三二号（二〇一七年）に報告されている。

展望地の一つになっている（写真6）。そのため、立地を考えると狼煙場として最適場と考えられる。

台場跡の西に付属する形、約七〇×六〇メートルの石垣が積まれた櫓台状の遺構がある。監視者の休憩小屋のようでもあるが、確認調査では建物跡は確認されていない。単なる露天物置だったのだろうか。石垣の高さは一・八メートルである。この両者の間にも広場があり、北隅に大きな土塁がみられる。現時点では、土塁と台場遺構の関連は不明だが、居住空間のように思える。

上〈写真５〉雑賀崎台場関連遺構の土塁と平場
下〈写真６〉台場跡から関連遺構の土塁（右）とお城の見える丘を望む

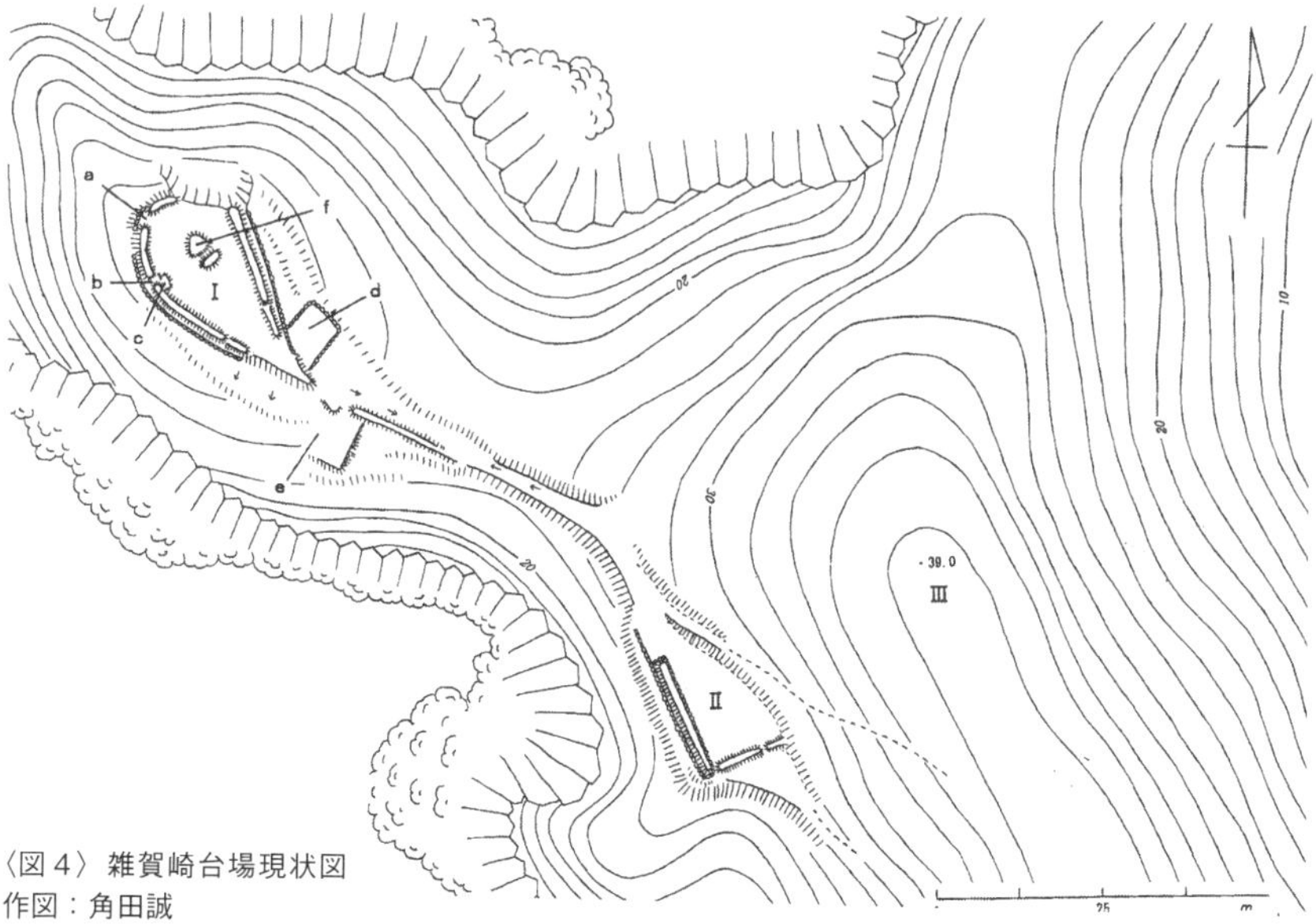

〈図４〉雑賀崎台場現状図
作図：角田誠

上〈写真7〉関連遺構の岸壁に積まれた石垣
中上〈写真8〉雑賀崎台場跡石垣上に土塁
中下・下〈写真9・10〉雑賀崎台場跡　土塁と砲門

台場は、北側が失われているものの、土塁が周囲を囲み、二ヵ所に砲座跡と見られる窪みがある。また、中央には三角形の不明な遺構も発掘されている。おそらく、左右に移動可能な、大砲が設置できる装置跡かもしれない。他にも、大きな土塁や石垣の一部が露見するなど、まだまだ全体像が解明されるには時間がかかりそうである。

和歌山市沿岸の台場――久野丹波守持ち場

㉗元《もと》御《お》旅所《たびしょ》台場（和歌浦）『報告書』によれば、「砂浜に南に面し後方の一面欠除した五角形の台場」と紹介している。『異船記』には「長三十四間、高七尺、厚一間四尺」と記し、周囲を囲

む胸墻土塁の内側下方に、火薬庫と思われる建物が三棟描かれている。土塁は大きく、正面の胸墻土塁下に石垣が積まれている。土塁は中央で緩やかに左右に折れ、右側は中ほどから柵になって後方につながるが、左側は後方まで土塁である。背後の柵は塀のように高く、東側に門扉付きの冠木門が描かれている。内部には、広い宴会場のような部屋とトイレと思われる離れがすぐ脇に描かれ、周辺の中心拠点であったと考えられる（絵図10）。

また、そのすぐ側にも㉘元《もと》御《お》旅所《たびしょ》南脇《みなみわき》台場が構築されていたようで、『報告書』に「前者（元御旅所台場）の左脇にあり。西南に面し馬蹄形に土俵を積み上げている」とある。『異船記』には「長折曲四十四間半、高七尺、厚一丈六尺」とあり、正面に十三門の砲門が開かれている。「長折」は、台場左側が右側に対して胸墻土塁にあたる部分が倍近く折れている。土塁部分はすべて石垣によって構築され、正面の砲門部分のみ土塁である。建物などは描かれておらず、無人の台場で、御旅所台場より出張して守備に当たっていたようである。

㉙六本松《ろっぽんまつ》台場（和歌浦）『報告書』に、「和歌浦の砂洲上に西に面し石垣の上に土俵を積む」とある。『異船記』には「長五十五間余、高七尺一寸、厚一丈七尺三寸」と表記され、十門の砲門が描かれている。その両端に石垣が積まれ、左側は台場内部の囲みより長く、石垣が直線上に築かれている。台場を石垣で囲み、後方に雁木が三ヶ所描かれ、そのさらに後方には長方形の土塁がある。家屋は描かれていないが、土塁のすぐ後方に弾薬庫があった可能性がある（絵図11）。

㉚三本松《さんぼんまつ》台場（和歌浦）『異船記』には「長三十二間、高八尺、厚二丈一尺」とあり、低石垣で構築された方形台場である。正面に、土塁の代わりに俵らしき描写が

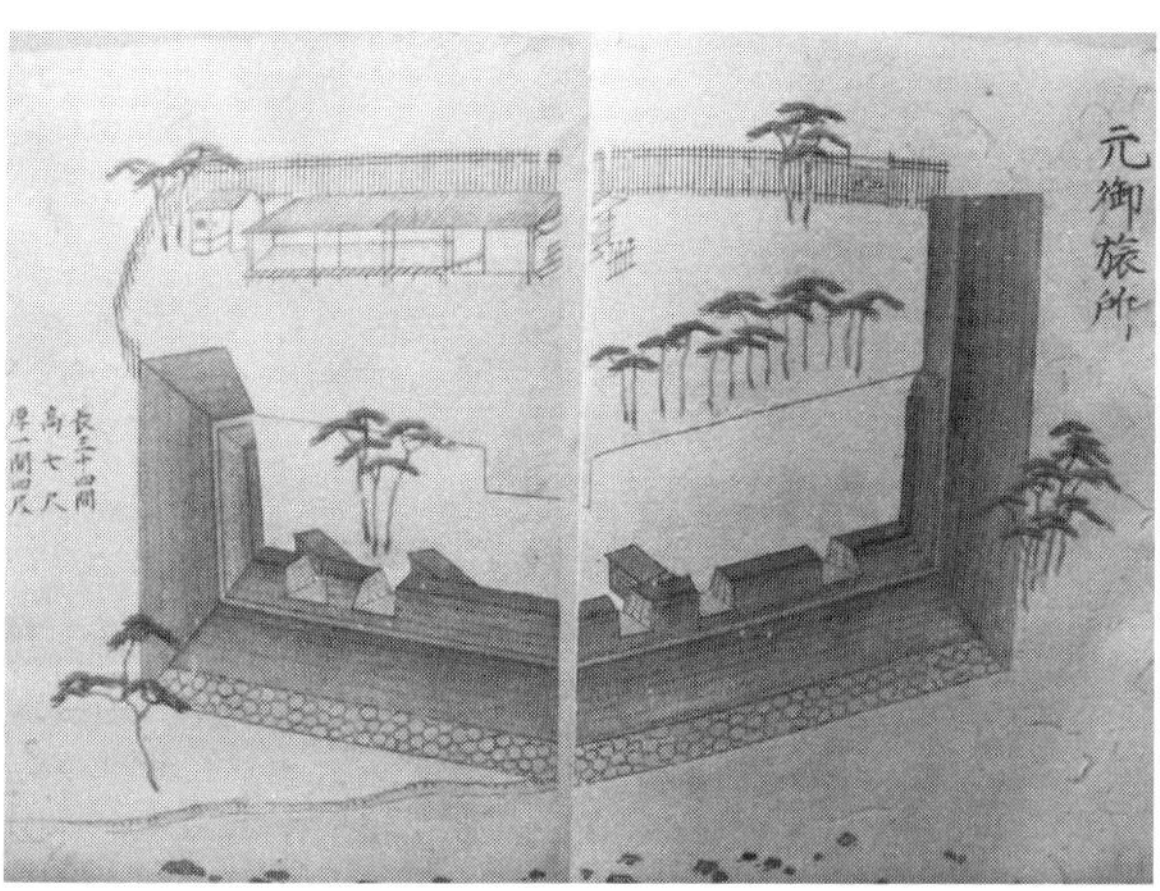

〈絵図10〉㉗元御旅所台場図『異船記』

ある。『報告書』には土俵と表記されている。『異船記』の描写では、石垣が薄青色に塗られているのに対して、土俵は茶色で塗られている。そして、それを砲門部分を開けて、九ヵ所に積み上げている。八門の砲門の後に、同様の描写で土塁風のものが三ヵ所に間を空けて描かれている。建物などは描かれていない（絵図12）。

　久野氏持ち場の台場は、いずれも同様に描かれている。㉛洲崎《すざき》台場（和歌浦）も、『異船記』には「長三十三間、高七尺五寸、厚四間」の規模が表記され、石垣の土台上、茶色で描かれた土俵に七門の砲門が開かれている。土塁状のものは、『報告書』にも「和歌浦の砂洲の先端近く、石垣の上に土俵を積む」とある。無人の台場らしく、建物などは描かれていない。いずれも急造ぶりがうかがえる。

上〈絵図11〉㉙六本松台場図『異船記』
下〈絵図12〉㉚三本松台場図『異船記』

和歌山市沿岸の台場——加納平次右衛門持ち場

㉜観音崎《かんのんざき》台場・㉝毛見《けみ》台場（毛見）　観音崎台場は、毛見崎と呼ばれる海に突き出した崖上に築かれた高地台場で、毛見台場は、海水浴場として知られる浜の宮の西方の砂浜に築かれた低台場である。両台場はセットで築かれたと考える。

〈絵図 13〉㉜観音崎台場　『異船記』

観音崎台場は、『異船記』に「長二十間、高七尺、厚一丈四尺余」とあり、海上に突き出した丘陵Ⅰ（図5）に構築され、変則的な「コの字」状に土塁が築かれている。砲門も変則的で、八門開かれていたと見える。台場内には何も描かれていないが、背後の大岩の後上段に柵で巡らし

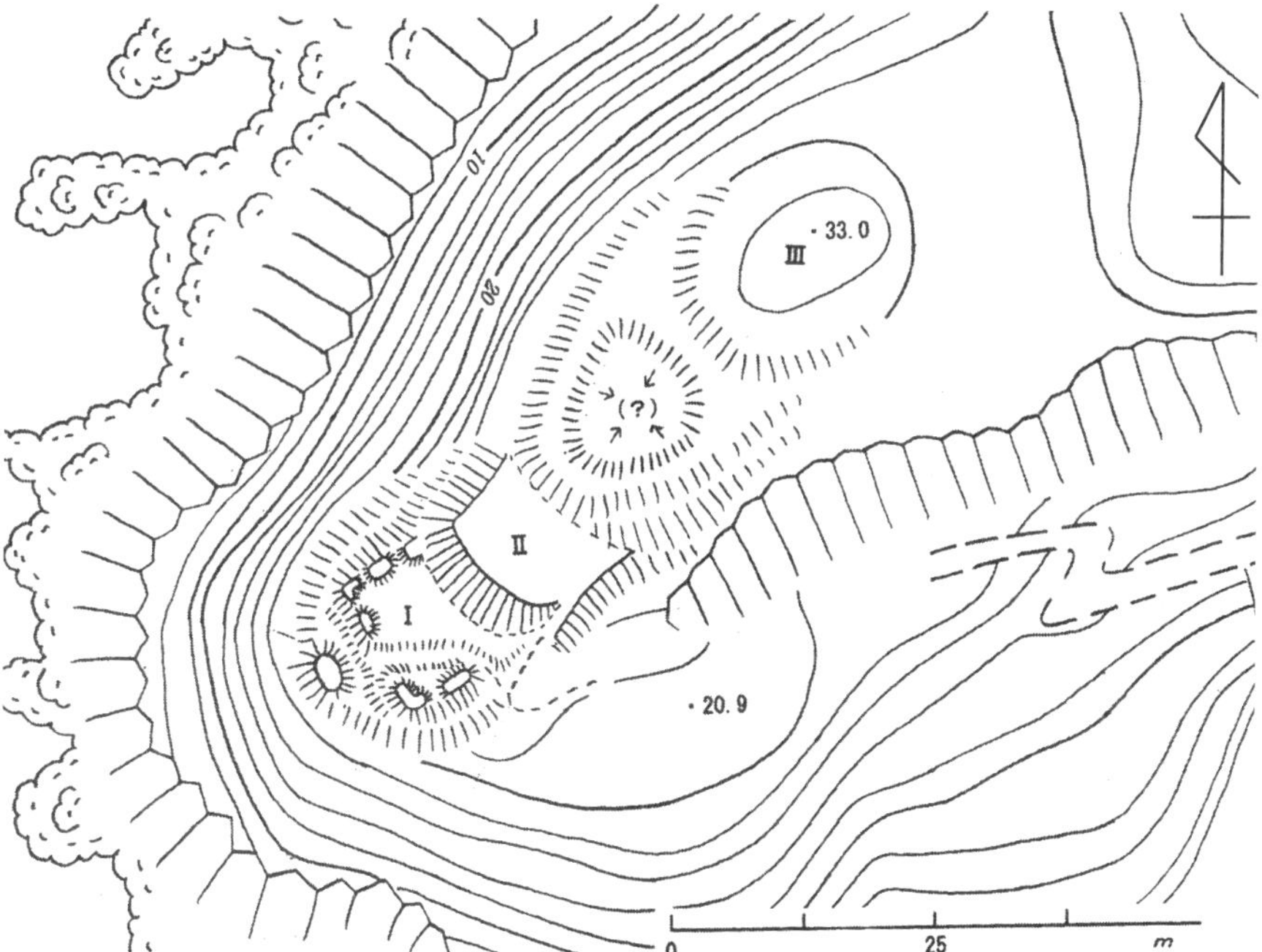

〈図5〉㉜観音崎台場図　作図：角田誠

た平地に、二棟の家屋が描かれている。

ここには、洋式の「三斤迦砲」（三ポンド・カノン砲）、鶺鴒《せきれい》筒など特徴のある砲が置かれていたこと、『景況書』にある狼煙場跡については未確認であるが、平場Ⅱ（図5）のさらに背後の標高三三・〇メートルあたりに想定されると調査した角田誠氏の報告がある。*12 現在も土塁の一部が残っているというが、宅地開発により台場への道が消滅したので、遺構の確認はできない（絵図13）。

一方の毛見台場は、『異船記』に「長二十九間、高八尺四寸、厚二丈一尺三寸」とある。海岸に沿って石垣が積まれ、その上に土塁が築かれている。七門の砲門があり、その前の犬走り状の空間を歩かないように、柵でふさがれた様子が見える。その反対側には鳥居が描かれている。台場は柵で囲まれているが、中央の出入り口近くには土塁で前方、後方をはさむ姿で家屋の屋根が描かれている。これはおそらく火薬庫だろう。さらに、その後方にも柵で囲んだ平地があり、縦長の大きな家屋が描かれている（絵図14）。

海南市沿岸の台場——佐野伊左衛門の持ち場

㉞冷水浦《しみずうら》台場（冷水）　冷水西ノ浦台場ともいい、『異船記』は規模を「長三十一間、高八尺一寸余、厚二丈四尺八寸」と記す。石垣の土台上に胸墻土塁を築き、一五門の砲門が開かれている。その構造は二重で、一重で囲んだ石垣内にさらに石垣で囲んだ部分が前面にあり、一〇門の砲門、左側に並ぶ砲門は大きく五門である。台場の後方に大きな土塁が築かれ、その後に屋根が描かれている（絵図15）。これはおそらく火薬庫と思われる。

〈絵図14〉㉝毛見浦台場　『異船記』

*12　「和歌山市河南に所在する幕末の台場構造」（『和歌山城郭研究』十二号、二〇一三年）

また、『海防図』には、冷水の塩津浦《しおつうら》に台場（㉟）が構築されていた印があるが、詳細は不明である。これも『異船記』が記されたのちに、さらに沿岸強化の目的で増築されたのかもしれない。

㉟露ノ浦《つゆのうら》台場（冷水）　同種の台場を三つ連ねた構造で、『異船記』には左側に「長二三間、高一丈、厚三丈一尺五寸」、中央に「長二四間、高一丈、厚二丈一尺五寸」、右側に「長二〇間、高八尺五寸、厚三丈一尺五寸一丈九尺余」と記している。右台場が少し前に突き出しているものの、ほとんど直線で、総延長は五十一間となる。左に四門、中に六門、右に四門の砲門を開き、後方の丘を背にして、右台場の横は柵で囲み、出入口を設けて二棟の平屋家屋が描かれている。中央の後方に、少し大きめの家屋が描かれている。佐野氏の持ち場であった台場の中心と見られる。

海南市沿岸の台場——戸田金左衛門の持ち場

㊱田野《たの》台場・㊲白神《しらかみ》台場（下津町大崎）
大崎浦の北岸に構築された田野台場（絵図16）の規模は、「長二十七間、高七尺、厚一間五尺」と『異船記』に記されている。石垣が積まれ、その上に三門の砲門を開き、海に突き出た左右の岸壁を側壁にして、石垣が積まれ、その上に三門の砲門を開き、うしろにも交差する形で三ヶ所に土塁が積

上〈絵図15〉㉞冷水浦台場　『異船記』
下〈絵図16〉㊱田野台場　『異船記』

まれている。台場後方に下り坂の入り口があり、周囲は石垣と岩盤で囲まれているが、建物は描かれていない。

一方、白神台場（絵図17）は大崎浦の南岸、弁天島付近の海岸に構築された小規模な台場で、『異船記』に「長十五間、高七尺、厚二間」とある。構造は田野台場とほとんど同じだが、砲門が一ヵ所で、その後方二ヵ所に土塁が積まれている。後方は田野台場のように石垣は積まれず、台場内を平に削平したままの段差が描かれ、建物などは描かれていない。また、『海防図』に㊳大泉台場の名が見えるが、詳細は不明である。

紀中地方の台場

「海防雑策」によると、「万々一有田《ありだ》を乗っ取られ候へば藤白峯（海南市）通りより以南有田両熊野道絶ち候」と藩に申し出ている。その内訳は、徳川家広御殿跡（現・有田郡広川町養源寺付近）と、有田川河口を少し上った小豆島《あずしま》（有田市小豆島）。さらに海に面した河口の辰之浜（同市辰ヶ浜）に台場の構築を提案した。同じく、その南に続く日高郡は、「浜波辺りに厳重の御備を相立」として、神谷（由良町）・柏（日高町）・三尾（日高町）の三ヵ所を候補地に挙げ、結局、❶神谷《かみや》を台場の地と定めるとある。しかし、構築したとは書かれておらず、いずれも計画だけで終わったと見られる。

〈絵図17〉㊲白神台場　『異船記』

田辺市沿岸の台場

紀伊田辺は、紀州藩付家老安藤家三万八千八百石の領地である。海に面した領地は、「浦組」

上〈写真 11〉品川台場（東京都）の砲座模型
下〈写真 12〉品川台場火薬庫跡

組織により、海上監視が行われていた。弘化三年（一八四六）、遠見番所の「番所崎」（白浜町）の沖に外国船が、翌年には周《す》参《さ》見《み》沖に同大船が、さらに安政元年（一八五四）、市江崎（白浜町）沖にロシア使節の軍艦プチャーチンが航行。プチャーチンは、和親条約締結要求のため大坂に入港する途中の航行で塩屋（御坊市）沖で停泊し、その後十六日間、加太沖に停泊したので大騒ぎになった。このことが台場必要論を加速させた。

田辺領では、嘉永五年（一八五二）、領士柏木兵衛（淡水）に

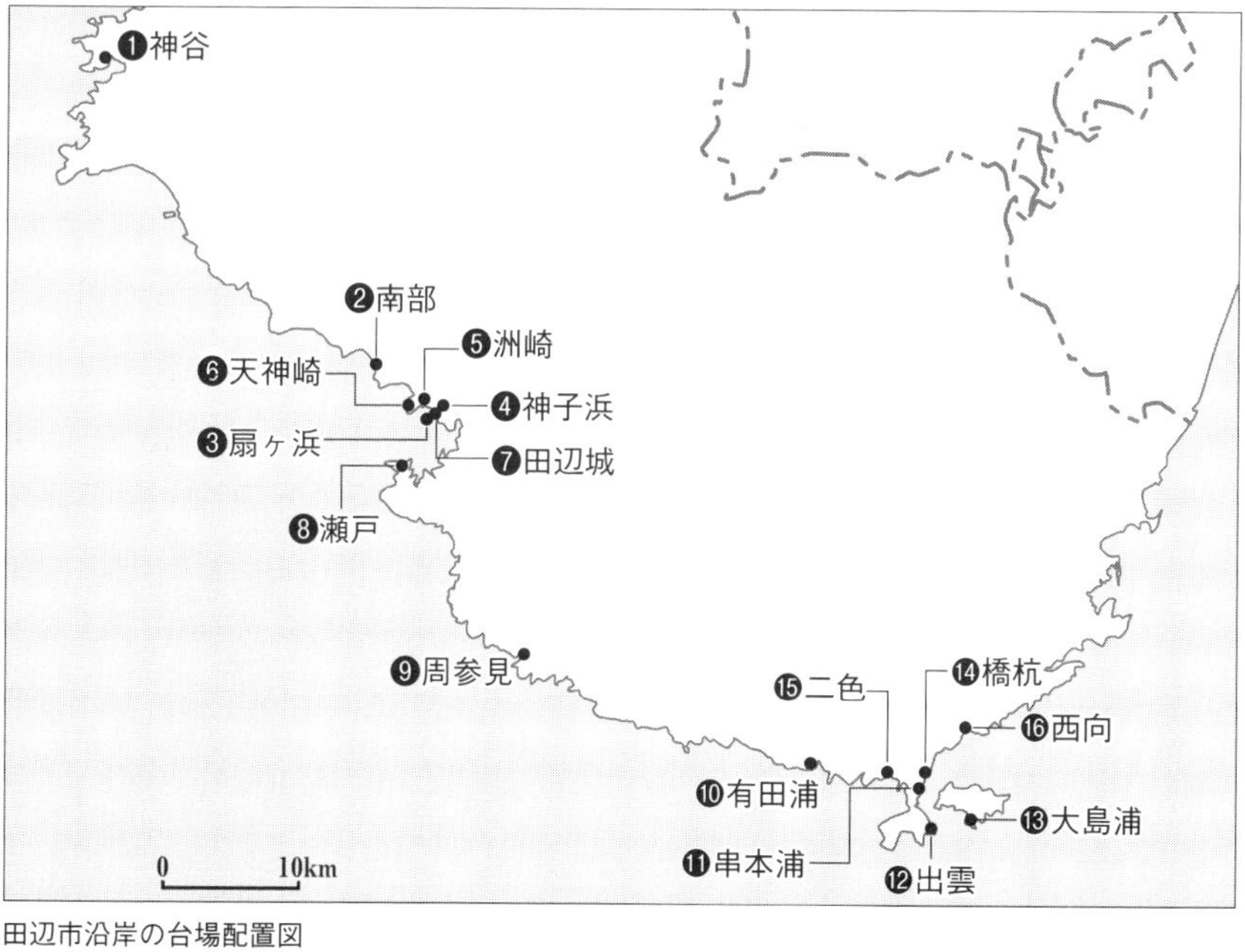

田辺市沿岸の台場配置図

大筒の鋳造を依頼した。兵衛は、佐久間象山《さくまぞうざん》の門弟として洋式砲術を学び、江戸で大砲鋳造を命じられ、のち東京湾の品川台場（写真11・12）の大砲隊長として守備に当たっていたという。幕府から、海岸防備を厳重にせよというお触れが出る一年前のことであった。

　これに準じて、当時の田辺領主安藤直裕《なおひろ》は、本藩和歌山に台場の構築許可を願い出た。その後、『田辺沿革小史記事本末』[13]（以下、『記事本末』と記す）によれば、「此月（嘉永六年）旧製大砲七個ヲ富田《とんだ》（上富田町）、六個ヲ南部《みなべ》（みなべ町）ニ送」など小規模な台場を構築し、安政元年（一八五四）には直裕がこの両台場を巡視している。同年七月から、田辺城近くの扇ヶ浜に台場を構築し始め、柏木兵衛は上野山（田辺市上の山）で大砲数十門の鋳造に取りかかった。そのうち最大のものが四八斤の「ペキサンス砲」、ついで一八斤の「カノン砲」で、その他一二斤以下の六斤「野戦砲」、数門の「ハンド臼砲」などが造られたという。この年の十二月、市街の要所に郭門を設け、台場以外でも、海岸に沿う城下を厳重に守備した記録がある。[14]

　『御用部屋諸日記』に、毎日のように「台場御普請今日モ同様」と記されて、安政二年六月晦日条には、「御台場火薬庫今日から取懸かかり申候」とある。以降、同年七月十三日まで、毎日同様の内容が綴られている。その後はしばらくみられないが、同二十日条に「御台場ニテ七ツ頃カラ夜四ツ頃迄御酒召上ガリ候」と、扇ケ浜台場が完成したのだろうと思わせる記述がある。

　その間の九月「洲崎（田辺市洲崎）天神崎（田辺市天神崎）デ狼煙ヲ揚ゲテ試ミ、翌年ノ九月ニ、新鋳ノ大砲発射」し、八月十八日には台場の砲座に装置した最大級の大砲を試射したとある。これ以外にも、試射台場など五十ヵ所に小規模な台場が構築されたという。

❷南部《みなべ》台場（日高郡みなべ町北道）　田辺領の台場群のひとつで、「此月（嘉永六年）旧製大砲七個ヲ富田《とんだ》、六個ヲ南部《みなべ》送り」[15]とある。その跡地は、明治二十年前後まで小丘となって残っていたが、[16]

＊13　湯川退軒居士『田辺沿革小史記事本末』（紀南文化財研究会発行、一九六五年）

＊14　『記事本末』

＊15　『記事本末』

＊16　浜野大吉『埴田《はねた》区誌』（みなべ町埴田、埴田区長発行、一九六二年）

のち南部小学校の運動場になり、徐々に壊されていった。

　南部小学校百年記念誌『開校百年、比井の浜』に掲載された、永井ミツ氏作成の明治三十九年頃の学校付近図には、低い丘に松が描かれ、「台場」と記述されている。昭和三十年代には跡形もなくなっていたが、運動場よりわずかに高く、松林と雑草が生える学校の敷地だった。その後は幼稚園の敷地となり、一時、台場跡の標柱も立てられていたが、プールの敷設に伴い面影はすべてなくなった。なお、『記事本末』に見える、富田《とんだ》の中村海岸に旧製大砲七門を送った富田の台場は、西牟婁郡上富田《かみとんだ》町に当たるが、台場跡は確認されていない。

❸扇ヶ浜《おおぎがはま》台場（田辺市神子浜〈写真13〉）　安政元年（一六一四）に領士柏木兵衛（淡水）が築いた台場で、大浜《おおはま》台場ともいう。『和歌山縣史蹟名所跡』*17は、田辺の台場と題して「延長百間（約一八〇メートル）幅五六十間（約九〇～一〇八メートル）高さ三十餘尺（約九〇～一〇〇センチ）其上に土坡《つちづつみ》を築き、裏面の平らなる處に砲架を置き之に四十八斤砲を備ふ、此の如きもの八、而して砲架の下に半月形の砌石《みぎりいし》を敷きて砲門の廻《かい》轉《てん》を自由ならしめ砲座の下方に四個の弾薬庫あり、又壘壁の下には深濠を環らす等規模小なりと雖《いえ》ども和蘭式に則り設計したるものにして、當時にあっては比類稀《まれ》なるものなりしが發藩後は荒廢に任せ、その後此地公園となるや後頂部の凸凹を平らし弾薬庫の凹地を埋めて全部芝生となし、又處々に松樹を増植したり」と、詳細な現状を伝えている。

　現在、台場跡にはカトリック教会が建ち、堀跡は道路となっ

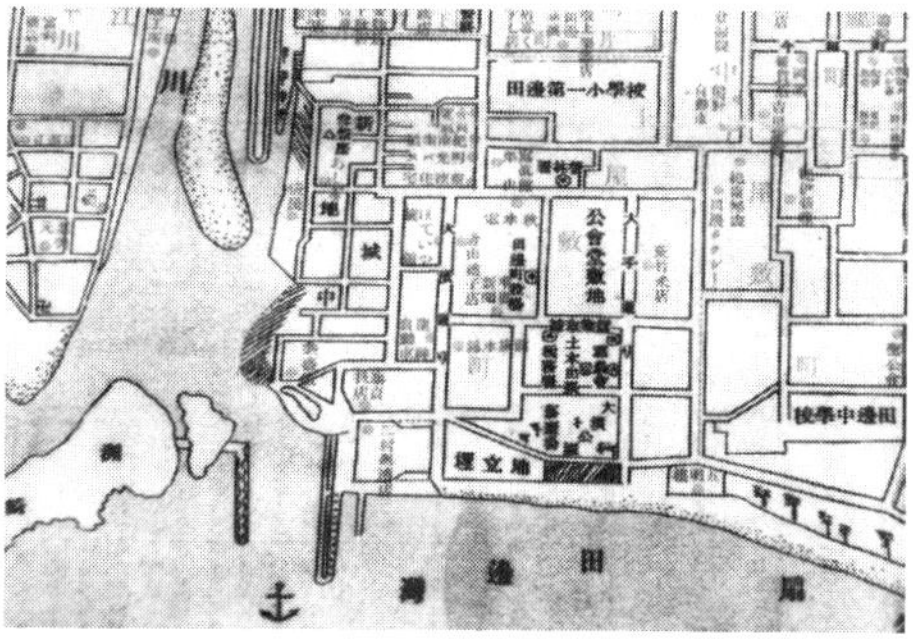

「和歌山県　田辺・白浜・湯崎地図」（部分）　1932年11月刊　田辺歴史民俗資料館所蔵

〈写真13〉扇ヶ浜台場の現状

*17『和歌山縣史蹟名所跡』（和歌山県、一九二六年）

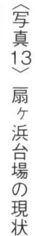

た。手前に「台場跡」の標識がなければ通りすぎてしまうほどであるが、砲座があったという緩やかな斜面に面影を見ることができる。

❹神子浜《みこのはま》台場（田辺市神子浜）　神子浜大砲射発場の名称で、田辺東部郷土史懇話会がまとめた資料がある。それによると、「その広さは約三〇〇坪（約一〇〇〇平方メートル）の小規模であったが、標的は文里《もり》湾を隔てた約二キロ先の跡の浦の満谷に的を設けたと言われている」と記録されている。同資料には、田辺周辺には約二〇ヵ所の大小の台場が築かれていたとある。＊18

また、『御用部屋諸日記』安政二年二月十三日の記録に「稲荷宮後ロヘ小台場縄張」とあり、同三年には「神子浜大浜両大砲場デ稽古打通達」と記録がある。稲荷宮の小台場跡は、神子浜二丁目二五一番地にあたり、現在は空き地となっているが、その痕跡はまったく残されていない。

❺洲崎《すざき》台場（田辺市洲崎）『田辺御用留《ごようどめ》』の嘉永七年（安政元年〈一八五三〉）の記録に「江川浦州崎台場工事出来」、また、『御用部屋諸日記』嘉永七年七月二十日条に「今朝之汐ニ御城下カラ洲崎御台場下立切」と、その名が見える。かつて、石垣が積まれた方形の台があったというが、現在は確認できない。

❻天神崎丸山《てんじんざきまるやま》台場（田辺市天神崎）『御用部屋諸日記』安政二年七月二十日条に、「天神崎丸山台場ヲ小野流砲術御見分同佐々木流砲術御見分」とある。天神崎丸山は標高一六メートルの小山で、現在は丸山灯台が建っている。

『記事本末』には、「安政元年十月　市街中ノ要所ニ郭門数十門ヲ建設ス（中略）同二年九月海岸方泰地、脇八月十八日砲墩上ニ装置キテ最大砲ヲ試発ス」とある。

❼田辺城《たなべじょう》台場（田辺市上屋敷町。旧田辺城内）　現時点で詳細は不明。「田辺錦水城地図」（和歌山市立博物館所蔵）には、田辺城北西隅に「コ」印を描き「臺場」の文字がある。よって、仮に田

＊18　幕末史の一端を語る遺跡―神子浜大砲試射台場跡「神子浜の森山―『のろし』場跡」と題し、資料に基づいて詳細にまとめたもの。

辺城台場と名付けておく（田辺城の項参照）。

紀南地方の台場

安政三年（一八五六）三月、串本町大島の樫野崎《かしのざき》沖に、一隻の外国船が出現。すぐに紀州藩へ報告がいき、海防防備の必要性に迫られた。藩ではすでに、藩祖頼宣が農漁民を動員した「浦組」組織を結成し、五代藩主吉宗がこれを基に、和歌山城西方の大川峠から南へ順に「い・ろ・は」というように組を名付け、要所に狼煙場や遠見番所を設けて、より早く和歌山城・田辺城・新宮城へ伝達できるように整備していた。

狼煙場や遠見番所の跡をわずかに残す所もあるが、記録に残されていない口伝の狼煙場跡もある。その中には、中世の狼煙場や漁に関わる遠見番所もある。上野一夫氏は、史料に基づいてそれらを詳細にまとめている。[*19] そこには所在地図（図6・7）が掲載されており、稿末に掲載させていただいた。あわせて参照されたい。

その後、ペリーが来航した嘉永六年（一八五四）九月、海士郡代官であった仁井田源一郎が「海防論」を訴え、「口熊野海防は地理形勢を相考候に瀬戸（白浜町）、周参見（すさみ町）、大島（串本町）、古座（串本町）が最適地と奉存候」と、海岸線に台場の構築する必要性を唱えた。そこで各沿岸の構築地を選出し、古座が海防出張所に定められた。中でも大島は、樫野崎に出現した外国船騒動により、台場の構築が重要視された。現在、付近に台場下の地名が伝えられているようだが、実際に構築されたかどうかは不明である。以下は、仁井田源一郎の「海防論」に記されている、台場の構築あるいは計画地である。[*20]

❽瀬戸《せと》台場（白浜町瀬戸）　瀬戸の権現宮西裏と、その西方の岬浜の二ヵ所が候補地となる。しか

＊19　「紀州藩の遠見番所と狼煙場」（『熊野誌』五十八号、熊野地方史研究会・新宮市立図書館編集・発行、二〇一一年）

＊20　嘉永六年（一八五三）十二月、仁井田源一郎の「海防雑議」（『南紀徳川史』）

し、当台場は「場所峡岸岸荒磯波立候」とされ、人も通わない所なので、馬目谷《うまめだに》という所か、その少し西方の岬浜を候補地に想定するのがよいと、「海防論」にある。実際に構築されたかどうかは不明。

❾周参見《すさみ》台場（西牟婁郡すさみ町浪脇）　浪脇《なみわき》地区の四ヵ所が候補地として選ばれているが、そのうち山際の磯地域はたいへん狭く、大砲打場としては適さないので、湊の正面の浜土手などに場所を替えたほうがよいと提言している。

❿有田浦《ありたうら》台場（串本町高見浦）　予定地は二ヵ所だが、うち一ヵ所は狭く、樹木もないので、浦の谷川の海口の岸へ変更したほうがよいとある。

⓫串本浦《くしもとうら》台場（串本町東浜）　串本浦の七ヵ所はみな東浜にあるとして、一〜四番は笠嶋《かさしま》、五番は中地《なかじ》、六番は矢隈《やくま》、七番は切立《きりだち》に計画された。

⓬出雲《いずも》台場（串本町出雲）　大島浦の西口を守備し、当地付近に外国船が舟を着けようとすれば、それを打つ目的で構築を計画。構築予定地のうち、獅子ケ喰鼻《ししがくいばな》という場所は、低く、毎年浪による被害があるので、もう少し北寄りの山岸五間余りの凹地がよく、そこは小名を静六《せいろく》ヵ浜という所だとある。また、東磯端浜台場、静六台場ともいう。

⓭大島浦《おおしまうら》台場（串本町大島）　大島の湊に上陸する船を打つ目的で、小名大石、鍛冶屋屋敷、行者堂、恵比寿前、杭木に構築が計画された。出雲台場が西口を守り、五ヵ所のうち東口の杭木は、大石の台場があるから不要だともある。

⓮橋杭《はしぐい》台場（串本町橋杭）　大島の東側の監視を目的として、新規に計画された台場。

⓯二色《にしき》台場（串本町二色）　大島の警固のため、のちに計画された台場。

⓰西向《にしむかい》台場（串本町西向）　海防出張所がある古座を防御する目的で計画された。

【コラム⑤】

地元のパワーで県指定へ

平成十年の二月、「〝トンガの鼻〟に台場跡があったと聞いたことがある。その情報を確かめるため地元の人々は鬱蒼とした岬に足を踏み入れました。生い茂るアセやイバラの下をかいくぐるようにして見つけたのが先端部の石垣。遺跡の存在が再確認されたのです」。『雑賀崎・トンガの鼻だより』第八号の一節である。それから十二年後の平成二十二年四月二十日に、台場跡は和歌山県指定文化財になった。

遺跡の再確認以降、自分たちの手で、草に覆われわからなくなっていた里道を起こし、草刈り・アセ刈りを定期的に実施し、訪れる人々のためのベンチも手作りした。その際は、土中に眠る遺構の保存のため、くい打ちなどは行わず、木々に「土中に遺跡が眠っています」の札をかけるなど、保存に徹した。

台場跡の草刈り風景　写真提供：トンガの鼻自然クラブ

その努力は行政を動かし、平成十三年、和歌山市が台場跡の土地を買い取った後、台場跡の管理と里道の整備を行うことにこぎ着けた。その後も台場跡は、市民の財産として活用したいとワークショップを実施するなど、広く市民に呼びかけた。このような地元の人々のパワーにより、平成十九年十月から一ヵ月余りをかけて、和歌山市教育委員会と同都市整備公社により確認調査が実施され、新しい遺構や遺物が出土したことから、ついに県指定へと導いた。

台場跡の保存は行政まかせにせず、現在もなお、見学しやすいよう周辺整備に力を入れ、草刈りをする。岬の広い範囲で現在もなお、遺跡に関連すると思われる遺構が見つかっている。

春と秋の彼岸には、海に沈みゆく太陽から「ハナがフル」（ハナフリ伝説）夕日を楽しもうと、多くの人が集まっている。もちろん、夕日の前には台場見学を実施している。

確認調査後、一本の桜が芽を吹いた。大きく育ったその「台場桜」は、大砲に代わって居座り、憩いの場を提供している。

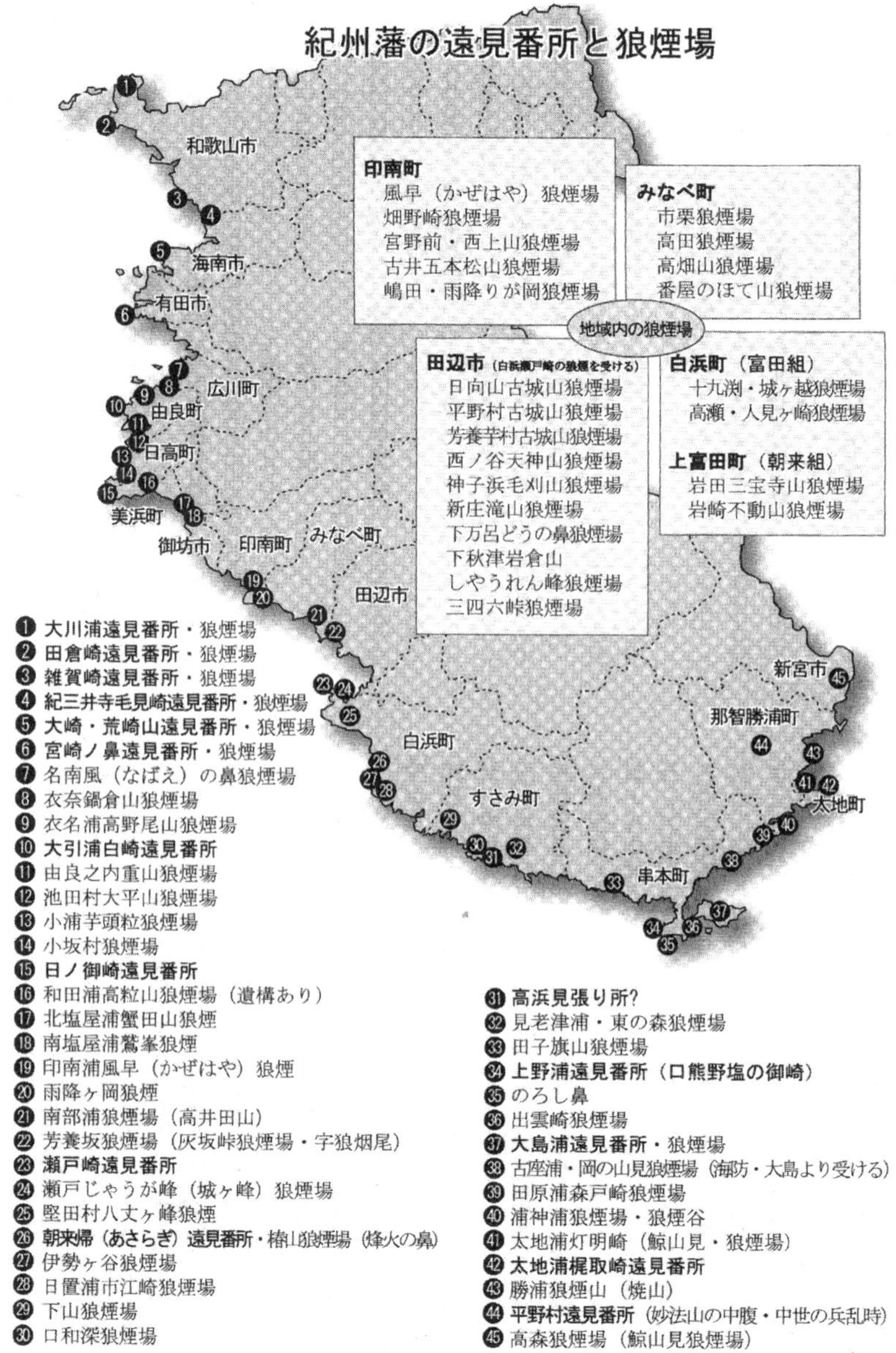

紀州藩の遠見番所と狼煙場
和歌山市
海南市
有田市
広川町
由良町
日高町
美浜町
御坊市
印南町
みなべ町
田辺市
白浜町
すさみ町
串本町
太地町
那智勝浦町
新宮市
印南町
風早（かぜはや）狼煙場
畑野崎狼煙場
宮野前・西上山狼煙場
古井五本松山狼煙場
嶋田・雨降りが岡狼煙場
みなべ町
市栗狼煙場
高田狼煙場
高畑山狼煙場
番屋のほて山狼煙場
地域内の狼煙場
田辺市（白浜瀬戸崎の狼煙を受ける）
日向山古城山狼煙場
平野村古城山狼煙場
芳養芋村古城山狼煙場
西ノ谷天神山狼煙場
神子浜毛刈山狼煙場
新庄滝山狼煙場
下万呂どうの鼻狼煙場
下秋津岩倉山
しやうれん峰狼煙場
三四六峠狼煙場
白浜町（富田組）
十九渕・城ヶ越狼煙場
高瀬・人見ヶ崎狼煙場
上富田町（朝来組）
岩田三宝寺山狼煙場
岩崎不動山狼煙場
❶ 大川浦遠見番所・狼煙場
❷ 田倉崎遠見番所・狼煙場
❸ 雑賀崎遠見番所・狼煙場
❹ 紀三井寺毛見崎遠見番所・狼煙場
❺ 大崎・荒崎山遠見番所・狼煙場
❻ 宮崎ノ鼻遠見番所・狼煙場
❼ 名南風（なばえ）の鼻狼煙場
❽ 衣奈鍋倉山狼煙場
❾ 衣名浦高野尾山狼煙場
❿ 大引浦白崎遠見番所
⓫ 由良之内重山狼煙場
⓬ 池田村大平山狼煙場
⓭ 小浦芋頭粒狼煙場
⓮ 小坂村狼煙場
⓯ 日ノ御崎遠見番所
⓰ 和田浦高粒山狼煙場（遺構あり）
⓱ 北塩屋浦蟹田山狼煙
⓲ 南塩屋浦鷲峯狼煙
⓳ 印南浦風早（かぜはや）狼煙
⓴ 雨降ヶ岡狼煙
㉑ 南部浦狼煙場（高井田山）
㉒ 芳養坂狼煙場（灰坂峠狼煙場・字狼烟尾）
㉓ 瀬戸崎遠見番所
㉔ 瀬戸じゃうが峰（城ヶ峰）狼煙場
㉕ 堅田村八丈ヶ峰狼煙
㉖ 朝来帰（あさらぎ）遠見番所・椿山狼煙場（烽火の鼻）
㉗ 伊勢ヶ谷狼煙場
㉘ 日置浦市江崎狼煙場
㉙ 下山狼煙場
㉚ 口和深狼煙場
㉛ 高浜見張り所？
㉜ 見老津浦・東の森狼煙場
㉝ 田子旗山狼煙場
㉞ 上野浦遠見番所（口熊野塩の御崎）
㉟ のろし鼻
㊱ 出雲崎狼煙場
㊲ 大島浦遠見番所・狼煙場
㊳ 古座浦・岡の山見狼煙場（海防・大島より受ける）
㊴ 田原浦森戸崎狼煙場
㊵ 浦神浦狼煙場・狼煙谷
㊶ 太地浦灯明崎（鯨山見・狼煙場）
㊷ 太地浦梶取崎遠見番所
㊸ 勝浦狼煙山（焼山）
㊹ 平野村遠見番所（妙法山の中腹・中世の兵乱時）
㊺ 高森狼煙場（鯨山見狼煙場）

〈図６〉紀州藩の遠見所と狼煙場　作図：上野一夫（『熊野誌』58号所収）

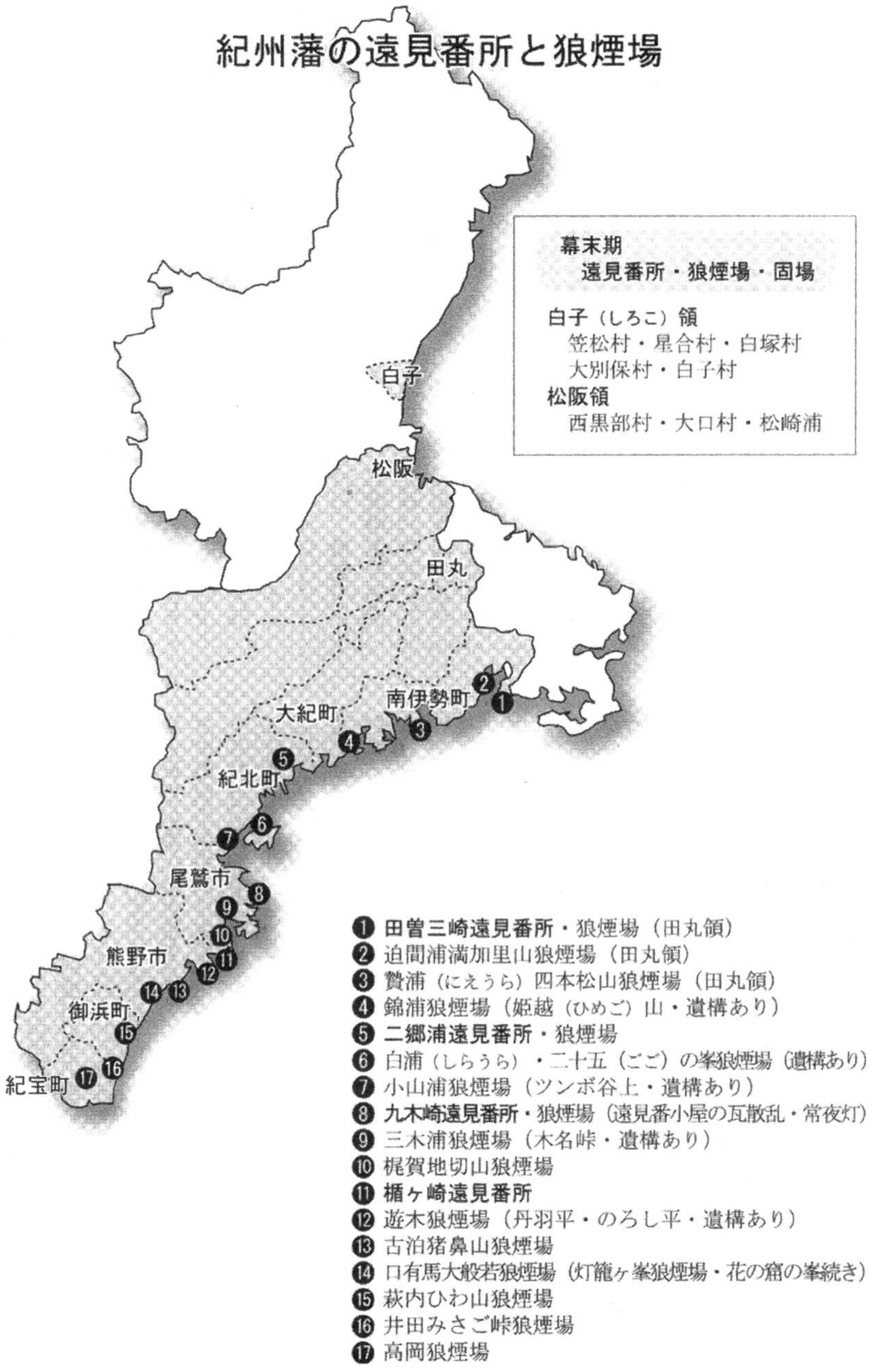
紀州藩の遠見番所と狼煙場
幕末期
遠見番所・狼煙場・固場
白子（しろこ）領
笠松村・星合村・白塚村
大別保村・白子村
松阪領
西黒部村・大口村・松崎浦
白子
松阪
田丸
南伊勢町
大紀町
紀北町
尾鷲市
熊野市
御浜町
紀宝町
❶ 田曽三崎遠見番所・狼煙場（田丸領）
❷ 迫間浦満加里山狼煙場（田丸領）
❸ 贄浦（にえうら）四本松山狼煙場（田丸領）
❹ 錦浦狼煙場（姫越（ひめご）山・遺構あり）
❺ 二郷浦遠見番所・狼煙場
❻ 白浦（しらうら）・二十五（ごご）の峯狼煙場（遺構あり）
❼ 小山浦狼煙場（ツンボ谷上・遺構あり）
❽ 九木崎遠見番所・狼煙場（遠見番小屋の瓦散乱・常夜灯）
❾ 三木浦狼煙場（木名峠・遺構あり）
❿ 梶賀地切山狼煙場
⓫ 楯ヶ崎遠見番所
⓬ 遊木狼煙場（丹羽平・のろし平・遺構あり）
⓭ 古泊猪鼻山狼煙場
⓮ 口有馬大般若狼煙場（灯籠ヶ峯狼煙場・花の窟の峯続き）
⓯ 萩内ひわ山狼煙場
⓰ 井田みさご峠狼煙場
⓱ 高岡狼煙場

〈図 7〉 紀州藩の遠見所と狼煙場　作図：上野一夫（『熊野誌』58 号所収）

あとがき

室町時代、紀伊国の守護職にあった畠山氏を湯河・野辺連合軍が攻め落とすなど、反骨精神が旺盛で、権力者にしたがう様子を見せなかったのが紀伊郷士だった。

紀州といえば、雑賀・根来の鉄砲集団が語られ、この集団もその精神を貫いていた。織田信長の石山攻めに抵抗した雑賀衆。これに手を焼く信長は、天正五年（一五七七）に雑賀を攻めた。のち信長の紀州攻めといわれ、近郊では信長に加勢しようとする派と反信長派が衝突した井松原合戦（現在の海南市）が起きている。雑賀衆の頭首・鈴木（雑賀）孫市の名は、ドラマにも登場する。

奇襲作戦で一度は信長軍を退却させるほどまで抵抗をしたものの、最終的には力尽きた。それでも天正十二年（一五八四）、岸和田城（大阪府岸和田市）を攻め、翌年の秀吉の紀州攻めでは、根来衆を中心とする集団が貝塚（大阪府貝塚市）に複数の出城で防御線を築いて抵抗を試みた。同時に太田城で最後の抵抗を見せた。水攻めもこのときである。力を見せつけて平定した秀吉は、急いで和歌山城を築いて、視覚的にも精神的にも己の威厳を見せつけた。以後、紀州は豊臣派の領地となり、弟の秀長に領地を与え、和歌山城に但馬竹田城主だった桑山氏を入れ城代とした。

慶長五年（一六〇〇）の関ケ原合戦で功績をあげた浅野幸長《よしなが》は、紀伊国の領主となって和歌山城に入ると、田辺・新宮を一族に領地を与えて、城を築かせ、紀伊国を治めることになる。中でも新宮地方は、秀吉の検地に抵抗し、一揆などがしばしば起き、藤堂高虎に赤木城（三重県紀和町）を築かせた秀長は、秀吉の命で一揆制圧に乗り出すほどであった。それだけに新宮城は紀伊国安定の重要な位置に築かれた城であった。この三城は、紀伊国の安泰と海上監視を担うことで、大坂城の守りを固めることができた。中でも新宮城は、元和の一国一城令後、一度は破城の運命にあったが、幕府は再築城を認めている。伊勢国との境に当たり、その重要性を認識したものと思われる。

豊臣家滅亡後、徳川家は、和歌山は南海道を押さえる地にあり、大坂から江戸への海路にあるため各港の重要性などを考慮して、家康の十男頼宣に領地を与え、新宮から南の伊勢亀山（三重県亀山市）までの紀伊半島を手中にした。そのため南伊勢が紀伊国となったことを考慮したのだろう、付家老（家老に準ずる）水野家に、浅野期新宮城以上の総石垣の新宮城を築かせた。紀州徳川家の威厳を示す必要があったのだろう。

それに対して田辺城は、領地の安泰を見守るほかに、和歌山、大坂への海上航路を見張る役割を担った築城であったと思われる。幕末には、城内に台場を築き、城外や近郊にも小規模であるが台場を多く築いている。田辺城の遺構は会津川に沿う水門石垣にすぎないが、これほど多くの絵図を残す城も珍しい。そのために、本丸御殿や二ノ丸の建物までよくわかり、現地では見られない田辺城を絵図で知ることができる。

つまり、南北に長く東は脈々と山が連なり、西は太平洋が広がる紀伊半島の要所に付家老の近世城郭が存在した。さらに、紀州徳川家の領内となった南伊勢には、元和五年（一六一九）、田丸城（三重県度会郡田城町）へ遠江国（静岡県）久野城主の久野宗成を入城させた。久野氏は、頼宣の和歌山入国に付随して紀伊に移ってきたが、家老職にあって、和歌山城下の屋敷に常住したので、田丸城には城代が置かれた。また、松坂城では、同年に古田氏を石見国（島根県）浜田城に転封させ、当地方統治のため城代を置き、寛政六年（一七九四）には、紀州藩陣屋を二ノ丸に建てた。こうして紀州徳川家は、紀伊半島を治める配置をしていった。

二〇一八年（平成三十）、和歌山城天守閣再建六十周年の還暦を迎える。コンクリートの耐久年数は五十年から六十年と言われているから、この際天守閣の木造建築再建を望む声は当然起きてくる。一方で耐震補強のリフォームの声も起きる。そうした中で、大奥、能舞台の復元が計画されている。いずれにしても、江戸時代の和歌山城に近づきつつあることは確かである。岩盤上に立つ天守は、幾多の大地震でも被害を受けた記録はなく、むしろ人為的破壊による城域改変が最も多い。とくに吹上口は、一ノ橋大手門のように堀に橋が架かり、船着き場や西ノ丸、砂ノ丸に通じる勘定門などが、吹上門を潜ると折れ構造で各城門へ至る。現在みられる城内の城門構造にない特徴を持つ虎口であった。かつては消防庁舎が建っていたが、立ち退いた今日、ぜひともかつての姿に戻してほしい場所である。

紀州藩五代藩主吉宗が、八代将軍になったことが影響したのか、和歌山城は江戸城を意識した部分がある。二ノ丸御殿は、江戸城本丸御殿と類似する。落雷で焼失した天守を再建する際、五層の天守木型を作成、これが江戸城天守と酷似する外観であった。西ノ丸庭園の造りも江戸城に存在する池と造りが類似するという。天守の破風内には青海破文様が打ち出されているが、これも江戸城富士見櫓と同じである。徳川期和歌山城は、すでに政庁の城で、戦国の城のような荒々しさはないが、平和な時代の城としての防御性の中に、先の豊臣・浅野期の名残を残す石積みなどを探す楽しみが味わえる。

新宮城もまた、石垣が醍醐味である。発掘が進み、大手道や水ノ手から松ノ丸に登る道も掘りだされた。石垣の補修も進み、鐘ノ丸の完成度の高い石垣が市街からも見えるようになり、総石垣の新宮城が明らかになってきた。熊野川に沿う水ノ手の舟入遺構、特徴ある出丸、時代による石積みの相違など、近世城郭を知る教科書のような城である。しかし、鐘ノ丸に旅館が建っていたときの名残であろうか、明らかな後世の石段、池、散歩道などによる旧姿の崩壊個所が景観を損ねている。それらが新宮城の評価を落としてきたかもしれない。鐘ノ丸と本丸の仕切石垣の破壊部分もその一つであるが、一部の石垣が残存して面影を残しているので、将来ぜひ復元願いたい。

田辺城は、平城《ひらじろ》ゆえの運命か、街中に消えてしまったと言っても過言ではない。しかし、豊富な絵図で復元は可能である。城跡に立つ解説版の絵図は色あせて見づらくなっている。それに代わって、他城の見られるような本丸から外堀を含む田辺城全体の立体模型を製作して展示し、かつての田辺城の姿を伝えてほしいものである。南方熊楠や弁慶に負けずに、城下町田辺の復活を願いたいものである。

和歌山県の近世城郭は、一城・一城を見るのではなく、紀伊半島にほぼ等間隔に築かれていることに注視して、それぞれの立地を考えながら見て歩くことをお勧めしたい。

＊

小学校の頃から城が好きだったのだろう、お城の画が描かれたクリスマスカードを買い集めていた。あとで知ったが、それは城郭画家として著名な荻原一青《おぎはらいっせい》氏の画で、自分の机に飾り、いつも眺めていた。城に深くはまってしまったのは、中学校の社会科の時間に、郷土の城跡についての話を聞いたときからである。隣席の友人の家の田んぼが城跡であると言うので、放課後、早速連れていってもらった。そこには、八丁田んぼと呼ばれる広々とした田園の中に、一段高くなった方形の区画があった。その光景が少年だったわたしの脳裏に焼きついた。

その頃、県内の城跡に関する記事が新聞に連載（計十六回）されていた。和歌山城は知っていた。新宮城も知っていた。しかし、新聞連載の新宮城は、自分が知っていた近世城郭の新宮城ではなく、戦国時代の堀内新宮城であることに驚いた。

そのため、城への強い関心はさらに深まった。和歌山県内のどこに、どれだけの城があったのだろうと思い始め、郷土誌で調べては、現地を訪ねた。すると、おもしろいように城跡の数が増えていった。また、時代によって城の構造が違うことを知り、日本の城郭史に興味を覚えるようになり、本を買い始めた。

大学進学のため上京した際、現在、第一線で活躍されている方々と知り合った。そこには、田舎で一人、城を楽しんでいたような雰囲気はなく、その研究の深さに圧倒された。刺激を受け、学生という自由な身を利用して、碑しか残されていない城跡を含め、東京近郊はもちろん、都心の城跡を訪ね歩いた。あの碑は今も健在だろうかと考えることがある。

気づけば城を好きになってもう六十年が近づく。最近は、県内にも城を愛する仲間が増え、中世の山城跡の縄張り調査が進んでいる。一人で城跡を探し歩いた頃には考えられないことである。

退職後、和歌山市に住んでいることもあり、和歌山城に関わることが多くなった。また、同じ近世城郭ということで、新宮城や田辺城へも足を運ぶ回数が増えた。いずれも、何度訪ねても新しい発見があり、知り得たことをまとめてみたいと思っていたが、日々変わる風景や新しい発見に、決心がなかなかつかなかった。このたび、思わぬ機会を与えていただくことになったので、執筆を決心した次第である。

本書出版の機会を与えていただきました戎光祥出版株式会社代表取締役社長の伊藤光祥氏、編集を担当してくださった丸山裕之氏、高木鮎美さんには、大変お世話になりました。心より感謝申し上げます。

平成三十年四月

水島大二

【著者略歴】

水島大二（みずしま・たいじ）

1947年（昭和22）、和歌山県海南市生まれ。大東文化大学文学部卒業。元和歌山県立高等学校教諭。

現在、日本城郭史学会委員、和歌山城郭調査研究会顧問、和歌山地方史研究会会員。

おもな著書に、『定本和歌山県の城』（監修、郷土出版社、1995年）、『探訪ブックス城・近畿の城―和歌山県』（共著、小学館、1978年）、『日本城郭大系10　和歌山県』（共著、新人物往来社、1980年）、論文に「和泉地方における秀吉本陣図―根来・雑賀の紀州攻めの陣」（『城郭史研究』22号、2002年）、「根来寺の出城群」（『和歌山県立博物館研究紀要』8号、2002年）ほか多数。その他、市町村史・誌の城郭編などを多数担当。

図説 日本の城郭シリーズ⑧

和歌山《わかやま》の近世城郭《きんせいじょうかく》と台場《だいば》

2018年6月8日 初版初刷発行

著　　者　水島大二
発 行 者　伊藤光祥
発 行 所　戎光祥出版株式会社
〒102-0083 東京都千代田区麹町1-7 相互半蔵門ビル8F
TEL:03-5275-3361（代表）　FAX:03-5275-3365
https://www.ebisukosyo.co.jp

編集協力　株式会社イズシエ・コーポレーション
印刷・製本　モリモト印刷株式会社
装　　丁　山添創平

ISBN978-4-86403-288-9